Prix : 3 francs

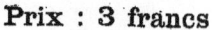

8me
1872

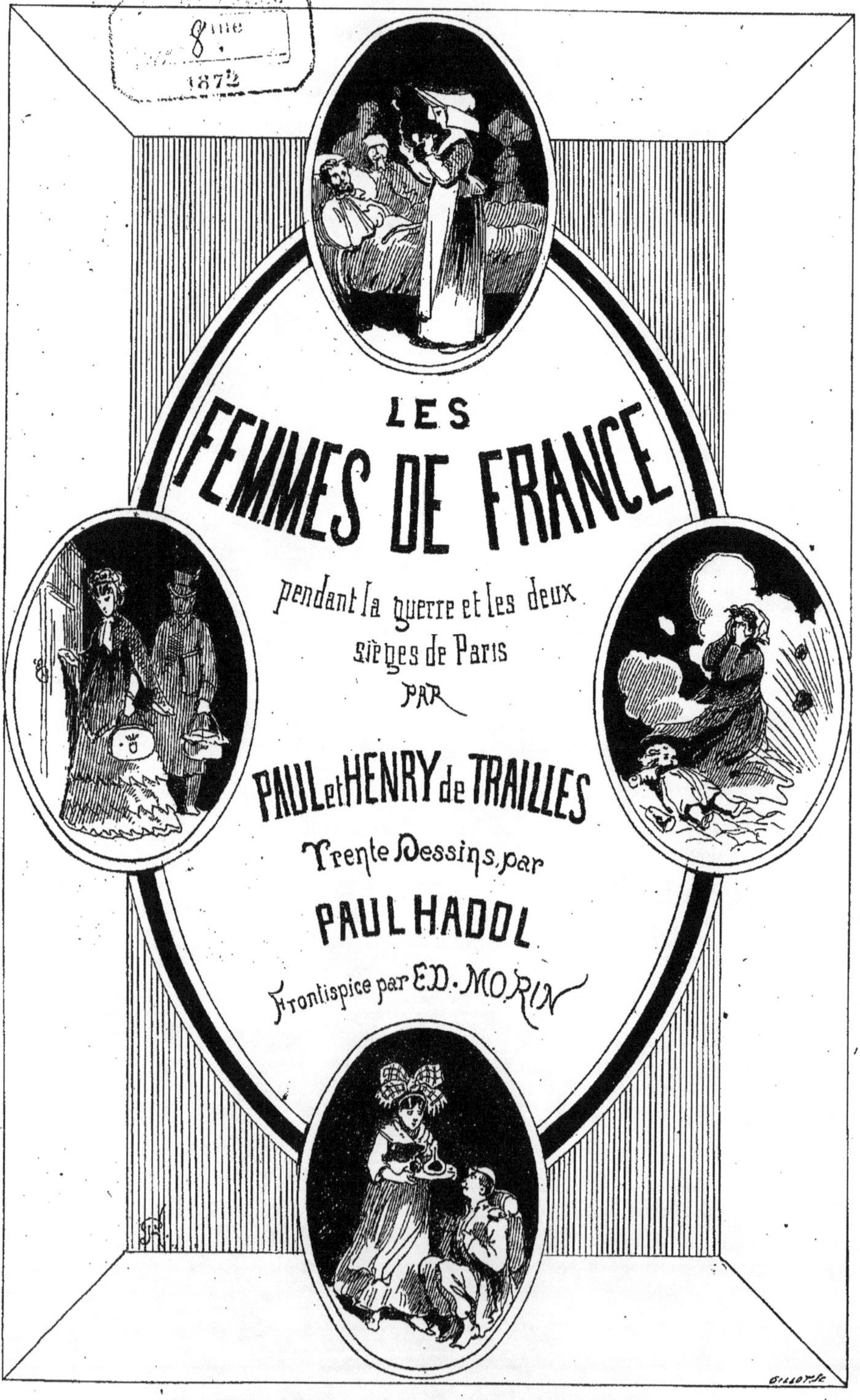
LES
FEMMES DE FRANCE
pendant la guerre et les deux
sièges de Paris
PAR
PAUL et HENRY de TRAILLES
Trente Dessins, par
PAUL HADOL
Frontispice par ED. MORIN
GILLOT. Sc

F. POLO, éditeur, 16, rue du Croissant, à Paris

LES

FEMMES DE FRANCE

PENDANT LA GUERRE

ET LES DEUX SIÉGES DE PARIS

PUBLICATIONS DU MÊME ÉDITEUR

EN VENTE

Histoire de la Révolution de 1870-71, par Jules Claretie, illustrée par les plus célèbres artistes, de Portraits, Vues, Scènes, Plans, Cartes et Autographes. — Un très-beau et très-fort volume in-4. — Broché, 10 francs.

Pour paraître le 1er octobre prochain

Le Musée universel, Journal illustré hebdomadaire, publié avec le concours des écrivains et des artistes les plus distingués. — Un numéro, 25 centimes.

Pour paraître le 1er novembre prochain

Histoire de la République française (1789-1800), par Jules Claretie, illustrée d'un nombre considérable de Dessins, Plans, Cartes, Autographes et Fac-simile. — 100 livraisons à 10 centimes, ou 20 séries à 50 centimes.

Pour paraître le 15 novembre prochain

L'Alsace, Récits historiques d'un vieux Patriote alsacien, par Édouard Siebecker, illustrés de Scènes historiques, de Vues, de Portraits, de Cartes et de Costumes. — 50 livraisons à 10 centimes, ou 10 séries à 50 centimes.

Paris. — Typographie de Rouge, Dunon et Fresné, rue du Four-Saint-Germain, 43.

LES FEMMES DE FRANCE

PENDANT LA GUERRE

ET LES DEUX SIÉGES DE PARIS

PAR

Paul et Henry de Trailles

ILLUSTRÉES DE TYPES ET DE SCÈNES

Par HADOL

Et d'un Frontispice par Ed. MORIN

PARIS
F. POLO LIBRAIRE-ÉDITEUR
16, RUE DU CROISSANT, 16 (ANCIEN HÔTEL COLBERT)

1872
Tous droits réservés

LES FEMMES DE FRANCE

Les femmes furent, à toutes les époques de notre histoire, les bons génies de la France, en même temps que sa gloire.

Aussi, nulle autre part qu'en France les romans de chevalerie qui rehaussaient le culte de la femme n'eurent-ils plus d'éclat et ne trouvèrent-ils de plus illustres chanteurs que dans notre beau pays, où l'amour est une vertu et où l'élégance n'est pas un vice.

Si les préoccupations de la vie moderne ne nous laissent plus le temps de composer des ballades en l'honneur des dames châtelaines, les tristesses de l'heure présente nous permettent de recueillir les chants d'une légende de la charité, où toutes les classes de la société défileront avec leurs qualités particulières et leur type distinct.

Si la révolution a aboli les distinctions sociales, c'était pour laisser à l'initiative privée le droit au dévouement et à l'héroïsme, qui semblaient n'être le privilége que d'une caste.

Aujourd'hui, dans tous les rangs de la société il y a rivalité de courage, d'émulation, de charité.

Après nos désastres, la vie se manifeste de nouveau par la pratique des plus mâles vertus, et ce sont les femmes qui en donnent l'exemple.

Notre régénération actuelle ne peut venir que de leur initiative.

Elles ont été trop rudement frappées dans leur position, leur fortune et leurs affections, pour exposer leurs fils à subir une seconde épreuve de nos châtiments.

Aussi, avant que la jeune génération n'ait pu voir nos ruines et en suivre l'enchaînement philosophique, voyez comme les femmes se mettent à l'œuvre de réparation ! de rédemption, si vous aimez mieux.

Il faut panser les plaies de la patrie, il faut restaurer le vieil édifice écroulé en partie par nos fautes et sur nos têtes, il faut préparer la route aux hommes qui viendront après nous.

La France qu'on croyait morte se relève.

Nouveau Lazarre, elle sort du tombeau, conduite par la main de la femme, qui ayant participé à son ensevelissement et reconnaissant l'erreur, rachète par le travail et la charité, des fautes qu'elle a déjà effacées par tant de souffrances.

A côté des larmes qui effacent, il y a les œuvres qui réparent, et, si nous avons besoin d'oublier, il nous faut aussi grandement reconstruire.

Les femmes ont pris l'initiative du mouvement ; marcher avec des entraves aux pieds n'est pas commode ; elles briseront les entraves avec des ciseaux d'or, des pointes de diamant, puisque les outils d'acier ne nous ont pas réussi. Jeux sinistres !

Elles se dépouillent de leurs bijoux : des veuves ne songent plus à se parer.

Elles donneront l'argent destiné aux plaisirs, on ne danse pas dans la maison d'un moribond.

Elles tendront la main, en disant : Pour le rachat de la France, s'il vous plaît !

Et quand leurs fils auront grandi, elles pourront relever la tête avec orgueil, car elles auront devant elles des hommes et des vengeurs.

Et, si jamais un enfant ingrat les outrage, elles auront le droit de lui répondre, comme l'orateur romain à ses accusateurs : A tel jour, à telle heure, j'ai sauvé la patrie !

Si elle n'est tout à fait accomplie, l'œuvre de rédemption est du moins bien avancée.

Au cri de douleur poussé par les dames d'Alsace, les femmes de France ont répondu par un chant d'espoir.

Autrefois, quand du Guesclin fut fait prisonnier par les Anglais, les châtelaines bretonnes s'entendirent pour payer la rançon du noble chevalier.

Il ne fut castel ou manoir où l'on ne filât quelques heures dans la nuit pour racheter le brave soldat.

S'inspirant de ce souvenir, un homme aussi éminent par l'esprit que distingué par le cœur, M. Paul Dalloz, ouvrit dans les colonnes du *Moniteur universel* une souscription pour le rachat de la France.

Et voici quelques lignes émues du vrai patriote, qui feront mieux connaître le généreux citoyen que tous les portraits que nous essayerions d'en tracer.

« Avec l'offrande de tous, l'Église a bâti, au moyen âge, ces cathédrales qui font encore l'admiration et l'étonnement des siècles nouveaux. Le patriotisme, qui est aussi une religion, saura élever un monument durable de sa foi et de son zèle. Ce monument sera la pierre où l'on écrira :

« La France a été délivrée de l'étranger, par le concours de trente millions de Françaises et
« Français, de femmes et d'enfants, de vieillards et d'hommes faits qui, chaque jour, ont donné

« à la patrie, pour la racheter de l'étranger, l'épargne de leur labeur ou le superflu de leur
« bien-être. »

A cet appel si pressant et si éloquent, ce fut par toute la France une clameur d'enthousiasme.

Il semblait que la pierre philosophale était trouvée et que le nœud gordien de la situation allait être tranché par un nouvel Alexandre.

Pour aider le promoteur de cette œuvre patriotique, que de mains mignonnes se tendirent vers lui, toutes chargées de bijoux et de bracelets ! que de larmes se changèrent en perles ! que de sourires s'escomptèrent en pièces d'or !

A leur voix les coffres-forts s'entr'ouvrirent comme par enchantement : c'était la voix de la patrie malheureuse allant mendier chez ses enfants l'obole de la délivrance.

Comment résister à une si belle cause présentée par tant de jolies répondantes ?

Dans la bourse des quêteuses, les petites pièces d'argent faisaient drelin ! drelin ! drelin ! avec tant d'esprit et de si joyeux frétillements, que l'on traduisait les mots par : Donnez ! donnez ! donnez !

— Dans quelle langue ? demandais-je à une quêteuse.
— Dans celle des anges, monsieur ! répondit-elle.
— Et combien la traduction ?
— Ce que vous inspirera votre cœur !
— Mais non ce que vaut votre esprit, dis-je en lui remettant un billet de la banque de France.....

Comprenez-vous, maintenant, en contemplant cet unanime cortége de femmes de toute classe qui se pressent à la porte du Panthéon que nous voulons élever en leur honneur, quel a été notre embarras ?

Il nous a fallu choisir des types et condenser dans un moule unique et sous une forme presque algébrique à force de concision, les qualités de plusieurs milliers d'individus.

Nous avons abrégé autant que possible les nomenclatures, pour éviter l'ennui et les répétitions : mais combien y aura-t-il encore de vertus à peindre, de dévouements à enregistrer en dehors de ceux que nous avons voulu photographier dans cette légende de la charité !

Ainsi, de l'OUVRIÈRE, si malheureuse et pourtant si résignée ;

De la SŒUR DE CHARITÉ, qui fait de l'abnégation d'elle-même un charme, et du martyre une joie ;

De l'ACTRICE, qui transporte dans la vie réelle les nobles dévouements de la fiction ;

De la BOURGEOISE, toujours également prête à la tristesse et aux plaisirs, également forte devant l'infortune et réservée dans le bonheur ;

De l'ALSACIENNE, ce type entre les types de l'amour de la patrie poussé jusqu'à la plus sublime folie ;

De la CANTINIÈRE, cette religieuse du régiment ;

De la GRANDE DAME, qui, frappée par la guerre dans ses affections de famille, par la révolution dans sa foi et son bien-être, préfère l'honneur du pays à la vie des siens ;

De l'AMBULANCIÈRE, cette vestale des hôpitaux ;

De la JEUNE FILLE, cette fleur éclose en serre chaude et qui brave la neige et le froid, pour nourrir sa famille ;

De la PROVINCIALE, que le moindre bruit dérange et que le canon ne peut faire trembler ;

De la PAYSANNE, affolée devant les réquisitions, intrépide devant les balles ennemies ;

De l'ÉPOUSE, tour à tour tremblante et sublime d'amour ;
De la MÈRE, brisée par les larmes et héroïque par le cœur ;
De l'ÉTRANGÈRE enfin, qui quête pour la France, parce qu'elle la sait malheureuse et que le malheur de la France est celui de tous les peuples généreux.

Voilà les types que nous allons placer devant les yeux du lecteur et qui formeront pour nos enfants la galerie des ancêtres qu'ils devront admirer et prendre pour modèle.

Mais à laquelle de ces héroïnes donnerez-vous le pas? Est-ce à la plus courageuse que vous élèverez le premier piédestal ?

Elles ont toutes lutté d'énergie dans la souffrance.

Est-ce donc à la plus infortunée que vous dédierez la première statue ?

Toutes, depuis la duchesse jusqu'à la plus humble prolétaire, elles ont affirmé que devant la douleur commune naissait l'égalité.

Toutes ouvrières de la première et de la dernière heure, elles ont un droit égal à nos respects.

Oh! c'est un thème bien noble que celui de louer la vertu, mais c'est une tâche bien difficile que d'avoir à faire un choix dans son enthousiasme.

Avoir les mains pleines de vérités, le cœur rempli de souvenirs touchants, la mémoire frappée d'actions généreuses, et ne pouvoir semer qu'une partie de ces vérités, ne divulguer qu'un tableau de ces souvenirs, ne montrer qu'un coin de ces actions, c'est le supplice que pourrait subir un artiste possédant tous les chefs-d'œuvre de Michel-Ange, Raphaël et Poussin, et qui serait forcé de les tenir sous clef, faute d'un musée capable de contenir tant de glorieux génies.

Jeter dans un creuset la patience dans la misère, le dévouement dans la souffrance, le courage dans la vie, le stoïcisme devant la mort, pour en composer les éléments de notre première œuvre, voilà ce que nous voulons faire, et, de la fusion de tant de nobles matériaux, nous en ferons sortir, armé de toutes pièces, comme la Minerve antique, le sujet du premier livre.

I

L'Ouvrière

L'ouvrière pendant le siége n'est plus la Lisette gaie autant que laborieuse, roucoulant comme un pinson dans le bois de Vincennes, ou bondissant comme un petit cabri à travers les vignes imaginaires d'Argenteuil.

L'ouvrière pendant le siége, ce n'est plus cette Mimi Pinson dont le bonnet avait des fantaisies de touriste anglais ou de clown américain, et qui escaladait, plus vite que son bonnet, la butte du Moulin.

Plus sage au fond que réservée dans la forme, l'ouvrière parisienne, avec ses indépendances de coiffure, ressemble assez bien à ces cuisiniers habiles qui, pour retourner une omelette, la lancent par la cheminée et la rattrapent dans la poêle à cinquante pas de la maison.

Fait étrange, dont Aristote n'eût pas manqué, s'il eût connu l'ouvrière de Paris, d'orner son *chapitre des chapeaux*, — quoiqu'il ne s'agisse que de simples bonnets.

Mais vous êtes-vous demandé quelquefois, lecteur, par quel miracle ces légers édifices de tulle et de rubans, qui sont censés protéger le cerveau des Parisiennes, pouvaient tenir en équilibre sur ces têtes plus légères encore?

Vous êtes-vous demandé par quel art ces matériaux, qui sont partout les mêmes, recevaient de la main de l'ouvrière cette forme aérienne, tellement impalpable, qu'à peine y peut-on toucher sans la faire envoler, tandis que, partout ailleurs, ils conservent leur apparence prosaïque et bourgeoise?

Y aurait-il, dans l'air de Paris (explication renouvelée de Descartes, je vous l'accorde), de petits atomes crochus qui se chargeraient de gonfler et de manœuvrer cette frêle barque qu'on appelle la tête d'une Parisienne, — et la tête est ici près du bonnet, Dieu le sait, — sans gouvernail ni boussole?

Si nous nous sommes étendu en forme de plaisanterie sur cette question, c'est qu'il nous semblait important de faire justice des imputations, souvent blessantes, dirigées contre la conduite des ouvrières parisiennes.

Là où l'on ne veut voir qu'inconduite et dissipation, nous nous obstinons à ne remarquer qu'une question de bonnet. Cette coiffure évaporée est cause de tous les cancans qui font auréole au portrait des grisettes:

Elle est l'auteur de toutes leurs fautes, le gérant responsable de toutes leurs folies, et c'est pourquoi on l'envoie si souvent se promener par-dessus les moulins... à vent et à eau de Montmartre à Asnières.

Eh, mon Dieu! pour être ouvrière, on n'en est pas moins femme.

En cette qualité, on aime le beau toujours ; le juste quelquefois, si l'on n'aime pas souvent le vrai.

C'est cet insatiable besoin d'idéal qui, s'agitant au fond du cœur de la femme, l'élève moralement au-dessus de sa condition, en lui criant sans cesse aux oreilles : « Plus haut, encore plus haut ! »

La devise de Fouquet pourrait être celle des femmes, en général : *Quo non ascendam?*

Leur orgueil est plus tenace que celui des hommes, s'il est plus futile ; c'est à cet aiguillon qu'elles doivent de commettre leurs plus outrageantes folies et leurs actions les plus sublimes.

Plus haut ! encore plus haut ! souffle à la femme l'ange qu'elle connut autrefois aux côtés d'Adam.

De là ses profonds désespoirs et ses ravissements célestes, de là ses chutes sans fond et ses exaltations sans fin.

Pauvre petit oiseau que séduit le vol orgueilleux de l'aigle, et qui veut, comme lui, s'élancer au zénith !

Un poëte, qui se connaît plus aux choses du cœur qu'à celles de la politique, a dit, non sans raison :

« Oh ! n'insultez jamais une femme qui tombe ! parce qu'on ne sait jamais, dans cet esprit qui rêve, où commence le songe et où finit la réalité. »

A-t-on mesuré la hauteur des aspirations où son âme l'avait emportée ? A-t-on deviné quel accident lui cassa les deux ailes, dans son vol vers l'idéal ?

Michelet a fait de la femme un être sacré, parce qu'il est toujours soumis à une influence morbide.

Mais si cela est vrai des femmes en général, combien l'ouvrière n'a-t-elle pas droit à tous nos respects, à toute notre sollicitude ? Dans les autres classes de la société, la richesse, la vanité, le confortable sont des compensations et comme des adoucissements au travail douloureux et persistant de la nature.

Chez l'ouvrière, il n'y a qu'un lénitif pour toutes les douleurs, le travail quotidien, acharné, par lequel on arrache à la fortune le pain, les habits et le gîte.

Si tu veux vivre, travaille d'abord, lui dit la nécessité.

Si tu veux t'amuser, travaille encore, dit la loi.

Si tu veux te reposer, meurs, lui crie la Nature. Hors de mon sein les paresseux !

O image vivante et déplorable de ce terrible décret rendu par Dieu dans un jour de colère contre l'homme !

Martyre douce et résignée au milieu des convulsions de la matière qui s'anime et lutte contre le néant.

O femme ! en qui se synthétise la force du mouvement, qui emporte depuis les mondes jusqu'au grain de poussière, tu es la fin et le commencement de cet être si complet et si imparfait, l'homme, qui t'adore et te crucifie, que tu mets au monde sous cette invocation douloureuse : *Labora*, et que tu élèves pour cette autre mission : Aimer !

Le plus grand attrait de l'amour, aux yeux des femmes, c'est qu'il apporte avec lui la souffrance.

Elles volent à ce monstre qui les dévore presque toutes, avec la même passion que ces fanatiques de l'Inde qui se précipitent sous les roues de l'idole qui doit les écraser.

De là ce reproche dédaigneusement formulé par certains moralistes contre les femmes, de manquer de raison !

La raison et le cœur sont deux frères de lit différent. Là où il y a tant de raison et de raisonnement, le dévouement manque ou est stérile.

Au martyre il faut une foi, à l'espérance il faut un foyer.

Les femmes raisonnantes et raisonnables nous font l'effet de ces amazones de l'antiquité qui se mutilaient le sein pour n'être ni épouses ni mères. C'étaient des hommes... incomplets.

Laissons donc aux femmes leur caractère mobile, léger, leur sens nerveux, leur cœur impressionnable ; séchons par des baisers les larmes aux yeux de nos mères, et cueillons les sourires de nos épouses sur leurs lèvres roses.

Un sourire de femme ou d'enfant, c'est l'épanouissement d'une âme sous les rayons de notre tendresse.

Hélas ! les temps étaient proches où personne dans Paris, ni femmes, ni enfants, ni vieillards n'auraient plus à faire naître un sourire, à cueillir une joie.

La France avait joui d'une prospérité si féconde, que toutes les classes s'y enfonçaient comme des troupeaux de bœufs au sein de ces grasses campagnes normandes, qui se vautrent dans les herbages épais en regardant, d'un œil hébété de satisfaction, le soleil qui flamboie, la route qui poudroie, l'herbe qui verdoie.

Seule dans cette plénitude de bonheur, une petite mouche les agace.

Ils ferment les yeux et attendent, indolemment couchés, le son de la cloche et l'aiguillon du berger, pour gagner, d'un pas tranquille et lent, le chemin de l'étable chaude, où ils retrouveront bon gîte et saine litière, jusqu'au jour où, conduits à la ville, le garçon boucher les tuera.

Sedan était venu, comme un coup de massue, abattre la France aux pieds de Guillaume, et l'Empire avait fui dans les brouillards du Nord, léguant au pays l'invasion allemande qui allait s'étendre dans la province et enfermer la capitale dans un cercle de fer.

La journée du 4 septembre avait apporté sur Paris, malgré l'annonce du désastre militaire, un beau soleil d'automne ; des groupes animés parcouraient les rues, acclamant le gouvernement nouveau sorti des entrailles de celui qui venait de mourir.

Les militaires fraternisaient avec les citoyens et chantaient la *Marseillaise*.

Les citoyennes, comme on disait alors, conservaient un maintien grave, plus en harmonie avec la situation actuelle.

Elles ne chantaient ni la *Marseillaise*, ni aucun autre chant patriotique ; elles se recueillaient, écoutant, sans trop les comprendre, toutes ces manifestations bruyantes qui entourent la chute d'un trône et l'avénement d'une République, se demandant enfin pourquoi tant de joie et de toasts, puisque le pays était envahi, les armées détruites, les soldats morts ou prisonniers.

Et pourtant au milieu de l'allégresse, elles entendaient parler de la marche des Allemands qui débordaient sur Paris par trois côtés à la fois, de troupes à armer, d'enrôlement en masse, de siége à soutenir, de munitions, de bombardement et d'obus à pétrole.

L'imagination les emportait alors, et le souvenir leur revenait des siéges fameux où les femmes s'étaient trouvées en présence de vainqueurs sans générosité ; les moins timides se sentaient pâlir à l'idée de se voir en face de ces Prussiens qui avaient brûlé Bazeilles, incendié Sarreguemines, et bombardaient Strasbourg.

Mais à l'image du territoire envahi, elles sentaient passer en elles comme un souffle de Jeanne d'Arc qui les retrempait de courage, et elles se préparaient silencieusement à l'heure solennelle où il faudrait payer de sa personne.

C'est en frémissant qu'elles entendaient retentir le sol français sous les pas des hordes allemandes qu'on représentait comme de nouveaux Huns ayant à leur tête Guillaume Attila.

Et cette mer vivante qui allait nous engloutir, s'avançait d'heure en heure comme la vague de l'Océan envahit les dunes au moment de la marée.

Malheur au passant attardé.

D'abord il a de l'eau jusqu'à la cheville ; la mer a des coquetteries d'écume qui le charment. Puis la traîtresse s'avance en rampant jusqu'à ses genoux. Il ne faut plus songer à fuir, la voilà qui monte jusqu'à l'estomac.

Le malaise se fait sentir, la tête s'embarrasse.

Il jette autour de lui un regard désespéré. Au loin, partout des flots, toujours des flots qui se dépassent et se confondent en bouillonnant.

Voilà l'eau qui lui bat le menton et les algues qui s'enchevêtrent dans sa barbe.

Alors un dernier cri, un suprême effort. Et la vague le soulevant comme un enfant dans son berceau, le jette au fond de son lit.

Puis plus rien, le flot nivelle tout.

La mer unie comme une glace sourit au soleil.

Voilà la sensation d'effroi que les bulletins de l'investissement faisaient éprouver aux Parisiennes ; et c'est dans ces conditions psychologiques, comme le disait le chancelier Bismarck, qu'il faut vous présenter l'ouvrière, non plus avec sa chanson égayant le travail, mais avec les rides au front et l'angoisse dans le cœur.

Qu'apportera demain ?

Ni la richesse, ni le plaisir, les salaires diminuent et la vie va renchérir.

On n'ira plus au bois, les lauriers sont tombés avant que les chênes n'aient été coupés.

Montmorency, la patrie des cerises, verra ses ânes légendaires germanisés et exécutant pour les sujets du roi de Prusse les gambades qui faisaient tant rire nos petites Parisiennes.

Pas même un âne patriote !

Dans l'atelier, les propos en l'air ont fait place à de mélancoliques réflexions sur la stratégie, et mademoiselle Colombe a laissé le roman de sa vie inachevé par suite du départ de M. Pinson pour la mobile.

Oui, Colombe et Pinson, le gamin et l'ouvrière de Paris, collaboraient à une élégie amoureuse, à une pastorale, duo dont le thème était l'amour et le refrain le mariage.

Eh ! mon Dieu oui, comme la plus naïve enfant de Bretagne, la Parisienne de dix-sept ans a un cœur, et c'est ce cœur qui se laisse prendre et ne raisonne pas.

Seulement, à Paris, il est plus difficile et surtout beaucoup plus long qu'à la campagne d'aller, la main dans la main, écouter le ruisseau qui murmure et le rossignol qui prélude.

Il y a tant de rues à traverser que le couple s'égare, et le roman verse au troisième chapitre comme un cocher maladroit.

L'OUVRIÈRE.

On s'attend mutuellement à la porte de l'atelier, et on arrange une partie de campagne pour le dimanche qui vient. « Irons-nous à droite ou à gauche? Des deux côtés à la fois. — Si! — Non! » La discussion s'échauffe, et c'est Toto, le chien de la maison, mais non un chien d'aveugle, qui est chargé de mettre les parties d'accord.

Rien de plus simple et de plus naïf que les plaisirs d'une famille d'ouvriers parisiens. Ces gens-là ont la nostalgie de la verdure.

Pour avoir un jardin, ils mettent de la laitue dans des petits pots et des ifs dans une caisse.

Par tous les temps ils envahissent la campagne de la banlieue, seulement ils supportent mal l'odeur des fumiers, les aboiements du chien de ferme et les routes dépavées.

Ils tuent les petites bêtes au bon Dieu qui se promènent dans la salade, et mangent les pierrots entre deux feuilles de vigne, les gourmets!

Mais laissons de côté ces tableaux de la vie parisienne, car, au lieu de ces images riantes, il nous faut enfin évoquer le portrait tristement résigné de l'ouvrière pendant le siège.

Allons-nous donc la suivre sur ce douloureux calvaire où son dévouement l'a fait monter?

Nos respects et notre admiration lui feront escorte jusqu'à ce Golgotha qui a terminé le siège, c'est-à-dire jusqu'à cette terrible semaine qui précéda l'armistice où Paris, ville qu'on disait la plus voluptueuse, la plus débauchée, la plus lâche de toutes les cités du monde, nouvelle Sybaris et moderne Babylone, manquant de bois, de gaz, de viande, de riz, mangeant depuis quinze jours un odieux mélange de bois et de fécule, se trouva manquer de pain sans pourtant vouloir se rendre; où la misère dans ce qu'elle a de plus atroce et la souffrance dans ce qu'elle a de plus héroïque faisaient d'une capitale immense une nécropole horrible, où la faim nous mordait les entrailles, et où le froid déchirait le corps de nos soldats, où contre la disette l'outil était aussi inutile que l'argent, où le bombardement apportait l'épouvante dans la mort, où cependant ni un enfant ne quitta le poste qu'on lui avait confié, ni un vieillard n'abandonna l'arme qu'il avait sollicitée, où cinq longs mois de privation, de chômage, d'angoisses et de déceptions, n'avaient excité dans le cœur des admirables femmes qu'un surcroît d'abnégation, de dévouement et de charité.

Ce douloureux pèlerinage, nous le ferons, si vous vous sentez la force de nous suivre, avec nos nobles femmes, non pas comme historiens, mais comme simples auditeurs, charmés d'apprendre d'elles-mêmes leur action généreuse ou de recueillir leurs délicates impressions.

Nous avons découvert un manuscrit dans lequel une ouvrière marquait les réflexions que lui avaient suggérées les événements du siège et l'emploi de son temps pendant la même époque.

C'est un journal qui n'était pas destiné à la publicité.

Mais quand il s'agit de faire l'éloge de la vertu, quel discours vaudrait mieux que les actions elles-mêmes de la personne qu'on veut louer?

Laissons donc la parole ou plutôt la plume à mademoiselle Marie, persuadé que nos lectrices nous sauront gré d'avoir mis en son jour un caractère qu'elles reconnaîtront facilement pour leur appartenir, puisqu'à tous les degrés de l'échelle sociale, elles ont souffert des mêmes douleurs et pratiqué les mêmes vertus.

JOURNAL DU SIÉGE.

4 *Septembre*. — On placarde de grandes affiches blanches annonçant le désastre de Sedan. — Beaucoup de monde dans les rues. — Beaucoup d'orateurs spontanément éclos font de la tactique militaire au milieu des groupes.

— Mac-Mahon a trahi, dit-on.
— Mais il est mort, ajoute quelqu'un.
— Bazaine est un bon.
— Dans quelques jours il trahira aussi, ajoute une voix.
— Napoléon trahit.
— Alors il se trahit lui-même, répète toujours la même voix.

On regarde l'importun d'un œil de travers. On dit que c'est un mouchard, et un gamin parle de le jeter à l'eau.

On proclame la République, en nous annonçant la fuite de l'impératrice et la nomination d'un gouvernement de la défense nationale.

On commence par oublier l'affiche désastreuse du matin.

Les journaux parlent du siége probable de Paris par les Allemands.

C'est donc au peuple français et non à l'empire qu'ils font la guerre? Qu'allons-nous devenir?...

Plus de doute à avoir sur leur intention. Ici on se prépare.

Tous les jours de longues files de canons passent, et des chariots de munitions encombrent les rues.

Les mobiles arrivent de tous les points de la France. C'est une inondation. On en loge partout.

Pourrons-nous être investis? Paris est si grand que je crois impossible de lui fermer toute communication avec la province. D'ailleurs on fait des approvisionnements considérables. Il y a dans les docks pour une année de vins, six mois de farine et de salaison.

Des troupeaux de bœufs et de moutons sont parqués dans les jardins publics. Le pétrole est enfoui dans le sable. On craint donc un bombardement?

Les Allemands s'approchent. Mais comment leur résistera-t-on? Rien n'est prêt, ni hommes, ni canons.

Nous sommes allés du côté de Neuilly; les remparts sont à peine commencés, tout le monde y travaille, mais les embrasures ne sont pas garnies; les caisses de poudre sont encore en plein air.

Avec ma bonne amie Louise, nous avons traîné une brouette de terre.

C'était pour la patrie.

Le 17 septembre. — C'est d'aujourd'hui que nous sommes cernés. On a vu les Prussiens; comme ils doivent être horribles, ces gens qui brûlent les femmes!

On fait ici la chasse aux espions. Il y a des gens qui en voient partout.

La concierge se lève la nuit de crainte qu'un espion ne se soit glissé sous son lit.

Un de mes voisins a été conduit à la Préfecture de police parce qu'il parle mal le français et qu'il n'a plus qu'un œil.

Pour un Français, il n'est pas beau, c'est vrai; mais pour un espion, il est bien assez laid. On l'a relâché sans excuses.

Que se passe-t-il donc? on rencontre en ville des soldats en pleine débandade.

— Trahis à Châtillon! disent-ils.

Trahison! ils n'ont que ce mot à la bouche. Serait-ce le courage qui leur fait défaut? Alors à quoi bon lutter, rendons-nous de suite.

Défaite de Châtillon, mauvais présage pour un début. Je suis superstitieuse et la journée ne se passera pas sans nouveau malheur.

Le futur de mon amie Louise était à Châtillon; je l'ai rencontré parmi les fuyards.

Il n'ose rentrer chez son père, et il voudrait que nous le cachions pendant quelques jours.

Oh! jamais je n'avais vu Louise dans une telle colère : c'est un homme pour le courage.

Elle a eu une entrevue avec Robert qu'elle ne s'attendait pas à revoir chez moi.

Elle a paru plus étonnée que satisfaite de son retour.

Celui-ci a voulu plaisanter sur sa poltronnerie :

— On nous avait envoyés, dit-il, deux régiments pour lutter contre 100,000 Bavarois. Ma foi, je ne suis pas un héros. Quand j'ai entendu la mitraille, le tonnerre et son train, je me suis dit : Il y a de la trahison là-dessous, filons et conservons-nous intact pour les beaux yeux de mademoiselle Louise. Pas vrai, que j'avais raison ?

Louise ne répondait rien et fronçait le sourcil.

Il voulut l'apaiser en lui prenant la main.

Elle la retira avec violence.

Alors s'avançant d'un air à moitié boudeur, à moitié repentant :

— Vous ne voulez pas me donner la main, lui dit-il, en signe d'amitié ?

— Jamais, lui répondit Louise dont les lèvres tremblaient, ma main ne touchera celle d'un lâche !

Et, ouvrant subitement la porte, elle s'élança dans l'escalier en la refermant derrière elle.

Elle fondait en sanglots.

Robert à ces mots qui l'avaient cinglé comme un coup de cravache, s'était levé, pâle, la bouche béante, doutant encore s'il avait bien ou mal entendu.

— Qu'a-t-elle dit, mademoiselle Marie ? qu'a-t-elle dit ?

Je n'osais répéter le mot de lâche. J'avais pitié, je me tus.

— Oh! c'est donc vrai, s'écria-t-il en dévorant ses larmes, je suis un lâche ! et c'est Louise qui m'en a frappé. Tout le quartier va dire de moi ce qu'elle en a pensé. Mon père me chassera. Et vous, mademoiselle Marie, vous ne m'estimez plus. Mais que voulez-vous ? on n'est pas maître de ça. J'ai eu peur, je l'avoue, et puis j'ai vu fuir les autres... le mauvais exemple. Oh ! mais maintenant que Louise me méprise, que tout le monde va me jeter la pierre, je ne veux pas rester ici et je sais ce qui me reste à faire.

Et avant que je n'eusse prévenu son dessein, il s'était élancé vers la porte.

— Adieu, mademoiselle Marie, dites à Louise que c'est la première fois que ça m'arrive, mais que c'est aussi la dernière.

Et il s'enfuit désespéré. Où va-t-il ainsi comme un fou ?...

Tout le monde fait partie de la garde nationale.

On distribue des fusils même aux enfants organisés en troupe sous le nom de *pupilles de la République*.

Dans chaque rue on fait l'exercice du matin au soir, avec plus de bonne volonté que d'ensemble.

Notre concierge que les espions empêchaient de dormir, est d'une vaillance à toute épreuve pour fournir des soldats au gouvernement.

Elle se vante à qui veut l'entendre d'avoir donné un soldat à la défense nationale, en faisant inscrire de force et de son propre mouvement un vieux garçon très-douillet et très-cassé, qui avait négligé de se faire immatriculer, se jugeant impropre au service des armes.

Ce matin quatre hommes et un sergent l'ont emmené, malgré ses récriminations, faire l'exercice en pantoufle et en robe de chambre.

Il en attrapera une bonne courbature qui le clouera au lit pendant quinze jours, mais on n'arrachera pas de l'idée de la portière qu'elle a découvert un futur Hoche.

D'où me vient cette lueur de gaieté aujourd'hui? Est-ce parce qu'on parle de la fin probable et prochaine du siége?

Que de sang épargné! que de ruines écartées! si on prenait cette sage résolution.

Et mon pauvre Marcel qui avait fini son temps et qui, rentré dans le civil, se croyait libre envers la patrie, il a été obligé de reprendre le sac sans murmurer, comme un brave. Il est en province. Qu'y fait-il?

Nos espérances de mariage sont ajournées.

Reviendra-t-il un jour et serai-je jamais sa femme?

Ah! si M. Jules Favre qui est à Ferrières pouvait réussir dans son entrevue avec Bismarck, sans trop sacrifier Paris et la France?

Que peut-on lui demander? de l'argent. Nous donnerions bien jusqu'à notre dernier sou pour délivrer la patrie.

De l'honneur? Ah! pour ça, non. Refusez, monsieur Jules Favre, refusez fièrement. Nous irons jusqu'au bout s'il le faut, et que Dieu nous envoie des secours.

29, 30 *et* 31 *octobre.* — Jamais je n'ai attendu la vente du journal avec tant d'impatience. Il doit y avoir quelque chose d'important; on parlait hier d'une grande bataille du côté du Bourget :

« Hier, à sept heures et demie, l'ennemi essaya une attaque à la baïonnette à la gauche du Bourget. Reçu à bout portant par une compagnie du 14ᵉ bataillon des mobiles, il s'enfuit à la première décharge en laissant deux blessés entre nos mains. Cette attaque nous a coûtés deux tués et sept blessés.

« *Signé :* DE BELLEMARE.
« *Pour copie conforme :* SCHMITZ. »

En cet instant Louise entre dans ma chambre.

— Quelle nouvelle? fit-elle.

— Lis toi-même. Un succès, ma chère, une bataille où nous n'avons eu que deux tués et sept blessés.

— Deux tués et sept blessés, murmura-t-elle, et elle s'empara du journal, dont elle parcourut avidement le contenu.

« Parmi les soldats qui ont montré le plus de courage et de dévouement patriotique, on cite le sergent de la 8ᵉ compagnie qui, après s'être battu comme un lion pendant quarante minutes, est tombé mortellement frappé d'une balle à la tête; son nom est Robert. »

En prononçant ces derniers mots, Louise chancela, et je la reçus dans mes bras presque évanouie.

Pendant ce temps on bat la générale dans les rues, les gardes nationaux passent en armes. On entend des détonations dans le lointain.

Que se passe-t-il ?

— On a tiré de l'Hôtel de ville sur le peuple, disent des gens qui n'ont pas dépassé la rue.

D'autres, non moins bien renseignés, affirment que c'est le peuple qui a déchargé ses chassepots sur les grands hommes en pierre de la mairie centrale.

— Le général Trochu ne sait pas son métier, reprennent les autres.

— Félix Pyat va prendre la place de Jules Favre, ajoute le cordonnier du coin. On fera une sortie en masse et Paris sera délivré ! Ce n'est pas plus difficile que ça !

Ces sont des raisonnements bons à endormir des enfants.

Est-ce que les coups de fusil arrangeront mieux nos affaires, et Bismarck qui a préparé cette révolution, heureusement avortée, doit être bien content d'avoir ce prétexte de nous bombarder.

Il demandait à Jules Favre l'occupation de Strasbourg, de Toul, du Mont-Valérien.

Et Jules Favre a répondu : « Ni un pouce de notre territoire, ni une pierre de nos forteresses ! »

Il a bien parlé, et puisqu'il faut souffrir encore pour la cause sainte, résignons-nous et prions.

Le commerce ne va plus que d'une aile. Des commandes, il n'y en a plus nulle part.

Déjà Louise a été remerciée à l'atelier de la *Belle-Jardinière*; elle travaille maintenant à la cartoucherie établie à la manufacture des tabacs. C'est un métier pénible et dangereux; mais elle n'a pas l'air de s'en apercevoir; on dirait qu'elle recherche, au contraire, tout ce qui peut l'exposer. Oh ! elle a un chagrin profond de la scène qui s'est passée entre elle et Robert, quoique jamais elle ne m'en parle.

Après avoir frappé à toutes les portes pour avoir de l'ouvrage, on m'a adressé à Godillot qui a l'entreprise des vêtements militaires.

Il faut passer trois ou quatre heures devant sa porte pour être admis, et l'on distribue des numéros aux premiers arrivés seulement.

On donne à coudre des tuniques, des pantalons, des musettes, des toiles de tente, mais à quel prix dérisoire !

Les musettes, 35 centimes par douzaine.

Les képis, 15 centimes.

Les vareuses, 2 francs 50 centimes.

Les pantalons, 60 centimes à 1 franc 25 centimes.

Les chemises, 60 centimes pièce.

Les guêtres, 40 centimes par douzaine pour bâtir ; pour des boutonnières et la pose des boutons, 2 francs 40 centimes.

Les ceintures de flanelles, 25 centimes.

Et une bonne ouvrière ne pouvait pas faire plus d'un pantalon par jour ou onze képis, et coudre une vareuse en deux jours.

L'autre jour, rue Rochechouart, il y avait une foule plus grande qu'à l'ordinaire. A côté de moi, se trouvait une vieille dame qui, depuis huit jours, faisait la course et perdait son temps sans pouvoir être servie.

Je lui ai donné mon tour d'entrée. Elle m'a remerciée en pleurant, et m'a raconté son histoire.

Elle a des rentes, qu'on lui envoie habituellement de province; mais, depuis le siège, pour vivre, elle et ses deux petites-filles, elle est obligée de travailler et elle a soixante-dix ans.

Beaucoup de dames qui avaient l'habitude du confortable, se sont résignées à chercher du travail pour manger simplement du pain. On voit souvent, à la porte de Godillot, une dame élégamment vêtue et suivie d'un domestique nègre.

Mais le pain même ne viendra-t-il pas bientôt à nous manquer? Aucune maison ne fait fabriquer, et le gouvernement n'alloue une indemnité de 75 centimes par jour qu'aux femmes mariées des gardes nationaux.

Par contre tout augmente, et les denrées ont atteint des chiffres impossibles : les poulets se cotent 60 francs, un œuf vaut près de 3 francs pièce, le beurre est à 15 francs la livre.

Il est temps que nos soldats nous délivrent, puisque rien ne vient de la province.

Tout le monde demande une sortie à cor et à cri, et nous serions si avides d'avoir des nouvelles du dehors.

Gambetta est parti en ballon, et plusieurs grands personnages l'ont imité.

Ils partent tous dans les airs comme des oiseaux, en emportant des pigeons qui nous reviendront chargés de nouvelles des parents, d'amis et de victoires gagnées par les armées de la Loire, où mon fiancé Marcel fait ses preuves de courage.

J'ai là, dans une cage, les deux pigeons qu'il m'a confiés avant son départ.

Mais bientôt, si le grain manque, comment les nourrirai-je? Je ne veux pourtant pas les manger à la sauce crapaudine. Ces deux pauvres petites bêtes, qui ont gagné des prix à la course comme des chevaux pur sang ou des coqs de combat.

Certes, ces gentils oiseaux, dressés à voyager, pourront rendre quelques services à la patrie ; et je ne pense pas être désapprouvé par Marcel, si je les offre au gouvernement, pour qu'on les emploie comme messagers d'État.

Qui sait si un jour ils ne me rapporteront pas, sous leurs ailes, la nouvelle d'une victoire et du retour de mon fiancé.

Il m'en coûte de me séparer de ces deux chers amis qui me parlent de l'absent ; mais on est à l'heure des sacrifices.

Ce sont des amis que je quitte, des amis discrets. O chers petits! quand on vous donnera la liberté, que vous reprendrez votre vol au sommet des airs, apportez-moi la branche d'olivier qui annoncera la fin de notre déluge, le départ des Allemands et le retour de votre maître bien-aimé.

Quand vous battrez, de votre aile fatiguée, le carreau de ma fenêtre, à quelle heure du jour ou de la nuit que ce soit, ne craignez pas de m'éveiller, je vous entendrai. Partez, oiseaux chéris! avec vous s'envolent mes souvenirs joyeux, rapportez-moi la douce espérance.

Et je les pris l'un après l'autre dans mes mains pour sentir leur petit cœur qui battait, et je les baisai doucement avant de les abandonner pour toujours.

Le premier ballon qui devait les emporter, j'avais voulu participer à sa confection. Je m'étais fait admettre dans un atelier, dont Nadar, le photographe, avait la direction.

Cet atelier était situé dans la salle de bal de l'Élysée-Montmartre, et les ascensions avaient lieu sur la place Saint-Pierre, non loin de là.

Nous étions une soixantaine d'ouvrières dans cette salle de bal, sombre comme un théâtre en plein midi, occupées à assembler, au moyen d'une machine à coudre, les bandes de soie ou de calicot taillées sur de longues tables, d'après des patrons en fort papier, tandis que d'autres ouvrières faisaient des cordes et les mailles des filets.

Il me fallait, à cette heure, travailler pour deux, car Louise a fini par s'aliter complétement. Elle avait peur de l'hôpital, et je l'ai recueillie chez moi.

Pauvre fille, elle n'en a pas pour longtemps, elle s'en va à grands pas, et je ne peux lui donner même le nécessaire.

La misère et la maladie, voilà nos deux plus cruelles ennemies.

Depuis le jour où elle apprit la mort héroïque de Robert, elle s'est sentie frappée à mort. Les médecins ne disent rien; mais elle est condamnée, et c'est elle-même qui s'est jugée.

Hier, en allant demander à l'ambulance, établie sous le même toit que notre atelier, quelques bons de viande pour ma malade, je passais devant le lit d'un jeune mobile gravement blessé à Villejuif.

Comme il était pâle, cet enfant! J'étais émue sans savoir pourquoi, sa figure m'intéressait aussi vivement.

Il m'a regardée avec de si doux yeux que je me suis détournée pour ne pas laisser voir mon émotion et je lui ai demandé s'il souffrait beaucoup.

Alors il a levé la tête pour me voir plus à son aise, et, me faisant signe:

— Oh! Marie, est-ce bien vous? dit-il.

A sa voix je le reconnus.

— Comment, Lucien, mon enfant, êtes-vous ici?

Lucien était un petit apprenti que j'avais connu et avec lequel j'avais joué autrefois. Mais je ne l'avais pas revu depuis sa première communion, car c'est à cet âge que les fils d'ouvriers deviennent des hommes.

— Je ne gagnais plus rien, et je ne voulais pas être à charge à ma famille; je me suis engagé.

— Et vous êtes blessé?

— Oui, une balle empoisonnée dans la jambe. Les médecins veulent me la couper, mais je ne veux pas, moi. Ils disent que j'en mourrai : eh bien! qu'est-ce que ça me fait? J'aime mieux être mort que vivre estropié, s'écriait-il avec désespoir.

— Mon ami, il ne faut pas vous animer ainsi. Peut-être ne sera-t-il pas nécessaire de recourir à ce moyen extrême?

— Non! non! il n'y a pas d'autre remède. C'est à prendre ou à laisser. Ils vont venir me tourmenter, mais je ne veux pas, je ne veux pas!

Et le pauvre enfant sanglotait en me retenant par ma robe.

— Lucien, lui dis-je, aimez-vous votre mère?

— Oh! fit-il dans un cri où passa toute son âme, si je l'aime, comment ferais-je pour ne pas l'aimer?

— Eh bien! tenez-vous à la revoir, à la consoler dans sa vieillesse, qui sera bien désolée si vous n'étiez plus là?

— Oh! oui, je vous comprends. Vous me prenez par mon faible. Allez, vous faites de moi ce que vous voulez. Je ne résiste plus. Que les médecins me coupent en morceaux, je ne soufflerai mot. Pour toute grâce, Marie, restez près de moi, pendant l'opération. Laissez-moi votre main dans la mienne, et si j'ai envie de crier, eh bien! je vous regarderai et je me tairai de peur de vous faire de la peine.

Et pendant que le docteur faisait l'incision, le pauvre soldat mangeait son drap pour étouffer ses cris. Il tenait sa promesse de ne rien dire et pensait à sa mère.

L OUVRIÈRE.
Atelier de cartouches établi dans le Cirque des Champs-Élysées.

Cette visite à l'ambulance, cette opération si stoïquement supportée, tout cela m'a mis l'âme à l'envers. Pendant la nuit je n'ai cessé d'avoir des cauchemars affreux.

Je voyais comme une pluie de sang s'épancher sur mon lit et m'inonder la figure et les mains. Plus j'essuyais ce sang, plus il jaillissait avec abondance.

Réveillée en sursaut par la toux de ma chère Louise, il m'a semblé voir encore des taches rouges au plafond et sur les murs de la chambre. Je me lève et le froid est intense.

Comme nos soldats doivent souffrir dans les tranchées ! On dit que, dans une seule nuit, huit cents sont morts de congélation.

Si ce temps dure, on nous trouvera tous également gelés dans nos maisons. Impossible de trouver du bois.

En revenant de la place de l'Étoile, pour chercher quelques palissades que j'avais remarquées dans un terrain vague, tout avait déjà disparu, et j'ai rencontré d'ici, de là, quelques enfants ou quelques vieillards portant un mince châssis qu'ils avaient enlevé dans les environs.

Plus de charbon, plus de bois, plus de bougie. La chandelle entre dans les aliments pour remplacer la graisse.

La phase douloureuse et horrible du siége a commencé.

Si je veux, la nuit, raccommoder mes hardes, il faut que je le fasse à la lueur blanchâtre de la neige ou aux reflets rougeâtres d'un petit poêle sur lequel je fais bouillir la tisane de ma malade.

L'ambulance qui lui accordait quelques secours a déclaré qu'elle ne pourrait plus rien donner à présent, et nous ne sommes qu'au commencement de décembre !

En traversant la place de la Concorde, je vois défiler, une à une, les voitures d'ambulance surmontées du drapeau blanc à croix rouge. Ces couleurs me retracent tout à coup mon rêve de la nuit.

Je m'approche et sur un matelas gît le corps du général Renaut tué à Champigny.

Les fiacres qui suivent sont remplis de blessés.

Encore si nous avions acheté par tant de sang versé une victoire.

Hélas ! le lendemain le succès de la veille est un revers et le général Ducrot repasse la Marne. La fatalité lui a enlevé la victoire, et la mort n'a pas voulu de lui.

C'est le commencement de la fin.

Depuis quelques jours on rationne le pain qu'on gaspillait au début du siége, puisque des gens riches en ont nourri leurs chevaux.

Il faut aller chercher un bon à la mairie de son arrondissement. Ce bon est ainsi conçu :

RÉPUBLIQUE FRANÇAISE

17° ARRONDISSEMENT.— MAIRIE DES BATIGNOLLES-MONCEAUX

Bon pour 500 grammes de pain, première qualité,
A prendre chez tous les boulangers de l'Arrondissement

LE MAIRE,
Signé : Fr. FAVRE.

Ce BON devra être refusé s'il ne porte pas le cachet de la Mairie.

Depuis hier le bombardement des forts du sud est entrepris.

Un père avec ses deux enfants est venu habiter dans notre maison pour échapper aux obus. Dans leur fuite sa femme a été atteinte par un projectile qui l'a tuée roide.

Ce malheureux père ne parle à personne ; ses yeux hagards me font pressentir la folie. Il fait pourtant son métier de garde national en conscience, mais il n'adresse pas la parole à ses enfants qui sont pourtant bien charmantes. Il n'a pas l'air de les voir, et si, je ne m'en occupais un peu, elles courraient risque de mourir de froid et de faim.

Notre position est devenue horrible.

Les obus arrivent à présent jusqu'à nous.

On les entend siffler jour et nuit, surtout la nuit, au-dessus de la maison.

Quand l'obus passe, on courbe instinctivement la tête comme pour échapper au danger ; et lorsqu'il éclate on dit : Sauvé encore pour cette fois. Mais c'est mourir mille fois dans un jour que de vivre dans des angoisses pareilles.

Tout le monde est descendu à la cave. Moi seule qui ne peux abandonner Louise, dans sa position, je suis restée dans ma mansarde, me faisant la protectrice d'une malade et des deux petites filles de notre voisin dont les berceaux touchent le lit de la mourante, si bien que la bombe qui nous frappera nous tuera toutes en même temps.

Hier, le voisin taciturne a astiqué son fourniment avec une ardeur fébrile et il a laissé échapper cette sourde exclamation :

— Enfin, je vais donc en tuer un !

Ce serait effrayant si ce n'était d'un ennemi qu'il parle. Il veut venger la mort de sa pauvre défunte et médite un coup de tête, sans penser qu'il laisse après lui deux orphelines sans protection.

Quoi qu'il arrive, je ne les abandonnerai pas, elles seront mes filles, si Marcel m'oublie..... ou meurt.

Le pain de *fantaisie*, que l'on nous distribue par cent grammes, est si mauvais, si rocailleux, que l'on ne peut le manger. Heureusement que nous l'arrosons de nos larmes et ça le détrempe toujours un peu.

Le père de Robert a partagé avec nous une ration de riz qu'on a distribué dans la garde nationale, et un peu de bois qu'il a pris la peine de scier et de monter lui-même.

— Voilà pour réchauffer votre malade, a-t-il dit.

Au son de sa voix, celle-ci qui ne dort jamais si elle a l'air de sommeiller toujours, et dont les sens ont acquis une acuité singulière, fait un mouvement de la main au père Robert pour lui dire d'approcher, car sa voix est à peine un souffle perceptible.

— Que vous êtes bon ! lui dit-elle.

— Pour trois méchants écots, répondit-il. Bast ! vous me les rendrez l'hiver prochain, si vous y tenez tant !

— Oh ! l'hiver prochain, fit-elle avec un triste sourire, je n'aurai plus besoin de bois, ni de rien !

— Voilà bien ces jeunesses ! toujours poussant tout à l'extrême ! Pour un méchant rhume ; oh ! ce ne sont pas les plus solides qui durent souvent le plus longtemps, dit le vieillard en s'essuyant les yeux du revers de sa manche, témoin mon pauvre fils !...

— Oh ! monsieur, s'écria la mourante d'une voix saccadée en levant sur le vieillard sa figure pâle comme l'ivoire, dont les pommettes seules avaient deux taches de sang, oh ! monsieur, je m'en vais mourir, mais du moins que je meure pardonnée !

Nous nous regardions tous avec étonnement.

— Oui, oui, pardon pour la malheureuse qui, dans un moment d'orgueil, a renié son fiancé, et qui, le traitant de lâche, l'a forcé d'aller se faire tuer. Saviez-vous cela, monsieur, et me pardonnerez-vous?

— Je le savais, ma fille, et je vous pardonne comme je vous ai toujours pardonné d'avoir considéré l'honneur de mon nom comme celui que vous deviez porter.

Puis il déposa un baiser sur le front de la mourante, qui, épuisée par les émotions, s'endormit d'un sommeil aussi doux que celui des anges, avec lesquels elle entrait désormais en communion.

A peine remise de cette commotion, un grand bruit retentit dans l'escalier.

Un brancard tout souillé de sang apparaît au bas, soutenu par deux gardes.

— Un héros malheureux de Buzenval, me dit le médecin en me désignant le voisin taciturne couché sur un matelas.

Les deux petites filles en reconnaissant leur père se jettent dans mes bras en pleurant.

Celui-ci ouvre une paupière que la mort alourdit déjà, et tandis que ses lèvres murmurent des mots inintelligibles, son œil se fixe obstinément sur ses enfants, que je tenais embrassées.

— Pauvre diable, ajouta le médecin, il a eu la poitrine traversée !

— Mais voici qui va panser sa blessure, ajouta un nouveau personnage en étalant la croix d'honneur sur le brancard du moribond : de la part du gouvernement.

— Trop tard ! soupira le docteur, en constatant que le cœur ne battait plus.

Hélas ! la plume me tombe des mains, à ne retracer jamais que des scènes de deuil et des images douloureuses.

Le 19 janvier, tout espoir est perdu.

C'est à peine si l'on sait que l'armée de l'Est tient encore la campagne, sous les ordres de Bourbaki.

Toutes nos larmes, toutes nos souffrances n'ont pesé pour rien dans la balance de Dieu. Il lui fallait une expiation à la hauteur de notre orgueil.

C'est la fin. La fin des privations, des douleurs, des larmes, du froid, du pain noir, de la viande de cheval, c'est la fin de la faim !...

Ce matin, les marchands de journaux annonçaient à grands cris des nouvelles de la province. C'étaient des dépêches trouvées sous l'aile d'un pigeon. Qui sait si ce n'est pas l'un de ceux que j'ai offerts à la patrie, rapportant sous son aile la mort de notre dernière illusion?

L'une de ces dépêches est ainsi conçue :

« Armée de Bourbaki défaite et forcée de passer en Suisse.

« *Signé :* Capitaine d'état-major,
« MARCEL. »

O mon Dieu ! pourquoi me frapper deux fois dans mon amour pour mon pays, et ma fidélité à Marcel. Faites que le capitaine d'état-major n'oublie pas la pauvre ouvrière Marie, mère de deux orphelins ! »

II

LA SŒUR DE CHARITÉ

Bossuet s'étonnait de la quantité de larmes que pouvaient contenir les yeux d'une princesse. Nous admirons, nous, ce que le cœur des femmes renferme de dévouement.

Dévouement discret, dévouement ignoré, dévouement évangélique, qui se meut dans le silence et s'affirme dans l'humilité. Vraie vertu de charité, que saint Vincent de Paul a si éloquemment enseignée, et que pratiquent avec une ardeur si pieuse, les saintes filles placées sous son patronage.

Quelle violence n'a-t-il pas fallu imposer à votre modestie, pour arracher de vos cœurs le secret du bien que vous avez accompli?

Mais, plus haut que votre modestie, parlait la reconnaissance des blessés que vous alliez chercher au milieu des balles, des mourants que vous avez secourus, des prisonniers que vous avez rendus à leur patrie.

Point de pensée profane dans l'abnégation de la religieuse. Chez elle, ni sous-entendu ambitieux, ni intérêt personnel.

Le devoir est tout à ses yeux, et sa récompense n'est pas de ce monde, car son nom ne restera pas dans le souvenir de ses obligés.

Elle n'a plus rien qui lui appartienne en propre.

Ni famille, ni nom, ni fortune.

En prenant le voile, elle a renoncé à toutes les jouissances terrestres. C'est le linceul jeté sur son passé. Elle a troqué sa dépouille humaine contre un manteau céleste, et son diadème de jeune fille contre la couronne du martyre.

Mais en vain le prêtre l'a étendue dans un cercueil, en rejetant un suaire sur son front de vingt ans;

En vain, recouverte des cendres de la pénitence, elle a entendu chanter le *De profondis* sur sa jeunesse et son avenir;

En vain, on l'a dépouillée de son nom, de ses affections intimes, de ses habits de fête;

En vain, pauvre femme, on l'a mutilée dans son orgueil, dans ses attributs, dans son sexe.

On n'a pu arracher de son cœur la flamme de la charité, le foyer du dévouement.

Tout entière, elle est embrasée de ce feu doux et bienfaisant qui réchauffe l'humanité et la guide à travers les étapes désolées de la vie.

« La destinée des sœurs, écrivait une religieuse, il y a quelque temps, est de vivre et de mourir humbles et ignorées ; plus leurs personnes et leurs fonctions sont à l'ombre, plus elles sont à leur place. Les souffrances et la misère semblent seules les connaître, mais au moment donné, la patrie sait aussi qu'elles sont siennes ! »

Oui, morte au plaisir, morte aux vanités, morte au monde, la religieuse, qu'on appelle de ce nom si charmant, ma sœur, se sent vivre par le cœur malgré la mort dont elle a tenté de le frapper, elle se sent vivre par le cœur dans ce qu'il a de plus noble, de plus généreux ; elle se sent vivre par le cœur dont elle offre les prémices à ce Dieu fait homme qui vint apporter au paganisme la formule d'évangile et d'amour, qui se traduit par ces mots : Égalité, fraternité.

Pour la religieuse, la fraternité n'est pas une vaine formule, puisqu'elle est la sœur de tous ceux qui souffrent.

Quant à l'égalité, où la voyons-nous régner davantage que dans ces grandes communautés où viennent s'ensevelir sous la bure les femmes les plus distinguées par la beauté et la naissance à côté de pauvres filles du peuple ?

Soumises à la même règle, elles participent aux mêmes travaux et aux mêmes sacrifices.

Loin d'imiter ces nonnes inutiles, qui se cloîtrent et s'annihilent dans la retraite, et par l'isolement, les sœurs hospitalières qui ont fait l'abandon de toutes les vanités, ont réservé dans le suicide d'elles-mêmes la part la meilleure, le sentiment.

C'est le foyer brûlant de charité qui, à un moment donné, doit les guider à travers les dangers de la guerre et les embraser d'une pitié sainte ou d'un enthousiasme sacré pour tant de malheureuses victimes.

C'est l'étincelle qui fera converger toutes leurs aspirations et toutes leurs forces vers le sacrifice d'elles-mêmes et le soulagement des autres.

Écoutez ce cri touchant et héroïque que pousse une religieuse, à propos de la souscription patriotique organisée pour la délivrance du territoire, et dites si l'esprit qui reçoit de telles inspirations du cœur est une nature égoïste ou atrophiée :

« Au choc de cette étincelle électrique qui a allumé, d'un bout de la France à l'autre, cet immense foyer d'amour de la patrie, tout cœur français s'est senti vivement ému et prêt à tous les sacrifices.

« Mais peut-on appeler sacrifice la plus grande jouissance qui est celle de donner lorsque l'on aime !

« Les religieuses de France demandent à être comprises dans l'œuvre de l'impôt d'honneur. Elles n'ont rien, mais elles veulent donner ; elles donneront. Dieu ne refusera pas de les aider ; lui-même a gravé dans le cœur l'amour de la patrie.

« Habituellement la sœur de charité demande, elle reçoit ; aujourd'hui elle sollicite l'honneur de donner ! Que l'on veuille donc recevoir son obole et l'inscrire sur les listes entre la grande dame et la pauvre domestique, entre la femme du ministre protestant et la jeune israélite ; que toutes les classes sociales, que toutes les croyances religieuses s'embrassent une fois au cri de « Vive la France ! »

Ce fut à ce cri vraiment patriotique que l'on vit surgir à l'heure de nos désastres ces femmes courageuses qui devaient payer de leur vie les secours portés à nos soldats sur les champs de bataille, ou les soins qui leur étaient donnés dans des hôpitaux décimés par la contagion.

En temps de paix la religieuse qui se consacre aux malades se contente d'être une sainte par la patience et la résignation ;

A l'heure où le canon tonne, la sainte se fait héros ; Jeanne d'Arc double sainte Marthe et lui communique son élan.

Les ambulancières forment la phalange sacrée que la religion met au service de la patrie.

D'après le recensement fait à la fin de 1864, ce bataillon sacré de femmes dévouées et héroïques comptait quatre-vingt-dix mille trois cent quarante-trois membres en France seulement, et au premier rang se distinguaient les *Petites sœurs des pauvres*.

L'antiquité réservait des honneurs spéciaux aux vestales qui entretenaient le feu sacré dans le temple de Vesta : au théâtre, une place de marque leur était assignée, et c'était de leur grâce que les gladiateurs combattant dans l'arène attendaient le signe de mort ou de vie.

Qu'avons-nous fait pour honorer les petites sœurs des pauvres, ces vestales de la misère, dont rien n'arrête le zèle et ne rebute le dévouement ?

C'est à peine si l'on respecte l'habit religieux et le caractère sacerdotal dont elles sont couvertes ; car leurs licteurs sont souvent de pauvres vieillards et leur char de triomphe un modeste chariot qui est en même temps équipage et fourgon de marchandises.

Nos mœurs modernes les éloignent des plaisirs du théâtre et des représentations dramatiques ; aussi quand elles lèvent le doigt, ce n'est point pour faire égorger les gladiateurs, mais pour montrer le ciel aux malheureux et leur dire que là est le salut.

Je crois qu'il ne sera point inutile de montrer dans une courte notice à quels humbles commencements la congrégation des petites sœurs des pauvres doit son origine.

Elle est aussi modeste que celle de leur maître Jésus, dont elles ont si bien traduit la doctrine à l'usage du peuple.

Ce fut vers 1840 qu'à Saint-Servan, près de Saint-Malo (dans l'Ille-et-Vilaine), deux jeunes ouvrières, dont la plus âgée n'avait pas dix-huit ans, songèrent à prendre le voile pour se consacrer plus spécialement aux pauvres.

Elles s'ouvrirent de leur projet au pieux vicaire de la paroisse, l'abbé Le Pailleur.

Celui-ci, que l'esprit de charité tourmentait au point qu'il ne pouvait garder même la moitié de son manteau quand il rencontrait un pauvre déguenillé, conseilla à ces deux néophytes d'attendre quelque temps avant de prendre une détermination formelle, se réservant de les initier, au bout de leur noviciat, à un projet de congrégation qu'il avait formé pour le soulagement des malheureux.

Racine a fait dire au grand prêtre Joad :

La foi qui n'agit point est-ce une foi sincère ?

Aussi, avant le terme de rigueur assigné par le curé Le Pailleur aux deux jeunes ouvrières, celles-ci, transportées d'un saint zèle, avaient-elles entrepris seules l'œuvre de dévouement qu'on leur faisait trop attendre au gré de leurs désirs.

Une vieille femme aveugle qu'elles adoptèrent et dont elles faisaient le ménage, fut la première adepte de la nouvelle communauté qui recruta bientôt une nommée Jeanne Jugan, qui possédait six cents francs d'économie dont elle fit don aux pauvres.

Avec l'argent qu'apporta une quatrième femme, Fanchon Aubert, on loua une mansarde et un rez-de-chaussée où l'on installa douze lits.

Puis on se mit à quêter.

Ce fut Jeanne Jugan qui, la première, armée d'un vaste panier, se risqua à mendier par la ville les restes des tables opulentes ; et le produit des quêtes ainsi faites devint le seul moyen d'existence de la communauté.

C'était associer le public à une bonne œuvre.

Dans les grandes villes, les petites sœurs eurent une voiture pour faire leur tournée; dans les bourgs, un âne leur suffit, et dans les villages le panier est encore en usage.

Bientôt le prix Monthyon décerné à Jeanne Jugan apporta dans la caisse de la communauté une somme de trois mille francs.

En 1859, la congrégation comptait cinquante-deux maisons. C'étaient cinquante-deux asiles où les pauvres, les enfants sans mère, les vieillards sans famille étaient assurés de trouver le pain quotidien, agrémenté de quelque morceau délicat tombé de la table du riche.

Pendant le siége de Paris, la moitié de la population de cette ville étant devenue nécessiteuse, les petites sœurs, loin de reculer devant la responsabilité de la tâche qui leur faisait un devoir de nourrir plusieurs centaines de mille d'individus, organisèrent des cantines où chacun pouvait se présenter avec une carte ainsi libellée :

```
CANTINE MUNICIPALE DU ... ARRONDISSEMENT
        (Cantine N°... Rue... N°...)
               BON
      Pour une ration de 20 centimes
       (Prix actuel)
                    Le membre de la commission,
                              X
                        ... Arrondissement
```

A ceux pour qui la modicité du prix de vingt centimes était encore une trop lourde charge, on donnait des bons gratuits auxquels on faisait certaine marque suffisante pour que le porteur ne fût point obligé de débourser.

La société philanthropique de Saint-Vincent de Paul a conservé ces bonnes traditions et chaque semaine délivre plusieurs milliers de bons gratuits aux pauvres que ses membres visitent.

Aux gastronomes qui dînent chez Véfour sous prétexte que l'on ne peut décemment manger à moins de deux louis par tête, nous présenterons le prix des aliments délivrés par les cantines municipales :

Un demi-litre de bouillon.	5 centimes.
Une portion de viande de cheval.	5 —
Une assiette de riz.	5 —

Les portions étaient bonnes si elles n'étaient pas abondantes ; aussi la foule qui stationnait à la porte de ces cantines depuis les six heures du matin, bien que les fourneaux n'ouvrissent qu'à neuf heures, n'était point composée de membres du Jockey-Club ou des gros bonnets de l'état-major général.

LA SŒUR DE CHARITÉ

Seulement les pauvres en guenilles n'étaient pas les seuls qui vinssent y prendre leurs repas.

Les ouvriers et les petits bourgeois ruinés par le siége étaient heureux de trouver des aliments à la portée de leurs ressources présentes.

C'était surtout dans les quartiers excentriques que le nombre des rations servies s'élevait à un chiffre considérable.

— Croyez-vous, me disait un jour un chef de cuisine qu'on avait exempté des gardes et des revues, pour lui laisser le temps de desservir une de ces cantines installées dans une petite boutique de la rue de Villiers, croyez-vous que je ne sers pas moins de deux mille rations par jour !

Si jamais service rendu au public méritait une récompense, c'était assurément l'idée de ces fourneaux économiques.

Cependant les sœurs furent expropriées de la maison qu'elles possédaient sur le boulevard Pereire, qui fut transformée en caserne pour le logement des gardes nationaux de la banlieue, réfugiés à Paris au moment de l'investissement.

Et comme, même dans les moments les plus critiques, la gaieté française ne perd jamais ses droits, nous nous rappelons avoir vu flotter sur la porte de la communauté des sœurs, métamorphosée en caserne, un magnifique drapeau tricolore, frangé d'or, avec cette inscription qui nous fit rêver :

RÉPUBLIQUE FRANÇAISE ET D'ARGENTEUIL

Si Argenteuil avait sa république spéciale, les autres parties de la France possédaient, tout aussi bien que Paris, un nombreux état-major de sœurs qui se multipliaient avec nos désastres et n'apportaient à tant de revers qu'un dévouement plus absolu, un courage plus tenace.

Dès le début de la guerre, elles s'enrôlent toutes dans les ambulances et partent à la suite des soldats.

On dirait, à voir toutes ces croix blanches et rouges d'une armée de croisés qui s'avance pour protéger la France contre l'envahissement des barbares : Godefroy de Bouillon opposé à Saladin.

Mais ce n'est point avec les infidèles que ces bataillons enrôlés sous la croix de Genève vont se mesurer, c'est à la mort qu'ils vont faire la guerre, en essayant de lui arracher le plus grand nombre de ses victimes.

A ce dessein, ils n'épargneront ni leur santé, ni leur temps, ni leur vie, toutes choses dont ils ont fait le sacrifice.

Ils mourront si Dieu le veut ; ils sont toujours prêts à comparaître devant lui.

Mais la mitraille est aveugle, elle a la brutalité de la matière.

Voyez cette religieuse dont la cornette blanche est au chemin de l'honneur, au milieu du champ de bataille ; elle tombe soudain ; et tandis que son regard mourant cherche le ciel, sa main presse la petite croix, teinte couleur de sang, cousue sur sa poitrine.

Dans le fond du tableau, on aperçoit des débris d'armes, des chevaux errants et des cadavres.

On est au soir de Reischoffen. La sœur hospitalière avait entendu un cri de désespoir et d'agonie. C'est un soldat blessé qui appelle.

Elle accourt pour le panser, sans se soucier du boulet de canon qui va lui fracasser les deux jambes et l'étendre sans vie à côté de celui qu'elle vient secourir.

Son nom, qui le dira ?

Elle n'en a pas. C'est une sœur de charité.

Qu'on nous pardonne de jeter ainsi au hasard les anecdotes à côté des réflexions, comme le semeur lance la graine dans les sillons, où le vent les emporte, et où le soleil les fera germer et éclore.

Ainsi des nobles actions de ces saintes femmes, que recueille le souvenir populaire et qu'enregistre la reconnaissance publique, pour les graver sur le bronze de l'histoire.

Car, depuis le général en chef jusqu'au simple soldat, elles ont eu des consolations pour toutes les douleurs, des baumes pour toutes les blessures.

Les enfants du peuple se rappelleront longtemps cette blanche et douce figure qui, lorsqu'ils étaient blessés venait s'asseoir au chevet de leur lit, en se glissant comme un sylphe au milieu des rêves sanglants, ou des insomnies douloureuses que leur causaient leurs blessures, pour leur apporter une bonne parole, un encouragement, un souvenir du pays lointain et des parents absents.

Un jour, à l'ambulance du Grand-Hôtel, un mobile breton qui avait eu la jambe fracassée à Champigny, nous racontait les épisodes de cette bataille.

C'était moins à la vérité le tableau des opérations stratégiques de cette effroyable journée que la biographie d'une femme qu'il retraçait ; les faits et gestes d'une religieuse occupaient plus de place dans son récit que les belles actions de ses camarades.

L'humble sœur de charité éclipsait jusqu'à l'illustration du général en chef.

Pour tout dire, en un mot, cette religieuse dont on nous entretenait si longuement, était l'ange gardien d'un bataillon de mobiles du Finistère, qu'elle avait suivis jusqu'à Paris et de là sur tous les champs de bataille autour de la capitale.

C'est elle qui soignait, consolait et rapiéçait ses petits gars bretons.

C'est elle qui parlait de la famille à ces pauvres enfants qui, la plupart, se prenaient de dégoût pour la vie militaire et se mouraient d'ennui loin de leur foyer et de leurs landes désolées.

Naïfs dans leur foi et ardents dans leurs sympathies, les Bretons voyaient dans la petite sœur une sorte d'être supérieur qui devait les protéger dans leur vie et à l'heure de leur mort.

A Champigny, ce bataillon de mobiles avait dû s'engager dans un ravin bordé de hautes murailles de chaque côté, et au bout duquel se tenait un régiment saxon qui, sans cesse, balayait la ruelle de ses balles et de sa mitraille.

Plusieurs régiments français avaient en vain essayé de déloger l'ennemi, devant lequel ils avaient toujours été obligés de se replier.

Enfin le général donne l'ordre aux mobiles de marcher à leur tour dans le sens du passage.

Tout à coup, au commandement donné, un grand silence se fait dans cette foule houleuse.

C'est le moment suprême de la prière qui précède le premier élan.

Les âmes se recueillent et les fusils s'épaulent.

Soudain, avant que le premier rang se soit ébranlé, on aperçoit une femme parcourant d'un pas ferme le petit chemin que les balles sillonnent en tous sens de leur sifflement plat.

— Petite sœur, n'allez pas par là, vous êtes perdue ! lui crie une voix.

Soin inutile ! la petite sœur n'entendait rien que la voix de son cœur et les appels déchirants d'un blessé.

Elle est déjà agenouillée à ses côtés, alors qu'un flot d'ennemis débouchant des tranchées, l'enveloppe et la fait prisonnière ainsi que son cher mourant.

— Sauvons notre sœur! crient les Bretons à cette vue, et s'élançant à la baïonnette, ils repoussent les Allemands qu'ils chassent enfin de la position inexpugnable.

Et la petite sœur?

Hélas! la petite sœur ne revint plus.

Elle avait disparu dans un ouragan de feu, comme ces sylphes qui viennent sur terre pour le bonheur de l'humanité et s'évanouissent tout à coup dans un nuage ou dans une tempête, rendant à la grande âme de la nature les atomes divins dont ils furent formés.

On pourrait multiplier à l'infini ces citations de traits naïvement héroïques dont les petites sœurs des pauvres furent les auteurs ; mais, à côté de leurs bannières, nous avons retrouvé aussi celles des sœurs de *Bon-Secours*, tandis que les religieuses de Saint-Vincent de Paul affirmaient une fois de plus, tant au chevet des malades que sur les champs de bataille, et la mise en œuvre de la charité, et la solidarité de l'abnégation.

A Forbach, les Prussiens couvrent de mitraille la croix de Genève plantée sur une ambulance où sont couchés plus de soixante soldats français.

La religieuse de service reste à son poste. Elle aide les malheureux blessés à se traîner dans un coin à l'abri des obus, sans souci de son propre salut. Tout à coup, les ennemis font irruption ; ils chassent à coups de baïonnette les soldats réfugiés dans l'ambulance.

Leur haine s'acharne jusqu'aux blessés, et insulte jusqu'aux cadavres de nos chers mourants.

A cette vue, la sœur s'indigne ; elle relève vivement le sabre d'un Bavarois qui fouillait la poitrine d'un cadavre.

C'est alors que la fureur des Allemands se tourne tout entière contre cette femme.

Ils auront facilement raison de sa faiblesse, et leur triomphe ne les exposera à aucun péril.

Ils se ruent à la vengeance, non comme des hommes, mais comme des hyènes altérées de sang.

Dix contre une; ils saisissent la pauvre sœur et la maintiennent immobile contre un poteau, tandis qu'un des leurs, le bourreau sans doute, lui tranche d'un coup sec les deux mains qu'elle tenait étendues.

Puis ils s'éloignent, en ricanant, de leur victime qui lève ses moignons ensanglantés vers le ciel comme pour le prendre à témoin de la lâcheté des ennemis de la France....

Au premier bruit qu'on reçut confirmant la nouvelle de la blessure du maréchal Mac-Mahon, la supérieure des sœurs de Bon-Secours d'Alger, sœur Marie-Madeleine, part pour le petit village de Pourru-aux-Bois où le blessé a été transporté.

A son réveil, le blessé trouve à son chevet la maréchale, accourue de Paris, et la sœur arrivée d'Alger, deux anges que Dieu envoie au malade pour lutter contre la mort et conserver au pays son plus valeureux champion.

Dans une lettre écrite par la religieuse à sa supérieure, nous trouvons de précieux renseignements sur le duc de Magenta. C'est à titre historique que nous allons citer le passage de cette missive.

« Me voilà prisonnière et bienheureuse prisonnière, je vous assure.

« M. le maréchal Mac-Mahon va aussi bien que possible.

« Quelle riche et puissante organisation !

« Je n'ai jamais rencontré un malade aussi patient que M. le maréchal.

« Voilà près de huit jours qu'il est dans la même position, et impossible de faire son t qui n'a pas de sommier.

« Jamais une plainte pendant les pansements ; qu'on coupe, qu'on taille dans cette affreuse plaie qui lui traverse toute la hanche, et dans laquelle un enfant de dix ans pourrait retourner le poing, l'on n'entend pas un gémissement.

« Quoi qu'on lui donne, quoi qu'on lui fasse, c'est toujours : « Très-bien, ma bonne sœur. »

« Jamais un murmure contre les causes ou les effets de nos malheurs.

« Il a fait ce qu'il a pu, et croit que les autres l'ont fait aussi.

« Dès qu'il sera en état de supporter le voyage sans de graves inconvénients, il partira pour le fond de la Prusse rejoindre ses soldats malheureux.

« Le chef doit donner l'exemple, voilà son raisonnement.

« M. le maréchal et madame la maréchale sont d'une bonté parfaite.

« J'ai beaucoup d'occupations pour préparer les linges et la charpie pour tous ces pauvres blessés, car le bon maréchal veut qu'ils soient pansés chez lui et avant lui.

« La nuit, je m'étends un peu par terre sur une couverture.

« Car il n'y a qu'un lit pour la maréchale et moi ; je l'occupe pendant deux heures dans la journée. »

« *Il a fait ce qu'il a pu et croit que les autres l'ont fait aussi,* » dit la sœur Marie-Madeleine. Toute la théorie du christianisme est contenue dans ces quelques mots.

Les principes du soldat sont revêtus de l'indulgence de la religion.

Ce n'est pas la commission parlementaire d'enquête sur les capitulations qui parlerait avec cette mansuétude des généraux mal... heureux ou maladroits.

Chaque ambulance où les religieuses s'installèrent conserva de leur passage une légende gracieuse que les blessés ont pieusement conservée dans leurs souvenirs.

Que de pauvres soldats épuisés de l'âme et du corps, ne durent leur retour à la vie qu'aux attentions délicates de leurs chères infirmières qui savaient trouver dans leur cœur une parole réconfortante qui rappelait aux malades la voix de la mère, ou les douces inflexions de la sœur.

Tantôt caressantes et tantôt grondeuses, elles se faisaient enfants avec ces grands enfants qu'on nomme des malades; elles leur glissaient mille douceurs pour apaiser leurs souffrances, se soumettant aux épreuves les plus répugnantes pour ramener la joie dans un cœur ou pour guérir une plaie maligne.

Les Messins se souviennent d'une sœur de charité qui fumait et chiquait... pour ses blessés.

— Sœur Louise, lui disait un vieux grenadier de la garde amputé des deux bras ; ça ne va pas ce matin, je n'ai pas encore vu *Joséphine* aujourd'hui !

Sœur Louise souriait à ce propos et prenant dans la poche de l'invalide un étui en cuir de Russie, en tirait une pipe ornée d'un superbe bec d'ambre qu'elle bourrait de tabac, avec tout l'aplomb d'un fumeur et qu'elle allumait avec de savantes aspirations.

— Voici *Joséphine,* disait-elle en présentant au soldat sa pipe toute prête, et se tournant aussitôt, elle essayait de lui cacher la pâleur et le malaise que lui causaient ses rapports avec *Joséphine.*

Ce qui ne l'empêchait pas de remplir chaque jour son emploi de vestale auprès du vieil amputé.

Mais, non contentes de prodiguer leurs soins dans les ambulances et leur vie sur les champs de bataille, les sœurs sollicitèrent aussi l'autorisation d'aller soigner nos malades dans les hôpitaux prussiens, où, atteintes elles-mêmes de la variole qui y faisait tant de ravages, elles durent être ramenées presque mourantes en France.

A Strasbourg, la maison des petites sœurs des pauvres fut transformée en ambulance dès le début du siége, sous la direction du docteur Hubert, et l'administration de M. Redraire.

Ouverte le 7 août, cette ambulance ne fut fermée que le 30 novembre suivant : elle avait, dans une durée de cent quinze jours, reçu quarante et un blessés pour lesquels elle avait dépensé douze cent quatre-vingt-dix-sept francs.

A la tête de cette communauté dont les sœurs se dévouèrent comme on sait se dévouer dans cet ordre, se distingua la supérieure sœur Eusèbe, femme de ressources autant que d'énergie et qui montra pendant la période du bombardement ce que peut une âme virile accouplée à un cœur de femme.

Dans la nuit du 23 au 24 août, un obus prussien tomba dans une salle de l'ambulance, où il tua un zouave déjà blessé à Frœschwiller, nommé Azaïs, du 3ᵉ régiment, numéro matricule 7866.

Un second obus tua la sœur Landelin au moment où elle puisait de l'eau à la pompe de l'établissement pour les besoins des malades.

C'est ce qui s'appelle mourir au champ d'honneur.

La supérieure sœur Eusèbe qui peu-têtre enviait le sort de sa compagne, ne voulut point céder la place malgré les rudes avertissements de la politesse prussienne; elle courut au milieu de la cour, où pleuvait la mitraille, relever sa sœur qui avait pu faire encore quelques pas malgré l'horrible blessure que lui avait faite un éclat d'obus et dont elle mourut quelques heures plus tard, au milieu d'atroces souffrances, dissimulées sous le sourire de la vierge-martyre.

Les sœurs de la Toussaint, qui tiennent à Strasbourg une maison d'instruction pour les grandes demoiselles, avaient fait succéder dans leur maison, à l'enseignement de la jeunesse, le soin des blessés, et, avec le concours de plusieurs dames charitables, elles avaient organisé une ambulance qui ne devait recevoir que des prisonniers français.

Un jour, on signale l'arrivée prochaine d'un convoi de prisonniers malades.

Tous les lits de l'ambulance sont occupés, et les Prussiens, toujours humains, annoncent l'intention de retenir dans les wagons les pauvres blessés de passage qui ne doivent repartir que le lendemain.

Les sœurs se rendent aussitôt à la gare pour attendre le train et supplient les Allemands de leur permettre d'offrir pour une nuit l'hospitalité aux voyageurs français.

Sur le consentement des autorités militaires, ceux-ci sont installés, à leur arrivée, dans la prison des jeunes détenus qui, de sa destination première, n'avait conservé que le nom, tant les bonnes sœurs s'étaient ingéniées à en rendre le séjour agréable à leurs hôtes de passage.

Lits moelleux, draps bien blancs et parfumés, chaudes couvertures, collations et soins délicats, rien ne manqua à ces prisonniers compatriotes, que la providence envoyait aux sœurs de Strasbourg.

Fidèles à leur parole, celles-ci reconduisirent les voyageurs aux geôliers prussiens, qui apprenant les attentions qu'on leur avait prodiguées, s'emportèrent en paroles menaçantes et brutales.

— Pour loger les Allemands, leur dirent-ils, vous prétendez n'avoir jamais de lit disponible. Vous en trouvez bien quand il s'agit des Français !

Charitables avec esprit, les bonnes sœurs répondirent, non sans malice :

— Ce n'était qu'une prison dont nous pouvions disposer, et nous aurions cru cet asile indigne de *vos Grandeurs*.

Ce compliment arrêta la colère des Prussiens, en flattant leur orgueil national.

On a bien raison de dire, « malin comme un Français et lourd comme un Allemand ».

A Neuilly, les sœurs de la rue des Poissonniers ne voulurent pas abandonner leur maison et leurs pauvres, alors que la frayeur s'emparait de l'esprit de tous les habitants, et que tous les gens riches ou simplement aisés émigraient, soit en province, soit derrière les murailles de Paris.

Restées seules avec quelques malheureux, qui, pour végéter misérablement, trouvaient qu'il était inutile de se déplacer, les sœurs leur prodiguèrent jusqu'aux derniers jours les encouragements moraux et les secours matériels.

Alors que les vivres allaient manquer, en face de la famine qu'il fallait affronter, les religieuses crurent qu'elles devaient avertir leur petite clientèle et ne voulurent point se retirer sans essayer un dernier appel à la charité.

Mais les greniers et les caves étaient vides.

Il n'y avait plus rien à attendre des hommes ; la Providence seule pouvait apporter le remède.

Consulté par les saintes femmes, l'un des vicaires de la paroisse, qui était dans le secret de leurs angoisses, leur conseilla de s'en remettre aux desseins de Dieu et d'espérer en son infinie bonté.

— Attendez encore et espérez, leur dit-il.

Et en effet, se mettant en quête du hasard, ce bon frère de la Providence, l'abbé rencontra, chemin faisant, un capitaine de mobiles qui se rendait à Saint-James avec une escouade de soldats pesamment chargés de pains.

— Capitaine, dit l'abbé en entamant la conversation, n'auriez-vous pas par hasard quelques pains de trop, et il désignait les porteurs ployant sous leur fardeau.

— Certainement, monsieur l'abbé, répondit aussitôt le capitaine qui flairait une bonne œuvre sous la question insidieuse du prêtre, certainement nous avons des pains de trop, d'autant plus que plusieurs hommes manquent à l'appel, soit pour cause de maladie ou autrement. Voulez-vous la ration des absents ?

— J'allais vous la demander... pour mes pauvres.

Sur un signe de leur officier, deux mobiles accompagnèrent le prêtre dans la maison des sœurs, où nouveau miracle de la multiplication des pains, il s'en trouva une telle quantité dans les sacs des troupiers, que chaque client des sœurs reçut pour sa part deux grosses livres de pain.

Aussi, quand vint l'armistice, la supérieure fit remplir une voiture de pain blanc, de poireaux, de navets, de pommes de terre, toutes ces excellentes choses qu'on méprise en temps ordinaire, mais qui, en temps de siége, étaient passées à l'état légendaire, et les distribua aux sœurs de

Neuilly, qui, bien entendu, s'empressèrent d'en faire part à leurs enfants (c'est ainsi qu'elles appelaient leurs pauvres).

Au risque de nous répéter, citons encore une petite histoire qui a trait à ce caractère de bonté inépuisable, qui caractérise les sœurs de charité.

Mais le dévouement est comme le diamant : chaque facette vous renvoie la lumière du soleil dans un rayon de couleur différente.

Le dimanche gras de l'année 1871, on fêtait le carnaval à Cambrai.

Les sœurs de l'ambulance imaginèrent pour leurs pensionnaires convalescents un divertissement pour lequel Dieu se mit de la partie :

Il fournit une journée splendide.

Dans l'après-midi, la sœur Eugénie proposa une promenade en voiture avec dix blessés de l'ambulance. Parmi eux se trouvait un turco, Ala-Ben-Mahoun qui avait subi l'amputation d'une jambe après Sedan, et qui, à la proposition faite par la sœur, oubliant sa jambe de bois, esquissa une cabriole comme autrefois.

Le cortége se mit en route, et l'omnibus qui les emportait avec une cargaison de victuailles et de liqueur, ne fut pas le moins fêté de tous les groupes carnavalesques.

On était arrivé au milieu de la foule sympathique qui forçait par ses démonstrations la voiture de marcher au pas, jusqu'à l'asile Loune, construit récemment au faubourg Saint-Roch.

Là, les bonnes sœurs avaient métamorphosé les salles de l'école en salons de réception pour faire honneur à leurs hôtes.

On but, on chanta, on porta des toasts à la France, mais on ne se grisa pas ; car, dans les verres plus d'une larme de reconnaissance vint éteindre les fumées du vin et témoigner aux sœurs des souvenirs que leurs bontés laissaient dans le cœur de leurs obligés.

Puis, quand chaque blessé soutenu par une sœur parut sur le seuil de l'école, ce furent des cris, des bravos enthousiastes.

La foule applaudissait, dans ce groupe du soldat et de la religieuse, la patrie malheureuse relevée par le dévouement.

Puis, quand les malades eurent repris goût à la vie et recouvré la santé, lorsque des blessés il ne resta plus que ceux qui dorment pour toujours dans la tombe, les sœurs de charité, interdites de l'abandon et du vide qui se produisaient autour d'elles, cherchèrent des yeux une plaie à panser, une blessure à guérir.

Elles virent la France enchaînée, meurtrie, agonisante sous le pied du Teuton, et elles s'élancèrent vers la grande amputée, en s'écriant : « Ma mère, nous sommes là, ne désespérons pas. »

Aussi le pays ne devait pas marchander les récompenses à ces dignes filles; mais leur modestie devait les empêcher de les rechercher.

Malgré la conspiration du silence qu'elles essayaient d'appeler autour de leurs actions généreuses, nous sommes parvenus à recueillir le nom de quelques-unes de ces héroïques infirmières.

A Tours, à l'ambulance de la gare établie par la Société française de secours aux blessés, et où dix-neuf mille deux cents malades reçurent ses soins, du 15 septembre à la fin de janvier, ce furent les *Dames blanches* qui acceptèrent la mission difficile de l'organisation matérielle.

LA SŒUR DE CHARITÉ
La sœur Louise allumant la pipe d'un blessé.

La sœur Pauline, dit M. de Flavigny dans son rapport, restera dans le souvenir de tous ceux qui l'ont connue, comme un type de sollicitude prévoyante et d'infatigable activité.

Il y avait à Tours une autre ambulance dite de Saint-Étienne, où l'ordre de l'Espérance était représenté par deux saintes femmes, la sœur Joseph et la sœur Saint-André.

En parlant de cette dernière, M. de Flavigny écrit, à la date du 3 mai 1871 :

« Je ne saurais la louer dignement qu'en répétant ce que dit un jour d'elle, après sa guérison, un soldat qui se rappelait ses bons soins. Chacun racontait ses malheurs.

« Les beaux parleurs faisaient la chronique des ambulances. Je ne sais comment, on vint à parler de la sœur Saint-André.

« — Oh! celle-là, voilà une rude sœur! dit un artilleur cachant son admiration passionnée sous la concision naïve de son langage! »

La Société des secours aux blessés qui avait trouvé un appoint si considérable de dévouement dans les hospitalières, voulut décorer de sa médaille celles qui s'étaient ainsi enrégimentées sous le drapeau de la charité.

Un ruban blanc portant la croix de Genève a été attaché à plus d'une guimpe modeste tout effarouchée de tant d'honneur.

Nous ne citerons que quelques-unes de ces médailles du devoir dont se compose le *Livre d'or* des femmes de France.

Madame Catherine Decker, en religion sœur Jeannette, et madame Marguerite Decker, du Havre, en religion sœur Florianne, reçurent la médaille des ambulances, pour avoir, après la bataille de Spickeren, en l'absence de tout médecin, pansé plusieurs centaines de soldats.

La sœur Godefroy (fille de la Sagesse), sœur hospitalière des hospices de Guérande, reçut la croix de bronze.

A Montbéliard, madame Louise Becker, sœur diaconesse obtint, en récompense de sa belle conduite, la médaille d'or de première classe.

La sœur Sainte-Domitile, Marie Espivent, qui seconda madame Becker dans sa tâche courageuse, reçut la médaille d'argent.

A Ronez, en Champagne, la supérieure de l'école des filles qui avait transformé les salles de son pensionnat en ambulance, et avait soigné les blessés français au milieu des outrages et des menaces des ennemis, fut décorée de la médaille d'argent de première classe.

A Béthune, une médaille d'argent fut décernée à la supérieure de l'hospice.

La supérieure du couvent de Baume-les-Dames fut également décorée de la médaille d'argent pour sa conduite énergique.

Enfin, sœur Octavie, à l'Isle-sur-le-Doubs, fut récompensée de son dévouement, si tant est qu'un tel dévouement puisse se récompenser, par la médaille d'or de première classe.

En fermant cette page glorieuse du livre d'or, où chaque nom de femme qui y est inscrit est un honneur pour la France, nous donnerons la liste des maisons religieuses qui ont offert des ambulances à la Société de secours aux blessés.

C'est de la statistique, mais de la statistique qui fait du bien au cœur.

Dames Augustines à Saint-Germain ;
Dames Dominicaines à Épernay ;
Sœurs de l'Hospice à Fermes (Marne) ;
— de Saint-André à Choisy-le-Roi ;

Sœurs de Saint-André à Issy ;
— — à Thiais ;
Sœurs de Charité de Champigny ;
— de Saint-Vincent-de-Paul à Montreuil ;

Sœurs de Saint-Vincent-de-Paul à Herblay (Seine-et-Oise);
Sœurs de Saint-Vincent-de-Paul, rue de Longchamps (Neuilly);
Ursulines, 73, rue de Belleville;
Sœurs de l'Immaculée-Conception, rue Bayen;
— — 10, rue Mesnil;
— du Cœur-de-Marie, rue Perceval;
— des Pauvres, rue Picpus, 75;
Dames du Sacré-Cœur-de-Jésus, rue Picpus, 35;
Sœurs Blanches, rue Picpus, 35;
— de la Mère-Dieu, rue Picpus, 45;
— du Sacré-Cœur-de-Marie, rue Picpus, 60;
— Sainte-Clotilde, rue de Reuilly;
— de la Providence, rue de Reuilly;
Dames d'Enghien, rue Picpus, 12;
Sœurs des Pauvres, rue Picpus, 10;
— de la rue Philippe-le-Grand;
— de Saint-Charles, rue Lafayette;
Sœur Henriette, avenue du Roule;
Sœurs du Sacré-Cœur de Coutance, avenue Saint-Ouen;
Sœurs de la Providence, rue Oudinot;
— de la Nativité, avenue de Saxe;
Filles de Saint-Jean-de-Dieu, rue Oudinot;
Sœurs Saint-André, rue de Sèvres;
— des Pauvres, avenue de Breteuil;
— de Notre-Dame-des-Champs;

Sœurs du Bon Secours, rue Notre-Dame-des-Champs;
Dames de la Retraite, rue du Regard;
Asile du Cœur-de-Marie, rue Notre-Dame-des-Champs;
Dames de Sainte-Marie, rue des Missions;
Sœurs des Pauvres, rue Notre-Dame-des-Champs;
Dames du Saint-Sacrement, rue des Missions;
Sœurs de la rue du Regard;
— des Pauvres, rue Saint-Jacques;
— Saint-Michel, rue Saint-Jacques, 195;
— de l'Adoption, rue d'Ulm;
— du Bon-Secours de Troyes;
— Sainte-Élisabeth, rue Vieille-du-Temple;
— de la Réparation, rue Gay-Lussac;
Dames de l'Abbaye-au-Bois;
Dames Auxiliaires, 10, rue de la Barrouillère;
Dames de Saint-Maur, 8, rue des Missions;
— de la Visitation, rue de Vaugirard;
Sœurs de Saint-Vincent-de-Paul, rue Saint-Dominique;
Sœurs Carmélites, avenue de Messine;
— Saint-Bernard, avenue de la Reine-Hortense;
— Saint-Philippe-du-Roulé, rue Monceau;
Dominicaines de la Croix, rue de Charonne;
Sœurs de Saint-Denis, avenue Malakoff;
Sœurs de la rue Brochanet.

III

L'ALSACIENNE

Après les jours d'angoisse, quand viendra-t-il ce jour tant espéré de la délivrance ?

Verrons-nous bientôt se lever l'aurore qui n'éclairera plus la face blême d'un seul Allemand sur le sol français, et sourira à l'Alsace venant dans ses habits de fête reprendre sa place à notre foyer national ? Enchantement des cœurs ! sourire de la fortune !

C'est alors que la France, se levant tout entière, acclamera le retour des deux exilées en les enveloppant dans les bravos de trente-cinq millions de citoyens déclarant qu'elles ont bien mérité du pays.

C'est alors qu'à ce moment béni, que l'on attend dans le silence et pour lequel on se prépare dans l'ombre, éclatera l'ouragan qui porte la vengeance.

C'est alors que l'émotion d'un peuple saisira Dieu lui-même et rétablira l'équilibre de la justice.

O sainte journée ! où les frères se retrouvent et les hommes se comptent !

Jamais, depuis les fêtes de la Fédération, on n'aura vu tel enthousiasme.

Où sera le temple assez vaste pour le contenir, la coupole assez haute pour le dominer, les souvenirs assez patriotiques pour l'honorer ?

Le tableau ne se saisit pas avec les yeux ; il se voit avec l'âme. — L'âme devance le présent. Au milieu des acclamations de la foule, des larmes des uns, des sourires des autres, soudain on signale l'apparition de deux femmes symboliques.

« Alsace et Lorraine ! » crie le héraut d'armes. Aussi un frisson parcourt la multitude. « Ce sont elles ! les voilà ! Au Panthéon les deux glorieuses martyres ! »

Pour couronner les deux vierges, la main d'un empereur n'est point assez noble ! Et quand la République placera le diadème sur leurs fronts mutilés, un tonnerre d'applaudissements fera trembler la terre en portant l'épouvante dans les cœurs allemands.

« Oiseaux de nuit, ils ont lâché leur proie, » dit le poëte ; et pour chanter le retour des exilées dans le sein de la commune patrie, les trouvères d'alors retrouveront leurs inspirations des anciens jours, naïves et enthousiastes.

Oh ! oui, nous vous glorifions, parce que c'est de votre cœur, de votre cœur que nous possédons plus que jamais depuis que l'on nous a séparés, qu'est partie cette belle pensée qui a dû racheter la France : — le sacrifice.

Vous serez honorées, parce que votre croyance en nous sera restée inébranlable dans le malheur, et parce que chaque jour vos cœurs appelaient notre drapeau chéri.

Soyez bénies, saintes victimes, soyez glorifiées, vous qui avez lutté jusqu'au jour de la délivrance contre le maître passager de notre pays, femmes d'Alsace et de Lorraine, soyez exaltées jusqu'au ciel, vous qui avez soulagé nos blessés prisonniers et pansé leurs douleurs au mépris de vos propres souffrances!

Quoi qu'on eût tenté, votre cœur à jamais français est resté nôtre, et le seul nom qui pût vous consoler et vous fortifiât aux heures d'amertume, c'est ce nom écrit sur nos drapeaux : *France! France!*

Ainsi la poésie, d'accord avec la tradition, portera aux générations futures la mémoire des deux patriotiques provinces.

Pour nous, nous voulons devancer la postérité, en lui livrant le nom de toutes les Alsaciennes qui se sont dévouées pendant la guerre. Nous voulons les faire passer sous les yeux des Allemands, pour qu'ils sachent bien que ce sont des noms français.

Parmi eux, il en est un qui les synthétise tous dans ce que le patriotisme a de plus pur.

Madame Kiéné, que nous avons le bonheur de posséder à Paris et que viennent saluer tous les blessés et prisonniers français de retour d'Allemagne, que nos ennemis eux-mêmes poursuivent de leur reconnaissance.

On n'a pas oublié que l'impératrice Augusta lui fit remettre une distinction que l'on accorde rarement en Prusse : la *Croix de fer*.

Madame Kiéné renvoya les insignes de cet ordre au chancelier prussien, en l'accompagnant d'une lettre humble et sanglante dans son laconisme :

« Monsieur le chancelier,

« Je vous retourne la croix que Sa Majesté l'impératrice Augusta a bien voulu me décerner.

« Il m'est impossible d'accepter une distinction d'une souveraine qui a fait envahir, brûler, saccager ma patrie et ma ville natale.

« Si, en soignant mes compatriotes, j'ai pu faire quelque bien aux Allemands, c'est que, devant la souffrance, je n'ai pas vu la différence des nationalités, et il me suffit de l'approbation de ma conscience de Française, qui n'a jamais compris la cruauté contre les vaincus, les malades, les femmes et les enfants.

« Veuillez donc remettre cette croix à l'impératrice d'Allemagne : elle serait une injure pour une Alsacienne.

« Recevez, monsieur le chancelier, mes salutations empressées.

« Veuve KIÉNÉ. »

Est-ce une Allemande qui parle ainsi, messieurs les Prussiens? et toutes vos croix de fer, fussent-elles enrichies des diamants de la couronne de votre empereur, valent-elles une seule des lettres que vos pseudo-sujettes, — les femmes de Strasbourg, — ont adressées à son auteur?

Nous en avons une sous les yeux, lisez et jugez :

« Bien chère amie,

« Je viens de lire dans le *Temps* votre lettre à Augusta. Comme amie, et je suis tous les jours plus fière de compter parmi les vôtres, je vous envoie mes meilleurs baisers avec mes félicitations, comme Alsacienne.

« Il me sera bien difficile de dire combien je vous suis reconnaissante d'avoir rendu cette... croix et sa... donatrice, et de lui avoir fait ainsi comprendre que le titre d'Alsacienne oblige, et que cette décoration serait une injure.

« Ma lettre ne sera probablement pas la seule que vous recevrez de Strasbourg.

« Nous sommes très-fières de notre compatriote; les oreilles doivent joliment vous tinter, votre nom est dans toutes les bouches.

« Toute ma famille et tous les amis me chargent de leurs sincères félicitations.

« Vous saurez dans quelque temps que nous travaillons toujours activement pour notre chère France, que votre Strasbourg est toujours bien français.

« Je vous embrasse, ma bien chère amie,

« Votre toute dévouée,

« MARIE X. »

Et celle qui écrit ces lignes touchantes, dont chaque mot respire l'amour de la patrie, est une enfant que tous les prisonniers de notre malheureuse armée qui sont passés par Strasbourg pour se rendre en Allemagne ont vue et n'ont pas oubliée, une enfant de vingt ans, — avec de jolis cheveux blonds, un front rêveur et de grands yeux bleus, — qui s'en allait, à l'arrivée de chaque convoi de prisonniers, courant d'un wagon à un autre et présentant aux voyageurs attristés une corbeille, — pleine de cigares, — qu'elle tenait à la main en disant :

— Voilà la petite marchande de tabac, prenez mes cigares, prenez, mes enfants, cela ne coûte pas cher, on les donne pour rien.

Et nos malheureux soldats humaient à pleins poumons le tabac qui leur était si gracieusement offert en s'écriant :

— Vive les Alsaciennes !...

Ce dévouement de l'Alsacienne a tout ce qui touchait à la France, nous ne saurions mieux le dépeindre qu'en mettant sous les yeux de nos lecteurs ces pages écrites au jour le jour par madame Kiéné, qui a bien voulu nous en laisser prendre une copie :

STRASBOURG.

7 *Septembre* 1870.— C'est au bruit du canon, au sifflement des obus et des boîtes à mitraille qui éclatent au-dessus de ma tête que je cherche à rassembler mes souvenirs pour te dire par quelles phases nous avons passé depuis un mois.

Peu de temps après la déclaration de guerre, le service du chemin de fer a été interrompu, les trains de voyageurs supprimés et remplacés en grande partie par de nombreux convois de troupes. L'intendant s'installait à la gare pour délivrer les feuilles de route et les bons de réquisitions; c'était un mouvement continuel. Le 6 août, à sept heures du soir, nous reçûmes un premier train de blessés. Toutes les dames des environs de la gare accoururent aussitôt près de ces malheureux et leur apportèrent des bouillons, du vin, de l'eau sucrée, tout ce qu'elles purent imaginer. Henri était vraiment admirable avec mademoiselle Roger, la nièce du chef de gare; ces deux enfants soutenaient les blessés pour les descendre des wagons, prenant mille précautions pour leur éviter la moindre fatigue. Peu de temps après ce convoi, il en arrivait un autre, venant de Nîmes, chargé de troupes qui n'avaient pas mangé depuis quarante-huit heures. Nous leur avons donné plusieurs miches de pain, quelques douzaines de saucisses et des cruches de bière.

Ces pauvres soldats croyaient que nous tenions une cantine et nous offrirent de l'argent. Tu penses comme nous étions heureuses de la bonne idée que nous avions eue de venir à leur rencontre.

Le surlendemain 8, à trois heures du matin, nous avons été réveillés par une détonation épouvantable. Nous nous habillons à la hâte, très-effrayés, et nous partons au hasard, un sac de nuit à la main. On nous apprend que c'est le pont du chemin de fer qui vient de sauter. Nous voyons les rotondes par-dessus le rempart, et dans les fortifications nous entendons le commandement de nos officiers marins : « Artilleurs, à vos pièces. » Les coups de canon se succèdent à des intervalles très-rapprochés ; dans l'obscurité profonde, nous voyons partir les boulets.

Le 12, à trois heures de l'après-midi, nous recevons une dépêche qui signale la présence de vingt cavaliers prussiens aux rotondes, et des fusillades, et des canonnades acharnées. *Ils* se promettaient de prendre la ville ce jour-là même et de fêter le 15 août à Strasbourg. Ils n'ont heureusement pas réussi, et ne réussiront jamais, j'en ai la ferme espérance. Mais, depuis ce jour-là, ils nous bombardent avec un acharnement infatigable. Leur tir était surtout dirigé sur la cathédrale ; maintenant, ils bombardent la gare, parce qu'ils ont appris que quelques officiers de service au rempart venaient s'y reposer la nuit. Ces officiers ont dû fuir, soixante-sept projectiles sont tombés autour d'eux en trente-cinq minutes.

Nous sommes résignés et courageux. Pourvu que nous ne soyons pas obligés de nous réfugier dans les remparts... Quant à la ville, le général Uhrich l'a fort bien dit, elle ne se rendra pas tant qu'elle aura un soldat, un biscuit et une cartouche...

On a ouvert les portes pour laisser sortir les femmes et les enfants. Je n'aurais pas voulu commettre la lâcheté de partir, je suis restée, et en bons Français nous disons : Vaincre ou mourir.

Il est à remarquer que, malgré l'horreur de notre position, dans notre maison on n'entend pas une plainte. Chaque projectile qui passe sur nos têtes produit l'effet d'une voiture qui roule lentement sur les tuiles, ou bien on entend un bruit semblable à celui d'une grande toupie d'Allemagne, — *hawergeifs*. — Voilà près de quatre jours que les Allemands ne cessent de diriger leur tir sur notre quartier ; il est impossible de décrire les ravages de notre pauvre Strasbourg ; les victimes sont incalculables, car ceux qui ne meurent pas atteints par les obus meurent de frayeur, plusieurs personnes de mes amis sont mutilées. J'apprends à l'instant que M. Pélissier, frère du maréchal, a été tué hier dans son domicile, hôtel Neuwiller, dans la partie de la maison donnant rue du Vieux-Marché-aux-Vins. Au moment où M. Pélissier était atteint par l'obus qui a mis fin à ses jours, la fabrique de chapeaux de paille de son gendre achevait de brûler.

Et voilà trois semaines que ce bombardement continue ; mais on y est tellement habitué, que si, par hasard, le tir cesse un instant, le silence nous paraît sinistre. Ce n'est pas ce qui se produit en ce moment, car, pendant que j'écris ces lignes, j'entends tomber tout autour de moi des tuiles, des pierres et des débris de toutes sortes. Je viens de lire dans le *Courrier du Bas-Rhin* qu'il est tombé un obus entier qui renfermait 470 balles, et dont le poids était de 30 kilogrammes. Les balles pesaient 30 livres.

Je ne sais si je vivrai assez longtemps pour t'envoyer ce griffonnage ; sinon, tu le trouveras peut-être et tu le conserveras en souvenir de nos malheurs. Je ne suis pas découragée, mais nous avons tout à craindre, et nul ne peut se dire à l'abri. Si nous devons mourir, si telle est notre destinée, le boulet qui doit nous atteindre viendra nous chercher même dans la cave.

On n'a pas idée d'un pareil acharnement ; il me semble que ces Prussiens doivent être furieux des victoires que nous avons remportées ailleurs, car il n'est pas possible que la France ne sorte pas victorieuse de cette guerre atroce.

9 *Septembre*. — Après une horrible nuit pendant laquelle nous avons reçu une bombe qui a coupé l'escalier de notre maison, nous passons une journée bien triste sous tous les rapports. Le bombardement continue. Je viens de la gare, notre chef est très-triste, très-découragé. Il a réfugié sa famille à la *Toussaint*, où il paye trente francs par jour pour la nourriture et le logement, *dans les caves*. — Quant à lui, il passe son temps dans son bureau, au milieu des tables brûlées, des débris de chaises, des lits en fer cassés, des trottoirs encombrés de meubles à moitié consumés, au milieu de la ruine, enfin.

Le bœuf coûte six francs le kilogramme. Le pain n'est pas augmenté ; il nous reste du vin. Avec cela nous pourrons tenir quelque temps encore.

Rien de nouveau du dehors ; à quand notre délivrance ? Dieu le sait.

10 *Septembre*. — Nous sommes un peu plus rassurés, il doit être arrivé une dépêche et de bonnes nouvelles. D'après les bruits qui circulent, il y aurait une armée de vingt-cinq mille hommes qui se dirige vers Strasbourg. Le bombardement continue sans relâche : le Broglie est abîmé, le théâtre brûle depuis ce matin, il ne reste plus que les quatre murs ; la préfecture est criblée de projectiles. Ce matin, un éclat d'obus a brisé la lance d'un pompier qui combattait le feu. . . . .

12 *Septembre*. — Hier, je n'ai pas eu le courage de continuer mon journal. J'étais un peu anéantie malgré l'arrivée des Suisses qui sont venus à notre secours. Pauvre France ! on nous annonce un gouvernement provisoire, l'Empereur rendu, Mac-Mahon mort, Bazaine, avec quarante-cinq mille hommes, prisonnier. Je n'y crois pas, mais ces nouvelles sont peu encourageantes.

19 *Septembre*. — Nous sommes installés dans une écurie avec la femme d'un garde-frein. . . . .

Nous mangeons du cheval et nous ne le trouvons pas trop mauvais ; le lait, quatre-vingts centimes le litre, aussi se passe-t-on de café au lait. Hier, notre propriétaire, oiseau de mauvais augure, est rentré en disant que le général Uhrich a déclaré à la commission qu'il n'y avait plus de gouvernement, et que, si on lui forçait la main, il rendrait la ville. Je ne puis ajouter foi aux paroles de cet alarmiste, car, à mon avis, il serait honteux de rendre une ville, sans y être forcé pour cause majeure, après avoir subi un bombardement de quarante jours. . . . . . .
. . . . La cathédrale est mutilée, la croix et la couronne penchent de côté, et une partie de la plate-forme est enlevée.

13 *Septembre*. Les Suisses sont venus aujourd'hui chercher les femmes et enfants qui voudraient se réfugier à Bâle ou à Genève. Je t'envoie le texte de l'allocution que leur a adressée le maire de Strasbourg :

« Messieurs, l'humanité, la charité chrétienne vous amènent au milieu d'une ville ravagée, au nom d'un prétendu droit de la guerre ; soyez les bienvenus et recevez par la voix de leur maire l'expression de la profonde reconnaissance des citoyens de Strasbourg.

L'ALSACIENNE.

« Bien des souvenirs historiques nous rattachent à vous, vous venez les resserrer encore et nous trouvons toujours des amis dans les nobles citoyens de la république helvétique, qui jadis étaient les alliés de Strasbourg, et qui, sous nos rois, n'ont jamais cessé d'être avec la France dans les termes d'une étroite alliance. Oui, messieurs, soyez les bienvenus dans ces jours si douloureux pour notre cité, vous qui venez pour sauver des femmes, des enfants, des vieillards que n'avaient pu soustraire aux horreurs de la guerre ni le général gouverneur de la place ni l'évêque vénéré du diocèse. (Il faut dire que l'évêque était allé demander au général commandant, S. Exc. E. de Werder, un armistice jusqu'à ce qu'il eût pu obtenir la réponse du roi de Prusse afin de laisser sortir les femmes, etc. Refus formel.)

« Rapportez à l'Europe le spectacle dont vous allez être témoins dans nos murs; dites ce qu'est la guerre au dix-neuvième siècle. Ce n'est plus comme du temps de Tilly à Magdebourg.

« Ce n'est plus contre des remparts, contre des soldats, mais contre des populations, que le feu est dirigé; ce sont des femmes et des enfants qui en sont les principales victimes.

« Nos remparts, vous l'avez vu, sont intacts, mais nos demeures sont incendiées. Nos églises, monuments séculaires et historiques, sont indignement mutilées et détruites, et notre admirable bibliothèque est à jamais anéantie.

« La conscience de l'Europe du dix-neuvième siècle admettra-t-elle que la civilisation recule à ce point de vandalisme, et que nous retombions sous l'empire des codes de la barbarie? Vous pourrez dire tout cela à l'Europe, mais dites également que ces cruautés, ces dévastations, ces actes renouvelés des musulmans et des barbares sont inutiles, qu'elles n'ont point dompté nos courages, et que nous restons ce que nous avons toujours été, ce que nous voulons rester toujours, de courageux et fermes Français, et comme vous, messieurs, des citoyens dévoués et fidèles à la patrie. »

27 Septembre. — Je remettais toujours au lendemain pour continuer mon journal, lorsque, ce soir, à cinq heures, surprise par des cris qui se manifestaient au lointain, je courus aux renseignements et j'appris qu'un drapeau blanc venait d'être placé sur la cathédrale, et que les Prussiens étaient à très-peu de distance de notre armée.

Tout cela était exact.....

Nous avons un instant l'espoir d'une paix honorable ou d'une victoire quelconque; mais notre espérance n'est pas de longue durée. Le chef de gare vient nous dire que le général Werder a écrit au général Uhrich pour l'informer que si la ville ne se rend pas, il y aura un bombardement général, et il paraît que la commission a décidé de répondre affirmativement. Comment! après un bombardement de six semaines on se rendrait! cela n'est pas possible!... Si leurs menaces n'étaient qu'une ruse de guerre et que la ville se rendît à des forces peut-être peu considérables de l'ennemi!... A mon avis on ne doit pas faire la moindre concession à ces meurtriers. Mieux vaudrait nous faire massacrer tous que d'être obligés de vivre, ne fût-ce que vingt-quatre heures, sous la domination des Prussiens!

. . . .

. . . .

19 Octobre 1870. — Hélas, depuis le 17 septembre, nous avons les Prussiens ici. Tu ne saurais te faire une idée de la façon dont ils dévalisent la ville. C'est une procession continuelle de voitures chargées de tout ce qu'il est possible d'enlever. Je ne sais s'ils ne parviendront pas à inventer une machine pour transporter les maisons et surtout la cathédrale. Je ne dors plus; on ne peut rien faire. Dieu veuille que nous restions Français! Alors on verra.

Le chef de gare prussien a pris possession de son poste et m'a fait appeler pour me dire d'enlever mes billets. Je me rends à cette invitation et je trouve devant mon bureau des billets en papier pour l'Allemagne qu'on avait balayés et jetés au dehors. Ce monsieur m'ordonne ensuite d'enlever les billets des tiroirs pour qu'il puisse disposer des casiers. Je refuse d'enlever l'un sans l'autre et j'ajoute :

— Je n'ai pas d'ordres à recevoir de vous. J'ai donné des billets ici depuis dix-sept ans, c'est-à-dire avant votre arrivée, et j'en donnerai encore après votre départ, j'en ai la ferme conviction.

— Vous pourriez vous tromper, m'a-t-il répliqué.

Pour toute réponse, je lui ai signifié qu'il n'ait plus à me faire appeler, car je ne suis pas à son service et je ne me dérangerais plus. Je dois demander à Dieu le courage de me taire, car ces gens seraient capables de m'enfermer. . . . .
. . . .

Il se passe quelque chose d'extraordinaire: deux immenses drapeaux noirs et blancs flottaient sur la capitale depuis l'entrée des Prussiens; ils viennent d'être retirés. De nombreuses nouvelles circulent toutes favorables à notre France. Rester Français et les chasser, voilà nos vœux les plus ardents.

Mardi 8 Novembre. — . . . .

. . . . Je suis attirée à la gare et je puis y exercer la charité sans contrôle en prodiguant mes soins à nos prisonniers de passage. Mais bientôt on m'expulse, lorsque j'ai l'heureuse idée de faire part à M. Kablé, président de la Société internationale de secours, de ce qui se passe; je lui demande s'il n'y aurait pas moyen d'organiser une ambulance à la gare même. Toutes les dames s'en occuperaient, moi-même j'y consacrerais tout mon temps avec madame Truaut, directrice du buffet.

Cet honnête homme s'empresse de me donner une délégation et d'organiser immédiatement une ambulance à la gare, sous la direction médicale de M. Welling, interne à l'hôpital, et de M. Adami, chirurgien, de sorte qu'avec mon brassard je vais, je viens, j'entre partout et je constate, avec bonheur, tout le bien qui se fait. Les dames de Strasbourg rivalisent de zèle pour être utiles à nos pauvres blessés. Grâce à elles, ceux qui viennent à Strasbourg sont munis de vêtements chauds et, à leur dire, ils sont traités comme des princes.

Nous avons la douleur de voir passer aussi des prisonniers pris par surprise, sans habits, sans argent. Je mendie pour eux.

Le 8 octobre, je me suis rendue à Rastadt avec un ballot de vêtements d'hiver. Je désirais voir des prisonniers internés dans cette ville, mais la permission ne m'a pas été accordée. Alors j'ai laissé différents paquets pour des connaissances et j'ai fait remettre le reste au comité de messieurs les officiers. A mon retour, j'ai reçu de mademoiselle Diehl, débitante de tabac, une demi-douzaine de paires de chaussettes; de mademoiselle Hauswalt, une paire de chaussettes et quatre fichus. Chaque fois que j'envoie chez cette jeune fille pour lui demander du café, elle s'empresse de venir le verser elle-même à nos prisonniers. Dans une journée, elle en a servi jusqu'à deux cents tasses. Je reçois aujourd'hui, de la part de madame Weilgoetz, la femme du directeur du gaz, une demi-douzaine de chemises en flanelle magnifique.

C'est cette agréable surprise qui me décide à inscrire ces dons dans mes souvenirs. Je t'envoie en même temps la moisson d'une de nos journées.

Mademoiselle Rœderer, 12 caleçons en tricot, une chemise, 18 paires de chaussettes, 12 tricots de laine.

M. Rœderer (1).	13 fr.	75
M. Blum Auscher.	21	25
Madame Hatt.	5	»
M. de B.	5	»
Mademoiselle Guerre.	20	»
Idem produit de la loterie.	100	»
M. H.	11	75
Madame Rœderer.	40	»
M. le pasteur Leblois (2).	120	»
Mademoiselle Lazarus.	3	75
Mademoiselle Schmitt (3).	20	»
M. Saglio.	20	»
Madame Ottmann.	20	»
Madame Truant.	50	»
Madame de Tavernost.	175	»
	1,625	50

Toutes ces dames sont animées d'un dévouement magnifique. Madame la baronne de Tavernost passe son temps entre la Toussaint, où elle soigne son fils blessé, à l'ambulance de la Gare; madame Saglio vient souvent aussi. Elle exècre les Prussiens. Obligée, dernièrement, de reconnaître la complaisance de l'un d'eux : « Monsieur, lui a-t-elle dit, vous me faites manquer à ma parole. J'avais juré de ne pas dire un mot poli ni convenable à un officier allemand; je vous adresse mes sincères remerciements pour les complaisances que vous avez eues pour nous dans nos rapports avec les prisonniers. » Il répondit : « Vous me remercierez bien davantage dans une dizaine d'années. — Cela n'est pas possible, monsieur, reprit madame Saglio, car dans dix ans nous serons Français ou nous aurons quitté l'Alsace, car des Français ne peuvent devenir Allemands. »

26 *Décembre*. — Je me trouvais à la gare à neuf heures du soir, attendant les blessés, lorsque je vois arriver par le train de Keil, un enfant de troupe, pâle, chétif, tremblant de froid. On le conduit à l'*Etaps en commando;* je l'accompagne et j'apprends qu'il a été fait prisonnier lors de la reddition de la ville, et qu'il se nomme Eugène Coillot, du 20ᵉ d'artillerie. Interné à Coblentz, où il a eu le typhus, il s'en retourne chez son père, près de Tours. — « Mais, lui dis-je, cela est impossible. Tours est occupé par l'ennemi; on te prendra encore

---

(1) M. Rœderer, ancien juge de paix, dirigeait en outre trois ambulances : celle des *Franciscains*, ouverte le 26 août, et fermée le 26 novembre; celle des *Petites Sœurs*, ouverte le 27 août et fermée le 30 novembre; et enfin celle des *Dames réparatrices*, ouverte le 26 août et fermée le 3 janvier.

(2) M. Leblois dirigeait lui-même une ambulance de douze lits, qui fut ouverte le 6 août et fut obligée de fermer ses portes le 24 du même mois par suite du bombardement.

(3) Mademoiselle Schmitt, de Haguenau, eut jusqu'à quarante blessés chez elle.

en route. Veux-tu rester avec nous, en attendant des temps meilleurs ?—Oui, » me répondit-il. Je demande alors au hauptmann-schneider et j'obtiens l'autorisation de garder chez moi le pauvre abandonné, à la condition de l'habiller en civil. Madame Truaut lui a donné des effets, madame Ottmann lui fournit le linge et le dîner ; moi, je me charge de le coucher et de lui donner le café ; il dîne au buffet et va suivre les classes de M. Krafft, avec mon fils.

29 Décembre. — Je pars aujourd'hui pour Magdebourg avec madame la baronne de Tavernost. Nous allons rendre visite à M. de Dartein, et nous trouvons le comité des officiers en formation pour secourir nos prisonniers. Nous visitons le fort de Stein, où, après avoir fait une distribution de vêtements, nous invitons quatre turcos à dîner à l'*hôtel du Cygne-Blanc* pour fêter la nouvelle année. Le ravissement des pauvres indigènes est indescriptible. En sortant de l'hôtel, ils ont passé chez leur capitaine, à qui ils ont dépeint leur bonheur.

A Magdebourg, on se croyait dans une ville française : dans toutes les rues des pantalons rouges, des turcos et des zouaves; on respirait ! En arrivant, nous sommes allées aux baraques de la porte Uhrich, où se trouvent des prisonniers. J'avais l'adresse d'un clairon de la landwehr que j'avais soigné à Strasbourg, et auquel j'avais promis de porter des vêtements ; car il faut te dire que, dès la première semaine de l'occupation, nous avons dû évacuer nos blessés, les uns sur les ambulances d'outre-Rhin, les autres sur les dépôts de prisonniers des environs.

Ces évacuations sont imposées aux vaincus par les usages de la guerre. Il ne reste plus à Strasbourg, depuis le 30 novembre, que l'ambulance des *Dames réparatrices* et celle de l'hôpital militaire, où se trouvent les blessés non transportables.

Mon clairon était précisément au poste, et il me fit entrer au cachot où se trouvaient enfermés, dans des cellules humides, quatre Français. L'un d'eux, nommé Pons, sergent-fourrier au 17e de ligne, était pieds nus ; le caporal Morin, du 38e de ligne, mal vêtu aussi, tremblait de froid. Je leur ai donné des gilets de laine, puis je les ai quittés, après leur avoir promis de revenir, pour me rendre dans les baraques. J'avais le cœur brisé à la vue de nos pauvres soldats travaillant les pieds nus dans la neige. Au fort de Stein, j'ai pris les noms des prisonniers les plus nécessiteux pour leur donner des vêtements, que les sous-officiers sont venus chercher à l'hôtel, où j'ai invité encore cinq soldats à dîner. Malheureusement, le bien que nous essayons de faire est peu de chose en face des misères à soulager.

Vingt mille hommes sont enfouis et non logés dans les fossés des remparts. Plus de deux mille sont morts, et combien se sont suicidés de désespoir ?

Dans cette funeste ville de Magdebourg, un jeune Parisien nous remarquait tristement. Nous lui avons demandé son nom, et, après avoir répondu à notre question, il nous dit, en grelottant, que, depuis trois mois, il était sans nouvelles et sans argent. Nous avons eu de la peine à lui faire accepter quelque chose. Plusieurs de ses compagnons sont venus auprès de nous en disant : « Nous ne demandons rien, mais laissez-nous causer avec vous, mesdames; il y a si longtemps que nous n'avons vu de Françaises ! »

.... Tous les blessés sont dirigés sur Bâle. Un jeune artiste strasbourgeois, dévoré du désir de prendre du service, vint me supplier de lui fournir les moyens de passer en Suisse pour rejoindre l'armée. J'ai trouvé un médecin français qui a bien voulu lui envelopper le bras d'un appareil en plâtre. Je le fis partir avec les blessés; mais à Bâle, il y eut une contre-visite par un médecin allemand. Heureusement que le grand froid avait gelé le plâtre et raidi deux doigts de la main de mon protégé. On lui dit : « Impropre au service. »

Il était sauvé. Nous l'avons échappé belle. La Providence était pour moi dans tont ce que j'ai pu faire contre les Prussiens. . . . .
. . . . . . Voici le détail de quelques-uns des frais de notre voyage à Magdebourg, qui sont inscrits scrupuleusement sur mon livre de dépense :

Distribué dans les baraques n°s 8, 13, 14, 15. . . . . 18 fr. »
Pons, fourrier au 17° de ligne, n'avait pas de chaussettes aux pieds.
Donné à Pons et à ses camarades de cellule. . . . . 10 »
Au caporal Morin, du 38°, un caleçon. Payé une note. 173 75
A Pierron, du 70°, fort Stein. 1 25
Un jeu de piquet, fil, aiguilles, boutons, chemises de flanelle. . . 3 75
Aux trois turcos. 1 25
Mahomed-ben-Djaballah, Elle-Mecki-ben-Brahim-Himeleischshasse. 4 50
A mon Prussien. 1 45
Idem à son enfant. 1 45
Une casquette. . . . . 2 »
Une paire de bottes fourrées. . . . . 7 »
Six douzaines de cervelas, 1 fr. 80. . . . . 10 80
Une douzaine de chaussettes, à 1 fr. 50. . . . . 18 »
Au comité des officiers. . . . . 500 »

10 *Janvier* 1871. — Voyage à Rastadt. J'ai l'honneur de voir M. du Petit-Thouars, le commandant des marins de Strasbourg, qui a organisé, avec sa noble épouse, un comité de secours. Je lui ai remis des effets que je n'ai pu distribuer moi-même. Les officiers témoignaient d'un vif plaisir en me voyant. J'ai fourni à plusieurs d'entre eux les moyens de s'évader. Tromper les Prussiens, faire l'impossible pour aider les prisonniers de passage à s'échapper, était mon seul but. Je les exècre ces maudits Allemands, je les hais plus que jamais, car je les ai vus maltraiter nos soldats, et il fallait notre ardent désir d'être utiles aux nôtres pour supporter toutes leurs vexations. A l'arrivée d'un train de Prussiens malades, le lieutenant von C... leur versa du vin et leur dit, en ma présence : « Buvez cela, c'est le sang des Français. » Infâmes, sans cœur ! oser tenir de pareils propos devant une femme française. J'avais le rouge au front, et pourtant j'étais obligée de me taire... pour nos blessés !

20 *Janvier.* — J'ai visité aujourd'hui l'hôpital de Rastadt, accompagnée de M. von Schellenberg. Un brave douanier, couché dans une salle, m'appela en pleurant et me fit comprendre l'étendue de son malheur. — « Pendant le bombardement, me dit-il, l'un de mes fils a été tué, mon ménage brûlé ; aujourd'hui, ma femme est sans ressources dans un village près de Strasbourg, et moi, je suis là, prisonnier et malade. »

M. Von Schellenberg avait les larmes aux yeux en écoutant ce récit. Il m'a promis de faire son possible pour que ce malheureux Alsacien soit rendu à la liberté. . . . .
. . . . Le Prussien a tenu parole, mon protégé est rentré aujourd'hui à Strasbourg, et sa première visite a été pour moi.

28 *Janvier.* — J'ai trouvé enfin un moyen infaillible de faire sortir quelques prisonniers. Un passeport sans signalement m'ayant été donné, je l'ai prêté à un officier, qui a pu ainsi se rendre à Bade. Là, sauvegardée par mon brassard, je suis allée reprendre le passeport qui a servi à un autre prisonnier et ainsi de suite. Le subterfuge, tu le vois, est infaillible, et, à la

condition de ne pas en user trop souvent, il ne peut manquer de réussir. J'apporte de mes voyages à Bâle une correspondance volumineuse pour nos chers blessés.

. . . .

3 Mars. — A l'arrivée des premiers trains de prisonniers français rentrant en France, plusieurs jeunes gens alsaciens se sont écriés : « Vive la France ! » La police prussienne, furieuse, a opéré quelques arrestations. Le lendemain, un pontonnier fut frappé à la figure et jeté dans un cachot d'où il ne sortira qu'après avoir reçu cinquante coups de schlague. Nous fîmes alors le projet de nous réunir quarante-neuf dames de la ville pour que chacune de nous reçoive un coup de schlague comme pour le malheureux pontonnier. Un témoin de notre désespoir est allé rendre compte de ce qui se passait à la gare au commissaire central, et bientôt notre soldat fut remis en liberté.....

. . . . . Ils m'ont proposé de prendre du service chez eux, m'offrant le double des appointements que me donnait la compagnie de l'Est. Tu penses bien que j'ai refusé. Plutôt mendier en France, que d'avoir la richesse par eux. Quant à l'indemnité pour les dommages causés par le bombardement, je n'ai pas voulu me décider à en faire la demande en allemand. Lorsque les Français reviendront, ils s'en rapporteront à moi.

Les Prussiens seuls parlent allemand à Strasbourg. Les femmes du peuple, qui savent à peine quelques mots de français, en font usage. Lorsqu'un soldat de Guillaume leur adresse une question, elles répondent invariablement : « *Nous ne comprenons pas,* » avec un accent qui prouve le contraire. Nous sommes toutes Françaises plus que jamais, et chacun se sacrifie pour venir en aide aux prisonniers. On trouve ici chez les femmes pauvres un dévouement au-dessus de tous les éloges. Deux ouvrières surtout font l'admiration de toute la population de Strasbourg, Marie et Eugénie Waechter. La première est chaisière à l'église de la Madeleine, l'autre est repasseuse ; toutes deux, avec un infatigable entrain travaillent la nuit pour vivre, et donnent aux soldats français ce qu'elles gagnent dans la journée. Lorsqu'il en passe un détachement, riches et pauvres, nous courons à leur rencontre. Je suis souvent émue en voyant de malheureuses femmes leur donner les quelques sous dont elles ont besoin bien souvent pour la nourriture de la journée.

Et puis nous conduisons nos braves soldats au *restaurant populaire*, organisé par M. Molk, pharmacien, et M. Villard, négociant. Au fond de la grande salle, on lit :

LE RESTAURANT POPULAIRE ET LES HABITANTS
OFFRENT L'HOSPITALITÉ
AUX PRISONNIERS DE PASSAGE.

Là, chacun trouve devant lui une soupe, de la viande, des légumes, du pain blanc et des cigares ; le tout servi par des dames qui portent au corsage une rosette tricolore que nous avons toutes. Les plus nécessiteux reçoivent ensuite des vêtements, et lorsqu'ils sont ainsi réconfortés, nous les reconduisons à la gare en leur disant : « A bientôt ! »

Dès que tous nos prisonniers seront rentrés à Paris, je les suivrai de près.

6 Mars. — Nouveau voyage à Rastadt. Mademoiselle Adèle Ritton m'accompagnait. Nous sommes allées chez le gouverneur avec une lettre de recommandation, espérant ramener, elle un turco qu'elle protégeait, moi un jeune marin. Cette joie nous fut refusée. C'est à peine si nous pûmes obtenir une permission pour entrer à l'hôpital. Nous apportions des secours aux prisonniers malades. Nous nous présentâmes hardiment aux baraques. Une sentinelle naïve tira la clef de sa poche et nous ouvrit. Nous allâmes d'abord à l'infirmerie, où nous rencontrâmes notre turco et notre marin. Nos deux protégés se sont levés et nous ont conduites à la cantine où nous avons dîné ensemble. En dînant, je m'étais chargée de quarante lettres pour Paris, quarante lettres à des parents auxquels on demandait de l'argent. Quinze jours après, nous retournâmes à Rastadt avec des réponses, et nous avons dîné de nouveau avec les marins, qui ont fait honneur à notre invitation. Ils sont arrivés à la cantine, marchant en rang. Rémiot, le maître canonnier, était en tête. Tous très-propres, avec des chemises fraîches ; nous étions fières de dîner en si bonne compagnie. Ils nous ont donné une photographie les représentant tous groupés. Mademoiselle Ritton est allée le lendemain faire reproduire cette carte, dont nous avons vendu trois cents épreuves au profit des prisonniers. Ce que Strasbourg a fait est remarquable. Jamais on ne refuse de donner pour des soldats français.

19 *Mars*. — Un télégramme nous annonce, à six heures du soir, le départ des marins de Rastadt. Nous envoyons immédiatement une circulaire à toutes les dames composant le comité ; aussitôt l'élite de la société de Strasbourg est arrivée à la gare, et nous nous sommes rendus à Kœnigshoffen avec des voitures chargées de vivres.

Kœnigshoffen est une station de chemin de fer, située à quelques kilomètres de Strasbourg ; c'est là que passent les prisonniers rapatriés, les convalescents sortant des ambulances allemandes, parmi lesquels il s'en trouve un grand nombre qui arrivent dans un état déplorable et sont forcés de s'arrêter dans une petite ambulance organisée par madame Schneider, propriétaire de la brasserie des *Deux-Cognées*.

Il y avait avec nous mesdemoiselles Ritton, Marie Hanswald, madame Saglio, femme du député ; mesdemoiselles Chabert, Guerre, aujourd'hui mariée à M. Lamothe de Lafontaine, procureur de la République ; la baronne de Tavernost, madame du Petit-Thouars, la comtesse Zeppelin, madame Pron, femme du préfet ; madame Truaut, directrice du buffet ; mesdemoiselles Léonie Krofft, Brackenhoffer, Schmitt, madame Wissenbach, mesdemoiselles Auchelin et Mandler, qui ont organisé des loteries avec mademoiselle Schmith ; madame Rœderer, mesdemoiselles Le Royer et Marie Valentin, receveuse des billets, qui reçut des coups de crosse d'un Prussien en allant porter des vêtements à nos prisonniers ; madame Bloch, femme du grand-rabbin, dont le dévouement fut infatigable ; la supérieure de la Toussaint, sœur Angélique, et toutes les sœurs de Saint-Vincent-de-Paul : c'était une fête magnifique ! Une couronne de fleurs tricolores fut remise aux marins par madame S..., qui accompagna ce souvenir de paroles de remerciements et de reconnaissance. Ce fut un moment d'émotion indicible des deux côtés, on pleurait ! A partir de ce jour, mademoiselle Ritton a pris le service de nuit pour les prisonniers. Nous allons à Kœnigshoffen le soir, à huit heures, et nous ne rentrons qu'à trois heures du matin. . . . .

Mardi 9 Juin. — Nous partions en omnibus ; elle était toute joyeuse, et me racontait la bonne moisson qu'elle avait faite dans la journée. Monseigneur avait envoyé trois cent soixante-quinze francs, et M. Marcotte quatre-vingt-treize francs vingt-cinq ou vingt-cinq thalers. Elle était si gaie, si heureuse !!! Merci à tous ceux qui, ce jour-là, lui ont donné, car ils ont embelli ses dernières heures. A minuit elle alla distribuer, dans les wagons, du café qu'elle venait de préparer dans la voiture, et elle causait avec les prisonniers, leur faisant part de ses vœux pour la France. Le train ne devait partir qu'à trois heures du matin. Mais tout

L'ALSACIENNE.

Arrivée d'un train de blessés à la gare de Strasbourg.

à coup il se met en marche, disparaît à nos yeux et avec lui notre amie, mademoiselle Ritton. Nous pensâmes d'abord qu'elle était allée reconduire nos soldats jusqu'à une prochaine station et qu'elle reviendrait par le convoi suivant, lorsqu'un employé accourt auprès du chef de gare et lui glisse quelques mots à voix basse. — « Qu'y a-t-il ? demandai-je. — Un grand malheur vient d'arriver, me répondit le chef de gare ; c'est un prisonnier qui est tombé d'un wagon et a été écrasé par le train. — O mon Dieu ! » m'écriai-je en même temps que toutes ces dames qui étaient venues à Kœnigshoffen. Puis, le chef de gare m'appela à part et me dit : — « Vous êtes une femme forte, c'est à vous que je dirai la vérité. Aucun prisonnier n'a été tué ; c'est votre amie, mademoiselle Ritton, qui a été broyée ! » . . . . Quel affreux malheur pour nous ! comment en informer les malheureuses sœurs de mademoiselle Ritton ! . . . .

M. Aubenasse, médecin, et M. l'abbé Spitz ont bien voulu se charger de cette pénible mission ; les deux pauvres sœurs, grâce à leur piété, sont admirables de dévouement.

12 *Juin*. — *Enterrement de ma pauvre amie*. Le corps de mon Adèle adorée a été transporté à l'hôpital civil et exposé dans une chapelle ardente. Les funérailles ont eu lieu aujourd'hui, et les soldats français, de passage à Strasbourg, voulurent porter la dépouille mortelle de celle qui s'était sacrifiée pour eux. L'inspecteur de police Kaltenbach s'est complétement opposé à cet hommage si naturel de reconnaissance et de regret. Nous voulions aussi placer sur le cercueil un flot de rubans tricolores, mais la famille nous a priés de n'en rien faire, pour éviter toute altercation avec les Prussiens. Le flot de rubans fut enveloppé et remis à un sous-officier de pontonniers qui devait le jeter dans la tombe.

Le cortége funèbre se mit en marche. Sur son passage, de l'hospice à la cathédrale, les soldats français formaient la haie. Ce spectacle témoignait d'une si profonde sympathie pour mademoiselle Ritton, pour la France, que, sur l'ordre de M. G..., le pontonnier a développé le flot de rubans tricolores, et l'a exhibé à la tête du cercueil. Alors, un murmure d'enthousiasme a circulé au milieu de cette foule émue. Tout le monde était en deuil et portait un bouquet d'immortelle fourni par un fleuriste de la ville, qui n'avait pas voulu qu'on le payât ; le brassard des membres de la Société de secours était également couvert de crêpe.

Après la messe, on se dirigea vers le cimetière, et la foule s'augmenta des prisonniers arrivés en ville pendant l'enterrement, qui venaient en courant et tout poudreux rejoindre le convoi.

Les plus touchants adieux furent adressés à mademoiselle Ritton, et le patriotisme alsacien se manifesta alors librement. Malgré la présence de l'autorité prussienne, des cris de : *Vive la France !* interrompirent les discours. Un brave sous-officier d'artillerie, les yeux gros de larmes, en jetant le ruban tricolore dans la fosse, murmura : « Adieu, Française ! au nom de l'armée !... »

Plusieurs discours furent prononcés et je transcris celui d'un sergent-major au 44e régiment d'infanterie de ligne :

« Messieurs,

« Au bout d'une longue et triste captivité, nous rentrions, la joie au cœur, bienheureux de revoir la France, notre chère patrie, lorsque le récit d'un bien triste accident nous a profondément émus.

« Nous avons donc résolu de retarder notre départ, afin que l'armée française, la France, fussent représentées au bord de la tombe de celle qui a sacrifié sa vie pour secourir les prisonniers français.

« Je viens ici prendre la parole au nom de mes camarades et dire un dernier adieu à celle qui a été la victime de son dévouement à la patrie. Je n'ai pas la prétention de vous faire un discours; non, mes amis, c'est un soldat qui parle au nom de l'armée, au nom de la France, et qui vient simplement s'unir à vous pour pleurer au bord de cette tombe celle qui a été si fatalement enlevée à sa famille, à ses amis.

« En accomplissant ce devoir, nous venons vous prouver que l'accueil qui nous a été fait à Strasbourg nous a profondément touchés.

« Croyez-le, amis, quoique le drapeau français ne flotte plus sur cette ville, nous savons tous ce que vous avez fait pour éviter ce malheur; nous savons combien de braves habitants, combien de braves soldats ont été ici les victimes de leur dévouement à la patrie.

« Après une longue captivité, nous avons éprouvé une bien grande joie en serrant les mains de véritables Français. Si vous saviez, amis, combien nous avons été touchés de voir ici tant d'affection unie à tant de dévouement pour l'armée française, pour notre pauvre France!

« Je le dis au bord de cette tombe, auprès de celle qui a perdu la vie en se dévouant pour ses frères : Strasbourg est et restera toujours de cœur une ville française; à ceux qui me diraient le contraire, je leur montrerais ces petits enfants se jetant dans les rues au cou des soldats français, et n'ayant qu'une pensée, n'articulant que ces mots : *Vive la France!*

« Oui, mes amis, vive la France; vive notre chère patrie! elle peut être abattue, mais elle se relèvera; croyez-le, vivez dans cette douce espérance, et dites-vous qu'il y a encore des cœurs français dont le sang appartient à la patrie et qui seront toujours prêts à le verser.

« Adieu donc, mademoiselle Ritton, ange de bonté, toi si belle et si bonne! Au revoir, dames et demoiselles de Strasbourg! vous dont le dévouement a été si grand pour les blessés et prisonniers français! Au revoir! Strasbourgeois; songez que c'est l'espérance qui fait vivre et que tant que vos petits enfants crieront : Vive la France! nous pourrons toujours espérer et compter sur l'avenir. »

Pauvre chère âme! l'amour de Dieu l'avait rendue forte! car son patriotisme et son énergie s'inspiraient aux sources d'une piété fervente...

14 *Juin*. — Le nombre des émigrants augmente chaque jour. Il n'est pas jusqu'aux enfants qui fuient le sol devenu prussien.

Voici la liste de ceux qui sont partis aujourd'hui :

Schœttel, Jacques, né en novembre 1853.
Ehel, Alfred — janvier 1854.
Metzger, Auguste. — août 1854.
Klotz, Émile, — août 1854.
Bonnet, Auguste, — juin 1855.
Gross, Frédéric, — octobre 1856.
Stoll, Albert, — novembre 1857.
Steinet, Charles, — mai 1859.
Georger, Ernest, — décembre 1860.
Gasser, Georges, — novembre 1862.
Frey, Jean, — novembre 1862.

Nous leur avons donné un peu d'argent pour partir, nous leur avons dit que peut-être ne devraient-ils pas abandonner leur famille, que bientôt on nous débarrasserait des Prussiens. Ils n'ont rien écouté.

> Il veut être Français, l'enfant, c'est son idée.
> Dans ce crâne carré, la chose est décidée
> Irrévocablement. Il verrait à ses pieds
> Dieu le père, son fils et la vierge elle-même,
> Il leur répondrait : Non ! c'est la France que j'aime,
> Et j'ai toujours rêvé de suivre nos troupiers.

Oui, l'Alsacien est né pour être soldat. Placé en sentinelle devant la France, c'est elle qu'il protége contre le barbare, c'est d'elle dont il peut dire avec orgueil :

« C'est ma mère, je la défends. »

Ce sentiment d'amour filial qu'il porte à son pays, n'est pas bien compris des habitants que la nature a placés loin des frontières.

Il se sent gardé par des populations guerrières, fortes et fidèles.

Et nos filles d'Alsace mépriseraient l'homme qui n'aurait pas porté, même en temps de paix, le fusil pour le service de la France !

Oh ! les nobles enfants que je vais laisser derrière moi !

Mais la présence de nos ennemis me rend l'existence insupportable à Strasbourg, et ce sera bientôt mon tour de prendre le bâton du pèlerin, pour venir parmi vous, dormir sur le sol de la patrie.....

. . . .

Ici s'arrête le journal de madame Kiéné, interrompu par son départ pour Paris où les Prussiens, qu'elle fuyait, la poursuivirent de leurs offres et de leur croix.

Mais ces pages que nous avons citées parce qu'elles résument les sentiments des dames alsaciennes pour leur pays, ne disent pas à quel point d'abnégation chevaleresque obéissait madame Kiéné, qui, en se réfugiant en France, refusait le double des appointements que lui offrait l'administration allemande pour se l'attacher.

Aujourd'hui, elle est au milieu de nous jusqu'au jour de la revanche, où elle ira montrer aux Allemands la croix de bronze des ambulances, la grande médaille de vermeil de la société d'Encouragement au bien et la médaille d'argent de première classe qui lui a été décernée par décret du 13 mai dernier : trois distinctions qui sont au-dessous de son mérite, que l'on ne peut récompenser.

Toutes les compatriotes de madame Kiéné n'ont pu, hélas ! l'imiter dans sa conduite et la suivre dans sa retraite.

Il est des situations difficiles où l'on est forcé de courber le front sous le joug de la nécessité.

Mais sur le sol germanisé de par le droit de la force, l'Alsacienne est restée Française.

Aussi ne se passe-t-il pas un jour sans que son amour pour la France et sa haine pour la Prusse ne trouvent d'ingénieux moyens de se manifester.

A Strasbourg, les femmes portent le deuil, — l'uniforme de la mort, — selon leur touchante expression.

Et sous leur corsage noir, tout près du cœur que fait tressaillir le nom de France, elles cachent la cocarde tricolore dont elles saisissent toutes les occasions de faire l'étalage aux yeux du taureau germain.

Les femmes excellent à cette guerre de piqûres mortelles.

Toute réunion leur sert de prétexte à l'affirmation de leurs sentiments.

Un baptême, un enterrement, l'entrée dans la vie comme la mort, sont des circonstances qu'elles exploitent contre la domination brutale du vainqueur.

Aux noces de l'Alsacienne, tout le monde se décore d'une rosette tricolore, même les hommes en accrochent à leur boutonnière ; et quand un Prussien s'informe, on lui répond : « Ce sont les couleurs de la fiancée. »

Ainsi toutes les cérémonies, tous les événements qui marquent la vie, sont mis sous l'invocation et le souvenir de la patrie.

Aux actes de l'autorité allemande, elles répondent par des manifestations en faveur de la France.

Plus on veut les germaniser, plus elles affirment la volonté inébranlable de rester avec nous.

A Mulhouse, elles votent des remerciements à nos soldats.

Elles envoient au défenseur de Belfort, le colonel Denfert, une épée d'honneur, envoi qu'accompagnent ces mots de dédicace :

« Les dames de Mulhouse, au nom de l'Alsace dont vous avez défendu l'honneur avec tant d'héroïsme, vous offrent cette épée. »

Partout, dans les moindres hameaux, l'Alsacienne, ruinée par la guerre, rançonnée par l'Allemand, trouve encore l'obole du rachat pour la libération du territoire.

Les sommes versées à la souscription patriotique en font foi. Elle est avec nous, elle nous appartient à jamais par ses joies passées et ses souffrances présentes.

Elle a une foi, un patriotisme, un culte : l'amour de la France ; — une espérance : la revanche !

Qui de vous, femmes, n'a lu sans une douce émotion, ces vers qu'une jeune fille de Forbach adressait à la souscription avec ses bijoux d'enfant, un bracelet, une broche et deux épingles d'or, toutes les richesses de son écrin et toutes les illusions de son âme ?

> L'Évangile nous dit que la Foi, l'Espérance
> Ne peuvent nous sauver que par la Charité ;
> Vous avez appliqué ce précepte à la France,
> Et votre appel à tous est par tous écouté.
> Il soulève, il émeut notre terre asservie
> Et dans un saint élan, femmes, enfants, vieillards,
> Redisent comme vous : « Donnez pour la Patrie
> C'est avec des gros sous que se font les milliards. »

Comme l'Alsace, la Lorraine déploie son énergie à revendiquer par la grandeur des sacrifices et le dévouement de ses femmes le droit de rester française.

Elle donne sans compter, elle donne à pleines mains, pour chasser l'ennemi du territoire encore occupé.

Et ses sacrifices sont d'autant plus méritoires, qu'elle n'en retirera rien pour elle-même.

La rançon payée, l'Allemand continuera à faire sentir le talon de sa lourde botte sur le sein de cette malheureuse contrée qu'il a prise par le vol et qu'il garde par la menace.

Entassez obus sur boulets, casemates sur remparts, bataillons sur escadrons ;

Perfectionnez vos engins meurtriers, créez des écoles, bâtissez vos forts, emplissez vos magasins, assemblez vos landwehrs et vos landsturms ;

Que votre empereur ceigne l'épée de Charlemagne ; que vos généraux pillent Turenne et singent Condé, vous n'aurez rien fait et tout sera pour vous à recommencer, Prussiens orgueilleux, tant que vous n'aurez pas conquis le cœur de la Lorraine ; et ce cœur pour vous jamais ne battra.

Il se souvient ! il se souvient !

Il a vu les blessés, il a vu les mourants, il a vu nos soldats prisonniers, obligés de courber la tête devant votre empereur.

Il a vu les héros de Reischoffen épars dans la poussière, il a vu les victimes de Sedan parquées dans la boue, il a vu les moribonds de Gravelotte, de Borny et de Saint-Privat nager dans le sang !

Et s'il voulait s'attendrir et vous pardonner, de tous ces champs couverts de morts monterait vers le ciel une immense clameur qui lui interdirait la sympathie ou même la pitié pour vous, les barbares d'outre-Rhin !

Il vous hait de tout l'amour qu'il porte à la France, et dont il a donné le témoignage ardent à notre malheureuse armée.

Il vous hait parce qu'il est noble, il vous hait parce qu'il est généreux, il vous hait parce qu'il est fier.

Il vous hait enfin.

Une Alsacienne ne vous aimera jamais parce qu'elle vous méprise.

Et qui aime bien ne se donne pas deux fois.

A son pays appartient son amour. Aux soldats français revenait son dévouement.

Les ambulances établies à l'école d'application de Metz, à la caserne du génie et de l'artillerie, rediront un jour la légende des vertus des dames messines, en même temps que l'histoire parlera du douloureux héroïsme dont elles firent preuve dans une circonstance à jamais sinistre.

C'était quelques jours avant la capitulation : dix longues rangées de wagons employés en temps ordinaire au service des bestiaux, arrivèrent sur la place Royale, chargés des victimes des terribles journées des 17, 18 et 19 août.

Le nombre de ces malheureux s'élevait à plus de dix mille, tous affreusement mutilés, couverts de sang et noircis de poudre.

Ceux qui n'étaient pas blessés pleuraient de rage.

Vous avez pansé les uns et consolé les autres,

O anges de charité !

Avant de clore ce chapitre consacré à l'Alsacienne-Lorraine, nous citerons un dernier fait destiné à mettre en lumière à côté des vertus de charité et d'abnégation dont elle partage la gloire avec tant de femmes illustres, les sentiments d'une âme spartiate.

Une femme, pauvre veuve, que le chagrin réduisait au désespoir, pleurait dans sa demeure abandonnée.

Ses deux fils étaient tombés sur le champ de bataille, le siège avait ruiné son petit commerce, épuisé ses ressources. Il lui restait une petite fille et sa vieille mère.

On vint lui dire : La France est vaincue et succombe, vous allez devenir Prussiens.

Alors elle résolut de mettre un terme à son malheur, et lorsqu'une grande dame étrangère,

— dont nous parlerons plus loin, — qui avait consacré sa fortune et ses soins aux infortunes de Metz, vint la voir, la malheureuse délaissée lui dit :

— Hier soir, nous avons délibéré, ma mère et moi, sur le genre de mort que nous nous donnerons.

— Mais votre enfant, interrompit la visiteuse, que deviendra-t-il ?

— Oh ! reprit la Lorraine avec un sourire amer, nous l'emmènerons avec nous !

Et elle est morte en maudissant la Prusse, en bénissant sa vraie patrie, en redisant cette prière que l'on répète chaque jour en Alsace comme en Lorraine :

Mon Dieu, délivrez-nous des Prussiens.

Ainsi soit-il !

C'est le *Benedicite* du patriotisme.

IV

L'ACTRICE

— Eh quoi ! vont s'écrier les gens à grande pudeur, l'actrice aussi aura sa place dans votre galerie des beaux dévouements et des nobles charités ! Ce ne sera plus un panthéon, mais un pandémonium !

Nous répondrons à ces gens bien intentionnés que nous ne faisons point œuvre de parti, mais que nous poursuivons un but patriotique.

Nous ne sommes plus au temps où l'Église, refusant un peu de terre à Adrienne Lecouvreur, forçait les amis de cette grande artiste à l'ensevelir nuitamment et presque en cachette.

Les comédiennes aujourd'hui ne sont plus excommuniées par les foudres du Vatican ; et si quelques-unes se damnent encore, c'est qu'elles n'ont pas de vocation pour le paradis.

Sous les oripeaux de théâtre et les rôles de convention, il existe la femme qui souffre et qui aime comme toutes ses semblables ; et en sa qualité d'artiste, elle a souffert et aimé plus que les autres femmes.

C'est à ce double point de vue de la souffrance et de l'abnégation que nous l'avons considérée, laissant de côté les détails anecdotiques de la vie aventureuse de l'actrice, pour ne voir que ses bons instincts ou pour ne citer que ses actes généreux pendant le temps de l'invasion.

A travers cette époque si douloureuse, l'image de l'actrice nous apparaît comme la statue d'une joyeuse bacchante couverte du long voile des veuves.

Ce souvenir a le charme de ces jours envolés de notre jeunesse qu'a marqués une bonne action.

Au milieu de l'oubli réservé à leurs talents d'artiste, le public saura retenir équitablement dans sa mémoire le nom des femmes qui se sont noblement conduites.

Ceci est dit en manière de préambule pour répondre au cri de ce sceptique fameux qui, au premier bruit de l'invasion bouclant ses malles pour une autre patrie, décocha à Paris cette misanthropique prédiction :

« Le jour où Paris n'aura plus ni bals, ni spectacles, Paris se rendra. »

Évidemment pour ce Calchas moderne, la vie se composait d'un couplet de vaudeville à déguster, et d'un cotillon à conduire.

LES FEMMES DE FRANCE. 57

L'ACTRICE.

Heureusement pour lui, il a laissé sa prophétie en partant, comme la flèche du Parthe, qui nous donnait, à nous autres Français, la mesure d'estime et de considération que nous obtenions dans l'esprit de tous ces parasites cosmopolites venant nous exploiter d'abord et nous railler ensuite.

Eh bien! Paris manqua de plaisirs et de spectacles; Paris fut assailli par la famine et démoli par le bombardement, et Paris ne se rendit qu'après cinq mois de siége, non pas parce qu'il était las ou vaincu, mais parce qu'il y avait des petits enfants par milliers dans ses murs, et qu'il ne voulut point les sacrifier.

La capitale la plus corrompue du monde, au dire des étrangers qui nous apportaient leurs vices, se fit austère dès que les événements l'y autorisèrent.

Ces vêtements de fête, ces parures joyeuses dont elle se travestissait pour faire honneur à ses hôtes, aussitôt après leur départ, elle les échangea contre les habits de deuil et les ajustements sombres qui conviennent à une mère qui pleure ses enfants.

Comme la Rachel des Écritures, elle ne voulut point être consolée; et c'est avec un sentiment de convenance qui l'honore, qu'elle accueillit les ordres émanés de la Préfecture de police relatifs aux services des théâtres.

Considérant que la patrie est en deuil et que l'ouverture des théâtres est en contradiction avec l'attitude générale de la population parisienne;

Considérant que, dans les circonstances graves qui se préparent, toutes les forces vives doivent être consacrées à la patrie, et que les théâtres absorbent chaque jour un certain nombre de sapeurs-pompiers, qui pourraient être plus utilement employés;

Le préfet de police arrête:

ART. 1ᵉʳ. A partir de demain, 10 septembre, les théâtres seront fermés.

ART. 2. Les directeurs sont invités à faire enlever immédiatement les décors qui sont encore sur la scène, les bandes d'air, les rideaux, le mobilier et tout ce qui pourrait, en cas d'incendie, attiser le feu et le communiquer aux bâtiments voisins.

ART. 3. Ces modifications devront être exécutées dans les quarante-huit heures; passé ce délai, elles seront effectuées d'office aux frais des directeurs retardataires.

ART. 4. Les pompiers de service dans les théâtres resteront affectés aux besoins ordinaires de la surveillance de la ville.

Par le préfet,

Le secrétaire général : ANTONIN DUBOSC.   *Le préfet de police :* DE KÉRATRY.

Après la nouvelle des premières défaites, quelques théâtres commencèrent à fermer leurs portes, devinant que le rire était trop près des larmes; et si l'on chantait encore, ce n'était plus guère que des hymnes patriotiques de ce peuple qu'on mutilait à coups de canon dans des guets-apens nocturnes, mais qui restait invincible sur les champs de bataille devant un ennemi invisible.

A peine le dernier cuirassier tombé à Reischoffen avait-il rendu son âme à Dieu et son corps à la terre qui devait bientôt cesser même d'être sa patrie, que la poésie s'emparait de cette sublime légende et la gravait dans le souvenir du peuple, comme l'épopée du dernier Empire.

Et sur le cadavre de ce gouvernement à l'agonie, la *Marseillaise* faisait résonner ses strophes enflammées, tandis qu'aux rugissements de victoires des Teutons, répondait l'ouvrier parisien par le *Rhin allemand*.

Nous nous souvenons d'une scène émouvante qui se produisit en plein boulevard, au coin de la rue Laffitte.

Marie Sass passait en voiture découverte. Elle allait au bois pour voir si tous les lauriers étaient coupés.

Un groupe de curieux commentant les événements en plein vent, empêche la voiture de la cantatrice d'avancer.

Quelqu'un dans la foule la reconnaît et crie son nom.

Aussitôt, comme une vague immense, tous les promeneurs se précipitent au-devant de Marie Sass, agitant leurs chapeaux, et répétant sur tous les tons : la *Marseillaise!* la *Marseillaise!*

C'était le chant du moment que tous les théâtres confiaient à leur *prima dona* et à leurs ténors.

Mais le peuple, qui sentait fermenter en lui les idées de liberté à mesure que l'Empire les laissait échapper d'une main énervée, ne pouvait se rassasier de l'hymne national.

Tous les soirs, à l'Opéra, Marie Sass paraissant entre deux actes, le drapeau tricolore à la main, entonnait de sa voix puissante l'hymne de Rouget de l'Isle.

Le parterre accompagnait le refrain.

Les spectateurs de l'orchestre se levaient spontanément, comme enivrés d'un saint enthousiasme, et dans les loges, les grandes dames, saisies de respect, saluaient en lançant des bouquets à la cantatrice qui personnifiait la Patrie.

A l'Opéra-Comique, la *Marseillaise* alternait avec les mélodies et les chansons sautillantes du répertoire.

Au Théâtre-Français, Léonide Agar prêtait sa beauté et ses gestes dramatiques à l'interprétation parlée de la chanson nationale.

Aux Menus-Plaisirs, au Théâtre-Beaumarchais, au Théâtre-Cluny, sur toutes les scènes de la banlieue et des cafés-concerts, surgissait une interprète de la *Marseillaise* ou de tout autre chant patriotique dont le refrain se soulignait : A Berlin! à Berlin!

Si la roche Tarpéienne était voisine du Capitole, combien plus proches encore de la défaite se trouvaient nos espérances de victoire!

Il y avait dans l'air à ce moment un sentiment d'inquiétude qui ressemble assez aux heures de malaise qui précèdent un ouragan.

On voulait s'étourdir sur la réalité des choses, en se grisant d'enthousiasme.

Et voilà pourquoi, autour de la voiture de la cantatrice favorite de l'Opéra, se pressait la foule avide de recueillir encore une fois ces beaux vers dont la musique avait le privilège d'engourdir les angoisses déjà si poignantes que cette guerre légèrement préparée excitait dans tout cœur français.

Et quand la cantatrice, cédant aux désirs du peuple, se leva pâle, émue, frémissante, pour lancer vers le ciel cette invocation suprême :

> Amour sacré de la patrie.
> Toi qui soutiens nos bras vengeurs...

ce fut une émotion indicible. Des bravos éclatèrent comme un tonnerre, et la cantatrice fut presque arrachée de sa voiture par le populaire enthousiaste.

On pleurait, on se pressait les mains.

Chaque citoyen, convaincu et remué jusqu'au fond de l'âme par les accents de la grande artiste, jurait véritablement de mourir en défendant son pays.

Hélas ! Sedan fut le linceul de la *Marseillaise*, s'il fut le moteur de la République !

Après ce désastre sans nom, on ne chanta plus guère ; puis bientôt on ne chanta plus.

La *danse sanglante*, comme dit quelque part Schiller, ce Corneille allemand, allait commencer sous nos yeux, et Paris se trouvait investi.

C'est alors que les rares scènes, où l'on jouait encore de temps en temps au bénéfice des blessés, en faveur des souscriptions d'armes ou dans tout autre but charitable, fermèrent leurs portes, donnant à leurs artistes la liberté du dévouement.

Pour des femmes, que faire en une ville assiégée, à moins d'être garde-malades ou cantinières ?

Mesdemoiselles Massin et Magnier suivirent les bataillons de marche de la garde nationale dont elles avaient brigué l'honneur d'être cantinières.

Il y avait un costume si pittoresque à essayer ! et elles purent croire un instant n'avoir fait que changer de théâtre, quand elles versaient à boire aux paisibles citoyens du 6e bataillon, qui s'étaient métamorphosés en braves soldats et en courageux défenseurs du pays.

Quelques autres actrices, d'humeur plus aventureuse, s'enrôlèrent dans les rangs de la garde mobile, où leur présence, — il faut bien le reconnaître, — ne fut pas toujours d'une utilité bien prouvée, ni bien pratique.

Un jour du mois de novembre, dans une promenade militaire que nous faisions sur la route qui conduit des Batignolles à Saint-Denis, nous rencontrâmes un bataillon de mobiles qui, sacs au dos, fusils sur l'épaule, chargés d'ustensiles de toutes sortes, depuis la pioche du sapeur jusqu'à la batterie de casseroles du cuisinier, s'acheminaient péniblement vers le fort d'Aubervilliers.

Le temps était épouvantable, et la pluie, qui n'avait cessé de tomber depuis trois jours, venait encore entraver la marche de ces infortunés mobiles, dont les pieds enfonçaient jusqu'à la cheville dans des chemins défoncés.

Comme contraste, marchait à la tête de ces soldats, maculés du haut en bas, trempés jusqu'aux os, se traînant péniblement dans les ornières de la route, une élégante vivandière... suivie d'un petit coupé marron, doublé de satin puce, à liserés bouton d'or.

Rien de frais et de coquet comme cette cantinière fantaisiste, exposant l'uniforme le plus irréprochablement taillé, par Paul, dans les draps les plus fins de Louviers, à une averse antédiluvienne... pour l'amour de la patrie.

Culotte bleue à bande garance, serrée au genou ; bottes molles à entonnoir, tunique bleu foncé, fermée par une double rangée de boutons d'or ; sabre au fourreau, à garde d'acier, retenu par un ceinturon de cuir verni, dessinant une taille du plus beau modèle ; cravate de soie bleue, gants de daim blancs et chapeau de feutre, orné de plumes de coq, tel était l'équipage de cette cantinière qui, croyant jouer les *Chansons de Béranger*, s'était fourvoyée dans un bataillon de mobiles partant pour les tranchées.

Arrivée à la hauteur de La Chapelle, à l'endroit où les chemins se croisent en formant une fourche, la colonne, sur l'ordre du commandant, s'arrêta, et les soldats coururent aux faisceaux pour reprendre haleine quelques instants.

C'est à ce moment que la cantinière, parcourant les rangs, distribua généreusement aux soldats les plus fatigués les petits verres d'un alcool régénérateur, qu'ils désignaient sous le nom de *fil-en-quatre*.

Puis elle suivit un groupe d'officiers dans une maisonnette, où les cochers des diligences de Saint-Denis ont l'habitude de faire halte pour éponger la poussière de la route, et qui se nomme : *A l'Enseigne des Trois-Chemins*...

Mais, lorsque le bataillon reprit sa route vers les postes avancés, la fantaisiste cantinière, faisant signe à son cocher, s'élança dans le coupé marron qui tourna bride à l'ennemi et revint du côté de Paris. Son dévouement avait des limites.

Il en fut ainsi dans presque tous les bataillons qui allèrent chercher leurs vivandières dans les coulisses des petits théâtres, plus boudoirs que théâtres à la vérité, et si nous nous sommes étendus sur ce sujet, c'est que ces pseudo-actrices formaient un aspect nouveau du Paris demi-mondain.

Le seul costume qui convenait à la femme pendant le siège, qu'elle fût bourgeoise ou comédienne, et c'est ce qu'ont si bien compris quelques-unes d'entre elles, c'était la robe simple et le tablier blanc de l'infirmière.

La reine Marguerite, la Marguerite des Marguerites, se fit ambulancière, et Adrienne Lecouvreur devint sœur de charité.

Les ajustements de velours firent place à la robe de laine, et les diadèmes d'or et de cheveux furent remplacés par des coiffures bourgeoises ou de simples bonnets.

Le Théâtre-Français, l'Odéon, les Italiens, le Théâtre-Lyrique, la Porte-Saint-Martin, jusqu'au théâtre de Cluny et à celui de Belleville, décrochèrent leurs décors, remisèrent leurs machines et se transformèrent en ambulances, dont les malades étaient soignés par les actrices mêmes devenues ambulancières.

Le jour où la Comédie-Française donna sa dernière représentation régulière (le 6 septembre) les sociétaires, mesdames Madeleine Brohan, Favart, Jouassin, Victoria Lafontaine, Édile Riquier, Émilie Dubois se réunirent pour organiser une caisse de secours, et installer une ambulance dans le foyer du théâtre.

On mit à contribution la bourse de ses amis et la bonne volonté de ses camarades.

Aussi sept jours après, c'est-à-dire le 13 septembre, les dames sociétaires avaient réuni vingt mille francs, et trente lits, garnis de rideaux blancs, avec tous leurs accessoires, étaient installés dans le salon de Molière.

Les blessés pouvaient venir s'y faire soigner sans redouter l'ennui qu'entraîne une longue convalescence : les garde-malades, dont nous avons cité les noms sympathiques, se chargeaient de panser les plaies, et les grands génies du répertoire se réservaient le privilége de distraire les esprits.

Sous le rapport matériel, l'ambulance du Théâtre-Français était aussi bien alimentée que sous le rapport moral.

On avait fait de grandes provisions de vins, viandes conservées, Liébig, légumes, œufs, pâtes, jambon, beurre fondu, toutes choses dont la privation se fit cruellement sentir au reste de Paris, tandis que les malades n'en ressentirent jamais les atteintes.

Quand on organisa le service médical, ce fut à qui des grands praticiens offrirait son concours.

Nélaton, Denonvilliers, Richet, Coqueret s'unirent à MM. Muller et Firmin, médecins ordinaires du théâtre ;

Et un interne de la Pitié fut attaché exclusivement aux malades futurs de la maison hospitalière présidée par Corneille, Racine et Molière.

Les médecins ne gardaient pas rancune à ce dernier des traits dont il a piqué, avec tant d'esprit, le pédantisme des docteurs en *us* et des empiriques en *os* du dix-septième siècle.

Médecins, malades et ambulancières faisaient fort bon ménage. Entre gens d'esprit on s'entend toujours.

* Les imbéciles seuls prétendent le contraire, mais ils sont rares au théâtre de la rue Richelieu.

Cependant les dames sociétaires prenaient leur rôle au sérieux, et aussitôt qu'elles eurent reçu des blessés, elles s'en partagèrent la garde avec une attention toute maternelle.

Du lundi au mardi mesdames Madeleine Brohan et Victoria Lafontaine étaient de service à l'ambulance.

Le mardi c'était le tour de mesdames Favart et Jouassin.

Le mercredi, mesdames Édile Riquier et Émilie Dubois prenaient la garde.

Elles avaient ainsi deux jours de repos sur trois, ce qui ne les empêchait pas de visiter chaque jour leur chers blessés, et de les entourer des soins les plus délicats.

On peut dire qu'elles apportaient dans leur rôle d'infirmière, tant elles mettaient de grâce pour apaiser la douleur, d'esprit pour égayer le malade, tout l'art qu'elles déployaient dans leur rôle de comédienne, avec cette nuance pourtant que le talent vient de l'intelligence et que la bonté part du cœur.

Aussi étaient-elles adorées de leurs malades qui les appelaient ma sœur, comme les simples religieuses que les sociétaires s'étaient adjointes dans leur tâche de soulagement et de consolation.

— Sœur Madeleine, mon bras n'a pas été pansé.
— Sœur Émilie, un verre de tisane, s'il vous plaît.
— Sœur Victoria, prêtez-moi une pièce de Molière.
— Sœur Édile, racontez-moi un souvenir de théâtre, une histoire de coulisse.

Et sœur Madeleine apportait une bande de toile.

Sœur Émilie sucrait un verre de tisane; sœur Victoria ouvrait un Molière dont elle récitait une tirade.

Et sœur Édile narrait sur M. X. ou M. Z., auteur ou millionnaire, une historiette qui n'était jamais méchante, mais qui était souvent bien maligne.

Quelques blessés, qui avaient assisté en d'autres temps aux représentations de la Comédie-Française, ne pouvaient reconnaître les brillantes artistes et les grandes interprètes de Racine et d'Augier, de Molière et de Beaumarchais, les Agrippine, les Athalie, les Olympe, les Rosine, les Araminte, dans ces bonnes bourgeoises qui sucraient les médicaments et faisaient chauffer les cataplasmes ou préparaient la table des convalescents.

Spectacle attrayant qu'un repas, pour des malades, et pour des assiégés.

Et ce n'était pas une des plus minces occupations de ces charitables personnes que de soigner le couvert.

Trois repas par jour! en temps de siège! Et quels repas! potage, viande, légumes, desserts variés, fromages, fruits.

La caisse de l'ambulance n'y résista pas, et l'on dut faire un nouvel appel à la générosité des amis, absolument comme dans ces sociétés par action qui commencent par distribuer des dividendes fabuleux, sauf à faire aussitôt après un nouvel appel de fonds.

Aussi les dames sociétaires réduites à leurs propres ressources ne pouvaient-elles faire face à toutes les dépenses que leur imposait la garde des blessés, d'autant plus que leur traitement habituel avait subi une réduction importante.

Dès le début de l'investissement, M. Thierry, l'administrateur de la Comédie-Française, avait calculé que, en admettant l'éventualité d'un siége de six mois, et toute recette étant supprimée, on ne pouvait pas donner en moyenne plus de deux cents francs par mois à chacun des membres composant le personnel du théâtre.

Sur ce relevé de compte, le Comité avait décidé que, depuis le directeur jusqu'à l'allumeur de quinquets (l'allumeur de quinquets est une vieille tradition du théâtre et remplace le moucheur de chandelles), tout le monde toucherait deux cents francs par mois.

De cette façon toute socialiste de procéder, les uns y perdaient: c'étaient les gros bonnets de l'endroit; mais, en revanche, les petits y gagnaient, et tous vivaient ainsi sur le pied de la plus parfaite égalité.

Le plus aristocratique des théâtres était devenu de la sorte un petit phalanstère; ce qui n'empêchait pas les habitués et les amis de venir souvent le soir causer dans un petit foyer avec les sociétaires garde-malades et les pensionnaires qui, tout en babillant, littérature et stratégie mélangées, trouvaient le temps et les moyens d'utiliser leurs loisirs, en tricotant des bas, des gilets ou des gants pour leurs malades.

Delphine Marquet avait reçu le sobriquet de la Reine des Tricoteuses.

De sa fine aiguille elle enfonçait quelquefois une épigramme dans la peau d'un voisin, mais le tricot n'en chômait pas pour cela;... au contraire. Plus l'ouvrière avait eu de bons mots, plus les blessés y trouvaient leur compte.

Et voici comment: à ces petites réunions du soir apparaissaient Théophile Gautier, Henri Lavoix, Albert Giraud, etc., etc.

C'était à ces hommes d'esprit que les sociétaires tendaient la main... pour leurs malades.

— Je ne donne rien pour rien, avait répondu l'un d'eux à une quêteuse qui lui demandait un petit sou avec l'intonation d'un Piémontais.

— Que voulez-vous que je vous donne?

— Ce que vous voudrez, faites-moi un bon mot.

— Voulez-vous que je vous récite *le Petit Savoyard*, de M. de Guiraud?

— Oh! non, par exemple. C'est assez méchant comme cela, à cinq francs l'épigramme.

— Je vous ruinerai alors.

— Passez la parole à vos amies, car je ne suis pas riche.

C'est ainsi qu'on avait taxé l'esprit, et qu'on en tirait parti, dans l'intérêt de l'ambulance.

Ce petit foyer du Théâtre-Français était un des rares endroits de Paris où l'on pouvait encore oublier dans les charmes de la conversation les tristesses du moment.

Ce fut là qu'un jeune poëte, M. Émile Bergerat, lut le *Maître d'école* et les *Cuirassiers de Reischoffen*, dont les beaux vers furent dits avec une émotion et une chaleur éloquentes par Coquelin dans une représentation organisée au profit de l'ambulance.

Le tarif imposé aux malices, le produit des représentations apportèrent dans la caisse de la société un appoint indispensable qui s'augmenta des dons faits par les personnages militaires de haut grade admis à visiter la salle des blessés.

Madame la générale Trochu, en sa qualité de voisine, venait souvent au foyer du Théâtre-Français, où la métamorphose des artistes les plus distinguées en sœurs de charité était pour elle un sujet d'admiration, surtout quand elle les voyait côte à côte avec les véritables religieuses, lutter de soins pour les blessés, et s'astreindre aux travaux les plus difficiles, comme aux occupations les plus répugnantes.

Un jour, un visiteur s'étonnait, devant mademoiselle Favard, du respect que les dames sociétaires témoignaient aux sœurs grises qui les secondaient dans leur pieuse tâche.

— Nous n'oublions pas, madame, répondit la grande artiste, que c'est une religieuse qui a reçu le dernier soupir de Molière.

Soulagement à ceux qui souffrent, respect à qui se dévoue, telle était la devise de ces artistes qui ont pour mission ordinaire la recherche du juste et l'interprétation du beau.

Aussi avec de semblables garde-malades, les blessés ne songeaient que par entre-temps à leurs blessures.

Le chloroforme et autres drogues assoupissantes étaient avantageusement remplacés par les distractions morales.

On avait tant de plaisir à être soigné à l'ambulance du Théâtre-Français, que certains malades abusaient de leur situation pour y prolonger leur séjour en se plaignant de douleurs qui n'existaient pas.

Mais les sœurs, pas plus que les médecins, n'étaient dupes de cette recrudescence de maux invraisemblables.

On fermait les yeux à leur manége, si on prêtait encore volontiers l'oreille à leurs doléances.

Un malade qu'on sauve ou un blessé qu'on guérit, devient un peu votre parent; et on s'attachait à ces grands enfants qui vous montraient tant de reconnaissance et un si grand empressement à utiliser leurs forces renaissantes au profit de leurs bienfaitrices, que celles-ci les gardaient le plus longtemps possible.

— Laissez donc, sœur Édile, nous nous chargerons de cette besogne! disaient-ils en voyant mademoiselle Riquier faire un lit ou traîner un seau à charbon.

— Ne vous inquiétez pas de la cuisine, sœur Madeleine, nous y aurons l'œil! répondait un convalescent qui prétendait que de ses deux yeux l'un avait le privilége de veiller, tandis que l'autre se reposait.

A la fin du siége et parmi les derniers commensaux de l'ambulance, se trouvait un officier de mobiles qui s'était si bien habitué à la maison de Molière, qu'il avait fini par s'imaginer qu'il appartenait à la Comédie-Française et voulait à toute force y débuter.

Une artiste le plaisantait sur cette vocation tardive de jouer la comédie.

— Vous débuterez, lui dit-elle, dans le *Malade imaginaire*, j'imagine?

— A moins que ce ne soit dans l'*Amour médecin*, mademoiselle, lui répondit galamment l'officier.

Forcé de reconnaître qu'il n'avait pas les aptitudes nécessaires à la scène, il ne renonça pas pour cela à l'habitude prise de vivre dans l'atmosphère du théâtre, et chaque jour il vient encore passer ses heures de loisir au café du Théâtre-Français.

Ce jeune homme avait été apporté à l'ambulance après la bataille de Champigny, dans un état désespéré.

Une balle prussienne lui avait traversé la poitrine, et le docteur Nélaton ne savait où s'était logé le corps du délit.

L'ACTRICE

Ambulance établie dans le foyer du Théâtre-Français.

Enfin, à force de soins, le malade revint à la vie ; la balle si soigneusement cachée put être extraite, et fut offerte par le blessé à sa garde-malade, en témoignage de reconnaissance, sur une monture d'or ciselé.

Les sociétaires pourraient vous exhiber ainsi toute une collection de projectiles plus ou moins avariés, que les hôtes soignés à l'ambulance leur avaient laissés en souvenirs.

Il y a dans ce musée des invalides jusqu'à des esquilles d'os tombées de la jambe d'un mobile frappé d'une balle explosible.

— Nous montrerons ces trophées à nos enfants, disent les sociétaires en parlant de ces singuliers bibelots ; et en même temps ils vous font visiter la garde-robe de leurs blessés qui leur ont également fait don des habits troués par les projectiles ennemis.

— C'est le musée des héros ! s'est écrié un écrivain qui a le monopole de la métaphore, en voyant toutes ces glorieuses loques dont mesdames Lafontaine et Dubois prenaient un soin pieux, comme on eût fait des reliques d'un martyr.

En effet, ces vêtements troués par une balle, sont pour quelques-uns les derniers habits qu'ils aient portés.

Sur quatre-vingts malades soignés par l'ambulance du Théâtre-Français, il en mourut un très-petit nombre ; mais, hélas ! parmi ces élus de la mort, se trouva un des meilleurs camarades des artistes, un des plus jeunes et des plus sympathiques pensionnaires du théâtre. Nous voulons parler de Seveste.

Engagé dans le corps des carabiniers parisiens, comme plusieurs de ses amis l'étaient déjà dans la mobile, ce jeune artiste fut frappé au dernier combat sous les murs de Paris, combat inutile et fatal, qui s'appelle la bataille de Montretout ou de Buzenval.

Transporté à l'ambulance du Théâtre-Français, dans cette maison qui avait été témoin de ses ébats spirituels dans l'ancien répertoire et de ses succès dans le nouveau, Seveste, entouré de ses camarades et amis, dut subir l'amputation d'une jambe qui ne le sauva pas d'une mort accompagnée d'horribles souffrances.

Pendant dix jours sa jeunesse, aidée par l'art des médecins et les soins si dévoués des dames infirmières, lutta contre la décomposition finale.

Ce fut dix jours d'agonie.

La veille de la catastrophe tant attendue et si redoutée, le général Schmitz vint attacher aux rideaux de son lit la croix de la Légion d'honneur.

Mais elle ne figura que sur son cercueil. Réparation inutile ! stérile honneur !

Seveste avait vingt-sept ans.

Coquelin, son camarade, qui l'accompagna à sa dernière demeure avec tous les membres de la Comédie-Française, avait été décoré de la médaille militaire.

Le Théâtre-Français n'eut pas le monopole du dévouement ; et si nous l'avons cité le premier, ce n'est qu'une question d'étiquette, car les artistes de l'Odéon montrèrent le même courage devant le danger, la même sollicitude devant la misère, que leurs collègues de la rue Richelieu.

Quêtes, représentations, ambulances, elles mirent en œuvre tout ce que le cœur le plus compatissant pouvait mettre de charité au service des victimes de la guerre.

Dans le foyer du théâtre, où l'on voit le fameux tableau de Lazerges, vingt-deux lits furent installés et ne chômèrent point de malades auxquels les docteurs Duchaussois et Duchesne donnaient leurs soins.

La haute direction de cette ambulance revenait par droit de bienfait, sinon par droit de talent, à mademoiselle Sarah Bernhart, qui, du reste, en fit à elle seule tous les frais, et reçut dernièrement en récompense de sa belle conduite une médaille d'honneur de la *Société d'encouragement au bien.*

Aux côtés de la supérieure, se tenaient les sœurs Marie Colombier, Lemaire, Lambquin et Rey, femme du régisseur de la scène, qui, jusque-là, étaient plus connues des habitués des coulisses que des religieuses et des hospitalières.

Aussi cette vocation improvisée eut-elle bientôt ses renégats, et mademoiselle Colombier (un bien joli nom pour une personne aussi aimable), brouillée avec Sarah Bernhart, délaissa l'ambulance et le tablier d'infirmière pour retourner à son boudoir et aux robes de satin.

Le cilice jure sur de certaines épaules.

On dirait une mascarade impie! Mademoiselle Colombier qui ne pose pas pour la reine de Hongrie et n'a rien de commun avec sainte Élisabeth, revint à ses moutons et elle fit bien.

Les moutons bêlent et se laissent tondre, tandis que les malades crient et ne se laissent pas couper bras et jambes sans crier un peu.

Une femme a les nerfs si délicats et le cœur si tendre!

D'autant plus que de toutes les ambulances, celle de l'Odéon devait être la plus éprouvée par le feu des ennemis.

Les obus que les Prussiens envoyaient du plateau de Châtillon étaient comme un hommage rendu au courage si dévoué des artistes ambulancières.

Les Allemands ont l'urbanité lourde et la plaisanterie sinistre.

Dès les premiers jours du bombardement, c'est-à-dire vers le 6 janvier, les canons Krupp envoyèrent dans tous les quartiers de la rive gauche les cartes du roi Guillaume rivées comme des forçats aux boulets de 36.

L'Odéon, pour sa part, reçut une vingtaine d'obus qui entrèrent par effraction, en brisant plafonds et planchers.

Les habitants voisins du Luxembourg prirent la fuite devant ces gracieusetés germaines; les uns, en se retirant au centre de Paris; les autres, en se réfugiant dans leur cave, au risque d'être écrasés par la chute des murs ou étouffés dans l'incendie des maisons.

Seules, les ambulancières improvisées restèrent à leur poste d'honneur, ne songeant désormais qu'à préserver leurs chers blessés de nouveaux accidents possibles.

Du foyer, l'ambulance fut transportée dans les souterrains du théâtre.

Ces caves sombres, transformées en hôpital, ressemblaient à un sépulcre: l'ombre se faisant complice de la souffrance; les ténèbres hurlant et criant: c'était un rêve du Dante que réalisaient ces vingt blessés formant la clientèle des actrices-sœurs, et parmi lesquels, couchés face à face, se trouvaient un artiste de l'Odéon, Porel, blessé à la jambe, et un prisonnier allemand.

Cependant l'atmosphère de ce trou noir, érigé en ambulance, ou plutôt le manque d'air qui s'y faisait sentir devenait funeste aux malades; leurs plaies s'envenimaient, et l'on dut, à travers les obus, leur chercher un autre local et les déménager incontinent.

Heureusement M. Desmarest, le maire du cinquième arrondissement, proposa un local convenable, situé rue Taitbout, n° 58, où les blessés du second Théâtre-Français furent transportés et installés dans les meilleures conditions.

En dehors de cette ambulance, une actrice de l'Odéon, mademoiselle Agar, avait offert à la Société des secours son appartement [de la rue des Feuillantines pour y recevoir des blessés.

Les douze pauvres soldats, qui lui furent remis, n'oublieront jamais les soins maternels qu'elle leur prodigua en les rehaussant de la bonté qui console et de la gaieté qui réjouit.

Que l'on nous permette ici une courte parenthèse.

Un jeune homme, de nos amis, s'était fait inscrire un des premiers, parmi les membres des ambulances de la Presse.

Et comme on lui demandait les motifs qui le poussaient à cette vocation d'infirmier :

— Moi infirmier, point du tout, répondit-il avec brusquerie, je n'ai d'autre but que de visiter un champ de bataille. Quand on fait des romans, il faut bien savoir comment meurent les gens.

Eh bien, dans cet empressement des acteurs à se faire ambulanciers, au fond, tout à fait au fond, nous le voulons bien, nous constatons le même sentiment.

Les artistes, ennuyés de ces tragédies de conventions, de ces poignards à coulisses, de ces pamoisons factices, voulaient enfin connaître *de visu* et étudier sur nature comment on souffre et aussi comment on meurt.

Ici nous fermons la parenthèse, et nous ne nous étonnons plus de la quantité d'ambulances qu'établirent de tous côtés les théâtres en général et les comédiens en particulier.

Vingt lits furent dressés dans le foyer public des Variétés, et tout le bataillon des opérettes prit le tablier blanc.

— Voilà, disaient les soldats qui passaient par là en allant au feu, voilà une ambulance qui doit être gaie !

En effet, madame Scriwaneck, Berthe Legrand, Carlin, Maillard, Scot et Fleury étaient les sœurs de ce nouvel hôpital.

Elles faisaient de la tisane et de la charpie, comme si toute la vie elles eussent porté la cornette d'hospitalière; pourtant, — un léger reproche, — elles mettaient trop de sucre dans les boissons et pas assez d'orgueil dans la charité.

Dès le 14 septembre, l'ambulance, organisée sous la direction et par les soins du docteur Bonnière, reçut des blessés, et, entre autres, un officier prussien, un vrai Prussien maussade, grognon, insupportable, qui se faisait soigner par ordre et guérir par principe.

Ah ! cela n'était pas chose facile que la garde d'un pareil malade, gros blondin de vingt-sept à vingt-huit ans, écorchant le français avec un aplomb qui n'avait d'égal que le mépris intentionnel qu'il mettait à estropier notre langue, dont il paraissait ne bien connaître que les expressions grossières.

Avec un malade aussi désagréable, tous les interprètes d'Offenbach étaient sur les dents, et les médecins y perdaient leur latin.

Vous concevez le remue-ménage. Mais c'était un ennemi, il fallait bien lui passer quelque chose.

Les autres blessés étaient bien un peu jaloux des égards qu'on témoignait à ce Teuton ennuyeux; mais ils se gardaient bien de l'imiter.

Ils se montraient, au contraire, doux, patients, et quelques-uns même allait jusqu'à la gaieté.

Un jeune mobile avait le privilége de dérider tous les fronts par son entrain, et sa bonne humeur fit plus d'une fois oublier les ennuis que causaient la présence du Prussien et ses incartades éternelles.

Ce mobile était un grand, beau garçon de vingt-quatre ans, bien découplé, assez élégant pour un soldat, pas trop joli pour un homme, et viveur émérite.

Il avait assisté *trente et une fois* aux représentations de la *Grande-Duchesse, dix fois* à celles de *Barbe-Bleue,* et au moins quatre ou cinq fois à toutes les pièces qui se succédèrent, et dont Boulotte-Schneider fit le succès.

Aussi le moblot se trouva-t-il en pays de connaissance quand on l'apporta, presque mourant, au foyer des Variétés. Il crut faire un songe en retrouvant devant lui toutes les actrices du répertoire déguisées en infirmières.

Et il ne se rendit compte de son erreur que lorsque mademoiselle Berthe Legrand lui chantait, pour charmer ses heures d'ennui, un refrain de ses opérettes fameuses :

> Ah ! que j'aime les militaires,
> J'aime les militaires,
> J'aime les militaires.

Puis ce couplet de *Barbe-Bleue.*

> Il faut qu'un courtisan s'incline,
> Qu'il s'incline,
> Qu'il s'incline,
> Et qu'il courbe son échine,
> Son échine,
> Son échine,
> Autant qu'il la peut courber,
> C'est le moyen d'arriver.

Ou bien encore :

> Ah ! madame, madame,
> Plaignez mon tourment ;
> J'ai perdu ma femme
> Bien subitement, etc.

Et alors le mobile convalescent répétait le gai refrain et s'écriait :

— Ah ! comme cela soulage mieux que tous les médicaments de la création !

Le fait est que les jolies ambulancières des Variétés n'engendraient pas la mélancolie, et qu'elles s'efforçaient d'égayer autant que possible les malades, en leur administrant plus de chansons que de remèdes.

Si l'ambulance avait envahi le théâtre, la scène de son côté s'efforçait de combler l'infirmerie.

Le fameux axiome qui se retrouve sur tous les rideaux de théâtre :

> *Castigat ridendo mores,*

était ainsi traduit par une jeune grue :

> *C'est en riant qu'on fouette la mort.*

Et cette traduction libre n'était pas plus bête qu'une autre. Elle avait le mérite de l'à-propos.

Une autre ambulance, installée dans le foyer du théâtre de la Porte-Saint-Martin, dont il ne reste plus de trace depuis le mois de mai 1871, fut également mise à la disposition de la Société des secours.

Dès le 25 septembre, M. Raphaël Félix, le directeur, avait déclaré qu'il offrait vingt-cinq lits complets et tout son personnel pour le service des blessés.

Mais, bien avant que n'apparût le premier malade, les dames pensionnaires du théâtre, mesdames Marie Laurent, Rousseil, Paul Deshayes, Lia Félix, s'occupaient à des travaux d'aiguille, qui devaient contribuer au soulagement des pauvres et des souffrants.

Elles entraient dans la réalité du drame, par la pratique du travail, sous la direction médicale du docteur Fano.

Peu à peu les lits furent occupés, les malades affluèrent, les soins furent de tous les instants, et les infirmières volontaires n'eurent pas d'autres loisirs que ceux qu'elles prenaient sur leur mission de garde-malade, pour organiser des représentations, afin d'acheter quelques canons nouveaux ou de secourir quelque victime de plus.

« Usez et abusez, écrivait madame Marie Laurent, je ne me plaindrai jamais que l'on me mette trop à contribution pour le salut de Paris ou le service des blessés. »

Et les organisateurs de représentations n'essuyèrent jamais un refus de la part de cette femme à l'âme d'artiste, de cette artiste au cœur de femme !

Le samedi 5 novembre, la Société des gens de lettres offrit à la population parisienne, dans la salle de la Porte-Saint-Martin, où M. Pasdeloup avait, pour ce jour-là, transporté son magnifique orchestre, une solennité dramatique où les *Châtiments*, de Victor Hugo, occupaient la place d'honneur du programme.

Mademoiselle Duguerret récita le morceau intitulé : *Ceux qui dorment*.

Mademoiselle Lia Félix : la *Caravane*.

Mademoiselle Favart : *Stella*.

Madame Marie Laurent : *Joyeuse vie*.

Madame Gueymard exhala deux chants : *Patrie* et la *Marseillaise*.

La recette de cette représentation s'éleva au chiffre de sept mille francs.

Le même soir, l'Ambigu donnait la première représentation d'un drame en cinq actes, de M. Frantz Beauvallet : les *Paysans lorrains*, dans lequel mademoiselle Dica Petit remplissait le principal rôle.

Cette pièce fut la seule œuvre inédite jouée pendant le siège, à l'exception pourtant de quelques scènes ou dialogues en vers.

Aussi, à la première représentation, la salle avait un singulier aspect, bien différent des premières d'autrefois.

La rampe, au lieu de gaz, était éclairée, comme au vieux temps du théâtre, par des lampes et les lustres avaient été remplacés par des quinquets fumeux qui laissaient pleuvoir des larmes de pétrole sur la tête des spectateurs, tous soldats ou paraissant l'être, habitués par conséquent au feu.

A l'orchestre, c'était une houle de képis et de vareuses ; aux balcons, aux galeries, partout, une exhibition de galons et d'épaulettes.

Dans les loges, quelques toilettes sombres ne se détachaient guère de la tapisserie.

Entre deux actes, l'action passait du théâtre dans la salle ; on ne causait que politique et stratégie, l'une remorquant l'autre. — Les élections des maires et adjoints avaient eu lieu dans la journée.

Satisfaction donnée à l'émeute !

Le lendemain dimanche, 6 novembre, l'Opéra inaugura une série de soirées musicales hebdomadaires, données par la Société des artistes, soirées qui attirèrent toujours un public plus choisi que nombreux, et où l'on voyait très-assidus le regretté Auber, MM. de Saint-Georges et du Locle ; mesdames Bazocchi, Gueymard, Van-Dick, etc.

Le 28 novembre, la Société des gens de lettres, qui avaient établi ces représentations, en offrit l'entrée gratuite à la population parisienne.

Les billets, distribués la veille dans les mairies par les soins des magistrats municipaux, comme des bons de pain, avaient dispensé le public de cette station fatigante, dont les boulangeries et les boucheries avaient enlevé le monopole aux théâtres. La salle était sombre.

Au programme figuraient les noms de l'infatigable mademoiselle Favart et de la dévouée madame Victoria Lafontaine, auxquelles s'étaient jointes mesdames Ugalde, Périga, Sarah Bernhart, Rousseil, Marie Laurent et Lia Félix, le bataillon sacré du talent et de la charité.

L'orchestre était conduit par son chef ordinaire Georges Hainl, qui avait grand'peine à diriger ses masses symphoniques à travers les ouragans frénétiques de bravos, venant à chaque instant couper un motif pour honorer un trait de génie du musicien, ou donner un témoignage flatteur à un artiste aimé.

Le Théâtre-Français avait, comme nous l'avons dit, suivi cet exemple et entrepris quelques représentations, où l'on jouait sans décor et en toilette de ville, tantôt un acte du répertoire, tantôt une série d'actualités, comme la *Lettre d'un mobile breton*, de François Coppée ; *les Ouvriers*, d'Eugène Manuel ; *les Cuirassiers de Reischoffen*, d'Émile Bergerat, petits actes en prose ou grandes pièces de vers entremêlés d'une conférence de M. Legouvé sur l'*alimentation morale*, ce qu'il appelait un *en-cas* intellectuel.

La salle eût fait l'admiration du caissier du théâtre : pas une place vide ou un coin inoccupé.

Dans la loge qu'on appelait autrefois loge impériale, les actrices, par une attention délicate, avaient placé les blessés convalescents de l'ambulance.

À leur entrée, le public se leva et applaudit.

La souffrance a sa majesté.

Les artistes lyriques ne demeurèrent point en arrière de leurs camarades du drame et de la comédie.

Le 25 novembre, mesdames Julia Hisson et Savary chantèrent au profit des victimes de la guerre.

Le lendemain, dans les salons de l'Étoile, mesdames Cico, Lyonnet et Jane Midon se firent entendre au concert donné par les habitants des Ternes pour l'achat d'un canon.

Le dimanche suivant, à la salle Herz, on entendit dans une matinée musicale, au profit des pauvres du neuvième arrondissement, mesdames de La Grange et mademoiselle Vestris, des Italiens.

Le 29, au Grand-Hôtel, mesdames Gueymard, Marie Roze et Hélène Sanz ; et le même soir, au théâtre de l'Athénée, mesdames Magnier, Massin, Davril, Normann, Desnoyer et Agar concoururent à une œuvre charitable.

Dans cette même soirée, donnée par le 107e bataillon de la garde nationale, les artistes du Gymnase interprétaient *les Souliers de bal* et *le Cachemire X. B. T.*

Cette nomenclature de représentations présente un aspect aride, qui tournerait facilement à l'ennui, mais nous avons tenu à mentionner les états de services que les artistes comédiens ou chanteurs ont rendus aux pays pour répondre victorieusement par des faits à ces accusateurs dédaigneux et venimeux, qui, sous le manteau d'une fausse dévotion, ne tiennent compte que du bien estampillé par la sacristie, et de la vertu qui a l'approbation pastorale.

Les actrices qui s'échappaient d'une ambulance et quittaient à la hâte le tablier de l'infirmière pour paraître un instant sur la scène, sans autre profit que l'appoint apporté dans la caisse des malheureux par leur talent, nous ont assez prouvé qu'en temps de guerre comme en temps de paix le cœur d'artiste est synonyme de générosité.

Il aspire le beau et rend le bien.

De ces éloges, que nous sommes heureux de leur offrir, nous verrons, dans un chapitre prochain, la part qui doit revenir aux artistes étrangers.

LA BOURGEOISE.

V

LA BOURGEOISE

I

Le jour se lève morne sur la ville engourdie.

C'est l'heure trouble où, en temps ordinaire, Paris dort son somme du matin, aux clartés de sa gigantesque veilleuse, faite de cent mille becs de gaz, — l'heure où des bruits de vie commencent à s'éveiller dans la pénombre du crépuscule, où les charrettes roulent sur le chemin de la Halle, où des étoiles ambulantes rasent l'asphalte du trottoir. Lorsque ces étoiles s'arrêtent, on peut ouïr le son sec d'un crochet de chiffonnier qui pique une loque sur le pavé.

Mais les temps ordinaires sont passés...

Le gaz manque...

Les voitures des maraîchers de la banlieue ne se dirigent plus vers la pointe Sainte-Eustache...

Et le bataillon des chiffonniers monte la garde aux remparts, — par là, — du côté de la Bièvre.

Il fait sombre et froid. Des lueurs rares, falotes, jaunâtres et fumeuses, tombent d'un ciel gris et bas qui s'écrase sur les toits auxquels la neige a mis une chemise blanche, ou dont le dégel hérisse les gouttières de longues chandelles de glace, aiguës comme des poignards.

C'est l'hiver, — l'hiver de l'*année terrible*.

Cet hiver-là est contre nous. Il fait cause commune avec les Krupp. M. de Moltke lui a donné sa consigne comme à l'obus : il faut qu'il hâte, lui aussi, le *moment psychologique*.

Au moins, le grand hiver de 1812 ne s'attaquait qu'à des soldats ! C'étaient des escadrons qu'il couchait dans la steppe ! C'était à une armée qu'il faisait un linceul !

Puis on était allé le braver chez lui. Il ripostait. C'était son droit.

Mais l'hiver de 1870-1871 est sinistre, féroce, impitoyable. Il passe sans honte à l'ennemi. Auxiliaire de von Der Thann contre Bourbaki dans le Jura, allié de Frédéric-Charles contre Chanzy sur la Loire, il se glisse dans Paris pour abattre les hommes en assassinant les vieillards, les femmes et les petits enfants !

. . . .

Donc, il pleut ou il vente,—il floconne ou il brouillasse.—Parfois, tous ces frimas sévissent ensemble.

Tout à coup, des lumières fugitives s'allument dans la plupart des maisons, — derrière les volets des magasins, les persiennes de l'entre-sol, les rideaux de tous les étages.

Ces lumières brillent à peine une seconde.

Ensuite, elles ressuscitent pour ne plus mourir : l'allumette a vécu, la bougie brûle.

Quelques instants s'écoulent.

— Le cordon, s'il vous plaît !

Des grognements irrités sortent des loges des concierges ; le pêne joue dans la serrure ; des portes s'entre-bâillent, — et des femmes de tout âge s'embarquent dans la rue...

Dans la rue, c'est l'averse, c'est la bise, c'est la brume, c'est le grésil !...

Les femmes dont je parle vont leur route à travers ces rafales...

Elles ont un panier au bras...

Un panier !... mon Dieu, oui !...

Pourquoi ?

Pour les provisions.

Car elles vont aux provisions...

Hélas ! ces provisions tiendront dans le creux de la main !

Cependant des clairons sonnent ici et ailleurs. C'est le rappel de la garde montante. Des citoyens, encore emplumaillés de l'oreiller, descendent dans la rue obscure sous un harnachement guerrier. On les entend pester avec force jurons contre la brume malsaine et l'ondée meurtrière. Puis ils finissent par se grouper près du comptoir du marchand de vin..

Les femmes qui nous occupent ignorent les bienfaits réconfortants du *dur*...

Elles n'ont pas davantage la ressource de sacrer contre le temps *de chien*...

Qu'importe !

Elles cheminent à miracle.

Les compagnies qu'elles rencontrent et qui se rendent à leur poste, tambours battant, cornets cornant, ont peut-être le pas plus cadencé et plus sonore : elles ne l'ont pas,—certainement, — plus décidé et plus rapide.

Les intempéries de la saison sont moins fortes que leur volonté. Elles ne craignent point d'enfoncer dans la fange ou de glisser sur le verglas. Elles ont le pied parisien qui effleure la pointe des pavés et voltige à une demi-ligne au-dessus de la boue.

Leur allure est le trot, — un trot sautillant et vaillant.

Les hommes ne sont pas organisés ainsi. Les hommes brisent l'obstacle ou l'obstacle les brise. Ce sont les femmes qui usent l'obstacle et résistent héroïquement à la peine.

Or, il y a peine :

Sous la capeline, le froid bleuit les joues de nos voyageuses matinales ; il gerce leur peau délicate, contracte leurs traits, pique leurs yeux et fait saigner leurs lèvres !...

Je dis : *la capeline*...

Il serait imprudent, en effet, de coiffer le chapeau pour aller où elles vont...

Nous sommes en République...

Et d'aucunes *citoyennes* se gênent médiocrement pour invectiver les *bourgeoises !*...

Car nos héroïnes sont des BOURGEOISES.

II

Le ménage vivait à l'aise avant la guerre. Il y régnait un confort relatif. On avait le charbon, le bois et le vin à la cave, le linge en piles dans l'armoire, l'argenterie au panier. Chaque matin, le boulanger envoyait le pain *boulot, jocko* ou *en couronne*; le boucher, l'épicier, fournissaient *au livre* et *au mois;* et, quand madame, suivie de la bonne, allait faire son marché, c'était chargées de savoureuses et d'abondantes victuailles que maîtresse et servante rentraient à la maison.

L'investissement de Paris changea ce bien-être en détresse.

La majeure partie de la population avait été prise en flagrant délit d'insouciance et d'incrédulité. Elle ne croyait point, elle ne pouvait croire qu'il fût si facile aux Allemands de boucler, en si peu de temps, une ceinture de fer autour d'une capitale d'une pareille envergure et pourvue d'une telle cohue de défenseurs !

Partant, absence complète de ces importantes réserves de vivres que les règlements militaires imposent aux habitants d'une place assiégée. Puis, il le faut bien constater : la prévoyance n'est pas la vertu dominante de nos Parisiennes. Ces *chères à l'évent* sont légères et frivoles jusque dans le danger. Lorsqu'aux premiers jours de septembre un avis de l'autorité insinua aux ménagères d'avoir à prendre leurs précautions en vue des éventualités et des longueurs obsidionales, quelques boîtes de salaisons, quelques tablettes de chocolat, quelques pots de confitures furent achetés, — et ce fut tout.

Suivant l'expression populaire, on *s'endormait sur le rôti*.

Le réveil fut prompt et cruel.

En 1835 ou 1836, une caricature parut, représentant trois pauvres diables :

— Si t'étais le gouvernement, demandait le premier au second, qu'est-ce que tu mangerais avec le plus de plaisir ?

— Moi ? de la soupe aux choux avec du petit salé et un cervelas ; et toi ?

— Oh ! moi, une bonne omelette au lard.

— Et toi ? fit-on au troisième, dont la mine était toute déconfite.

— Qu'est-ce que vous voulez que je mange, puisque vous avez pris ce qu'il y a de meilleur ?

Hélas ! dès le commencement d'octobre, il n'y avait plus, — à des prix raisonnables, — pour les Parisiens, ni petit salé pour engraisser leurs choux, ni lard, ni œufs pour faire des omelettes. A ce début, un œuf ne coûtait pas moins de *soixante-quinze centimes*, et, depuis plus d'une quinzaine, on bataillait déjà à la porte des boucheries pour s'arracher un morceau de mouton ou de bœuf... du beau sexe !...

Quinze jours plus tard, — environ, — le *Bulletin de la Municipalité*, que la mairie de Paris faisait afficher chaque semaine pour renseigner la population sur l'état des subsistances, annonçait brusquement que les abattoirs de La Villette, de Grenelle et de Villejuif, — lesquels fournissaient, l'un onze arrondissements, l'autre six et le dernier trois, — n'avaient plus que de quoi pourvoir la ville pendant vingt jours !...

Le rationnement fut le résultat de cet ordre, ou plutôt de ce désordre des choses.

Un recensement minutieux établit de combien d'individus se composait chaque famille.

Dans l'origine, chaque individu eut droit à un chiffre quotidien de *cent grammes* de viande.

Ce chiffre descendit bientôt à CINQUANTE GRAMMES.
Il finit par être abaissé à TRENTE.
TRENTE GRAMMES !!!
Ne vous frottez pas les yeux à tour de bras !...
Ne criez pas à l'invraisemblable, à l'impossible, à l'inouï !...
Vous avez lu sans vous tromper, et j'ai transcrit exactement ce chiffre dérisoire, inhumain et paradoxal !
Deux enfants comptaient pour une personne.
Les distributions avaient lieu tous les trois jours dans les boucheries municipales désignées. Il n'y avait plus que celles-là. Les autres avaient fermé leurs grilles.
Voici le *fac-simile* d'une des *cartes de famille* sans lesquelles un ménage ne pouvait s'approvisionner.

RÉPUBLIQUE FRANÇAISE

CARTE DE FAMILLE

VILLE DE PARIS ... ARRONDISSEMENT.

M. ————————, boucher.

Signature du chef de famille.

Timbre de l'arrondissement.

Nom ————
Profession ————
Domicile ————
Nombre de bouches ————

NOTA. Cette Carte doit être conservée avec le plus grand soin.
Le porteur doit se présenter aux jours et heures indiqués, sous peine de perdre son tour. — Toute déclaration frauduleuse sera punie du retrait de la Carte, sans préjudice des poursuites légales.

DENRÉES.	BOUCHERIE MUNICIPALE	De à		De à		De à		De à	
		Dates	Quantités	Dates	Quantités	Dates	Quantités	Dates	Quantités
		Dimanche 1 janvier.							
		Mercredi 4							
		Dimanche 8							
		Mercredi 11							
		Dimanche 15							

Un timbre apposé en regard de la date par les gardes nationaux de service à la boucherie attestait que le porteur avait reçu sa ration.
Par ration, j'entends sa bribe de viande... de cheval.
On ne débitait, en effet, ni bœuf ni mouton dans les boucheries municipales.
Quant au veau, il n'existait plus qu'à l'état de souvenir... et de regret !...
Parfois cette viande *de selle* ou *d'attelage* était remplacée par des *denrées*...
Et quelles denrées, ô mon Dieu !
Du lard aigri par le malheur, des pois chiches comme Harpagon, des haricots plus secs qu'un coup de trique, quelques cuillerées d'huile rance, un squelette de hareng, de la morue-fantôme, ou bien encore un soupçon de ces salaisons que nous appelons des *conserves* comme les Grecs appelaient les Furies *les Euménides* et la Mer Noire *le Pont-Euxin !*...
Le tour du pain vint ensuite.

Le 11 décembre, le gouvernement interdit la vente de la farine.

Le 14 janvier, il défendit aux boulangers de vendre du pain aux citoyens étrangers à leur quartier.

A la même date, le pain fut rationné.

On en manquait !

Je m'exprime mal : il y avait trois mois que le pain avait commencé à manquer ; mais cet atroce mélange de riz, d'avoine et de paille hachée, — mais ce lourd et noir cataplasme qui formait presque toute notre nourriture ne pouvait plus nous être distribué qu'à raison de *trois cents grammes* par tête !...

Pendant cette fatale journée du 19, tandis que le destin implacable et l'insouciance de nos généraux faisaient tomber à Montretout, à Garches, à Buzenval, des centaines de citoyens, l'incurie du gouvernement civil frappait dans Paris les faibles créatures que nous y avions laissées.

Depuis cinq mois, on criait aux gouvernants :

— Rationnez le pain !

Depuis cinq mois, les ministres répondaient :

— Le pain ?... Nous en avons plus qu'il nous en faut.

Et, pour n'avoir pas voulu rationner le pain en temps utile, on se voyait obligé, — sans transition, — de n'en plus délivrer à chacun qu'une quantité illusoire, — qu'on n'obtenait que sur la présentation de cette carte :

M ——————————— demeurant ————————————
a droit à ——————————————— RATIONS DE PAIN, à prendre chez
M. ———————————, boulanger, rue ———————————

Vu par le Maire
du ᵉ arrondissement.

CARTE DE BOULANGERIE

AVIS IMPORTANT. — Toutes RATIONS non réclamées aux jours indiqués ci-dessous, seront périmées.

Jeudi 16 FÉVRIER.	Mercredi 15 FÉVRIER.	Mardi 14 FÉVRIER.	Lundi 13 FÉVRIER.	Dimanche 12 FÉVRIER.	Samedi 11 FÉVRIER.
Vendredi 10 FÉVRIER.	Jeudi 9 FÉVRIER.	Mercredi 8 FÉVRIER.	Mardi 7 FÉVRIER.	Lundi 6 FÉVRIER.	Dimanche 5 FÉVRIER.
Samedi 4 FÉVRIER.	Vendredi 3 FÉVRIER.	Jeudi 2 FÉVRIER.	Mercredi 1ᵉʳ FÉVRIER.	Mardi 31 JANVIER.	Lundi 30 JANVIER.
Dimanche 29 JANVIER.	Samedi 28 JANVIER.	Vendredi 27 JANVIER.	Jeudi 26 JANVIER.	Mercredi 25 JANVIER.	Mardi 24 JANVIER.
Lundi 23 JANVIER.	Dimanche 22 JANVIER.	Samedi 21 JANVIER.	Vendredi 20 JANVIER.	Jeudi 19 JANVIER.	Mercredi 18 JANVIER.

CARTE RENOUVELABLE.

Le pain blanc ne reparut dans les ménages que vers le milieu de février.

III

La Bourgeoise fut sublime dans cette disette, dans cette famine.

Voyez-vous devant ces boutiques, ces femmes alignées sur deux rangs?

Elles ont les chevilles dans la boue, la tête à l'eau ou sous la neige. Le vent leur souffle des poignées d'aiguilles au visage. Le brouillard les enveloppe et les pénètre jusqu'aux os. Leur immobilité forcée les glace. Elles grelottent. Leurs yeux pleurent; leurs dents claquent; leur sang se fige; leurs genoux fléchissent. Sous les tons violets de leur teint, la fièvre allume leurs pommettes...

Elles ne restent pas moins là, — avec une intrépidité, avec une crânerie impassibles...

Il faut qu'on mange à la maison!....

Et c'est pour faire la queue à la porte du boucher, à la porte du boulanger qu'elles se sont levées dès l'aube.

Avec la journée la queue s'allonge.

Elle durera jusqu'au soir.

Telle ménagère arrivée le matin ne verra pas venir son tour avant midi.

Bienheureuse si quelque mégère ne *lui passe pas sur le ventre* à grand renfort d'injures, de bourrades et de *protection!*...

Bienheureuse si le garde national, en faction à la porte ou près du comptoir, ne se montre pas trop grossier, trop brutal, trop *républicain!*...

On en a vu, de ces soldats-citoyens, croiser la baïonnette contre ces malheureuses!...

Hé! braves et honnêtes créatures, il y a quelque chose de plus redoutable que l'insolente brusquerie de l'homme du peuple qui s'imagine proclamer le dogme de l'égalité avec « les immortels principes », en houspillant les femmes des bourgeois.

Ce sont les familiarités et les plaisanteries du garde civique soi-disant bien élevé qui se soustrait au service de l'avant-poste et du rempart en faisant sentinelle près des miches ou des aloyaux.

. . . .

Le lambeau de cheval emporté, il s'agit de l'accommoder.

Que dis-je! cette portion minuscule sera dévorée en un repas, — et une nouvelle distribution n'aura pas lieu avant le lendemain du surlendemain.

Comment tromper la faim pendant ce laps?

C'est alors que la Bourgeoise devient une femme de génie.

Oui, de génie, je ne m'en dédis pas.

Ses élucubrations culinaires sont à l'axiome connu : *Pour faire une gibelotte, il faut prendre un lapin*, ce que sont l'alchimie à la chimie, et les fourneaux de Nicolas Flamel aux réchauds du baron Brisse. C'est cette madame de la Ressource qui découvre la soupe à l'ail, la soupe au vin, la soupe au café; qui rêve trente-deux manières différentes de faire digérer le riz; qui invente les civets de chevreuil sans chevreuil et la crème au chocolat sans œufs, sans crème, presque sans chocolat! Ce n'est pas seulement la marée qui lui manque; tout lui manque; croyez-vous qu'elle va pour cela se passer sa lardoire au travers du corps? Ah! mais non! elle aura le courage de vivre et de faire vivre les autres! Voilà Vatel distancé!

Dès le mois de novembre on pouvait lire, dans la rue Blanche, à la devanture d'un ancien magasin de curiosités, une pancarte ainsi conçue :

Incessamment
L'ouverture de la boucherie
de
Chiens, Chats et Rats.

Dans le même quartier, — rue de Rome, — on remarquait une autre enseigne dont l'orthographe fantaisiste et ironique aiguisait l'épigramme et tournait le calembour :

Rosse-Beef
et
Rats goût de Mouton.

Un peu plus tard, il y eut, au faubourg Saint-Germain, d'abord, et sur maint autre point de la capitale, ensuite, des établissements spéciaux où l'on débita, — au prix fort, — du chien, des chats et des rats.

Depuis longtemps déjà, l'âne se faisait rare et le mulet était devenu un mythe.

La Bourgeoise n'hésita pas à recourir à ces officines.

Je ne médirai point du rat. Il paraît qu'en 1790, nos pères s'en délectaient volontiers et fredonnaient gaiement en se pourléchant les babines :

De petits rats,
De l'enjouement, de la saillie,
De petits rats
Font tout l'agrément d'un repas.

Mais apercevez-vous d'ici une Parisienne, habituée au substantiel gigot de Présalé ou aux délicatesses de la selle d'agneau, en train de déjeuner d'un cuissot de caniche cuit dans son suif, ou de dîner d'un angora sauce chasseur, — l'angora chéri des enfants, qui, la veille encore, ronronnait sous l'édredon de sa maîtresse ?

Car cela fut ainsi, en vérité.

Quelques jours après l'armistice, je rendais visite à un écrivain célèbre par son affection pour les représentants de la race féline...

— Hé ! demandai-je au baby de la maison, que sont donc devenus les matous de papa ?

— Monsieur, nous les avons mangés.

— Vraiment !... Et quel goût avaient-ils ?

— Monsieur, ils sentaient le lapin.

Notez que je respecte trop l'estomac de mes lecteurs pour leur rappeler la bouillie d'avoine, la *polenta* de maïs, les andouillettes de tripailles et les crêpes d'amidon frites dans l'huile à quinquet !

Eh bien ! en face de tous ces mets insondables et inénarrables, non-seulement la Bourgeoise dompta des répugnances bien naturelles, mais encore elle sut faire taire celles de sa famille et de son mari.

LA BOURGEOISE

Une queue de boucherie pendant le siège de Paris.

Ne souriez pas :

Il y a plus de grandeur qu'on ne pense dans ce sacrifice muet du goût à la nécessité. Tel homme va, sans hésiter, droit aux balles et à la mitraille, qui ne saurait considérer certains brouets sans haut-le-cœur ni pamoison. « J'aimerais mieux attaquer une redoute qu'un plat d'épinards, » disait le maréchal de S... — De son côté, l'un des plus braves officiers de nos bataillons *de marche* m'a raconté ceci :

— Un soir de janvier, comme nous venions de souper, — ma femme, mes enfants et moi, — d'une espèce de ragoût qui défiait l'analyse et bravait l'esprit d'examen, j'en tendis un os à ronger à mon chien, qui, depuis plusieurs jours, n'avait eu quoi que ce fût à se mettre sous la dent. L'animal, affamé, accourut à mon geste. Mais dès qu'il eut flairé le morceau, que je lui présentais, il recula sans y toucher et s'en fut se tapir aussi loin que possible en poussant un hurlement plaintif et prolongé.

J'en fus malade toute la nuit.

Le lendemain, à déjeuner, ma femme s'attabla devant les restes du ragoût.

Elle était fort pâle.

Je remarquai qu'elle tremblait en se servant.

— Comment ! m'écriai-je en trempant mon reste de biscuit dans un verre de vin, comment, tu ne crains pas de repiquer sur ce plat qui a fait fuir jusqu'à Pyrame ?

— Mon ami, me répondit-elle, il n'y a rien d'autre à la maison ; — et qui sait, si le siège dure, ce qu'il nous restera pour nous soutenir plus tard ? Il faut bien que je donne l'exemple à nos enfants.

IV

L'investissement avait frappé de stagnation la plupart des entreprises industrielles et commerciales. Il avait fermé les bureaux d'un grand nombre d'administrations. Il bloquait dans leurs ressources du moment ceux des ménages de Paris qui tiraient leurs revenus de la province. En effet, à la date du 14 septembre, les communications de la capitale avec le reste du pays étaient interrompues absolument, et, pour le Parisien, la France finissait à Nanterre, au Bourget, à Châtillon et à Charenton.

Et le prix des subsistances montait toujours !

Voulez-vous avoir un aperçu du prix des denrées de première nécessité en 1870-1871, comparé à celui des mêmes denrées en l'année précédente ?

Consultez le tableau suivant :

	1869	1870
Pommes de terre (le décalitre).	1 fr. »	20 fr. »
Céleri (un pied).	» 25	1 75
Betterave (le kilog.).	» 20	1 25
Huile d'olive (le kilog.).	4 »	10 »
Lait (le litre).	» 30	2 »
Beurre frais (le kilog.).	6 »	70 »
Œufs frais (la pièce).	» 25	2 »
Graisse de bœuf (le kilog.).	1 30	5 »
Graisse de cheval (le kilog.).	1 »	6 »

	1869		1870	
Tête de bœuf (le kilog.)	»	60	2	50
Lapins	3	»	30	»
Pigeons	1	50	20	»
Poulets	5	»	55	»
Oies	7	»	80	»
Dindons	10	»	90	»
Un oignon	»	1		50
Une carotte	»	2	1	50
Une chicorée	»	15	1	50
Tête d'ail	»	5	»	30
Sucre (le kilog.)	1	30	2	40
Bois (50 kilog.)	25	0	6	»

Jugez si la gêne tarda à se glisser dans les ménages !

Les économies du mari, de la femme, s'en allèrent peu à peu.

Puis on vida la petite bourse, puis on cassa la tirelire des babys.

Puis encore, la bourgeoise fut stoïque : elle engagea ses robes de soie, ses bijoux, son alliance, son châle de noce. Elle se sépara, sans douleur apparente, des mille riens qui lui faisaient son intérieur si cher et si charmant : le coffret où, jeune fille, elle enfermait ses secrets mignons, — le premier cadeau du fiancé, — les présents de l'époux, des grands-parents, des enfants, des amis, — les bibelots de l'étagère dont chacun représentait un anniversaire, une joie, un souvenir ! Hélas ! avec tout cela, le linge et l'argenterie dont elle était si fière, s'enfuirent au Mont-de-Piété ; et, derrière le linge et l'argenterie, les pendules et les matelas !...

La femme du peuple, elle, au moins, avait fait le rude apprentissage de la misère !...

Ajoutez qu'en ces temps de détresse, les classes pauvres avaient le bénéfice des charités organisées par le gouvernement.

Elles recevaient à domicile du pain, du charbon, des légumes.

C'était pour elles que fonctionnaient les cantines municipales et les fourneaux de bienfaisance.

Quant aux familles dites *à leur aise*, elles mouraient de faim devant la table vide de leur salle à manger, et devant l'âtre éteint de la cheminée de marbre de leur salon.

En effet, le bois, lui aussi, faisait défaut.

Chaque famille n'avait plus droit qu'à *vingt-cinq kilos* de chauffage délivrés tous les trois jours sur la présentation de sa carte de boucherie.

Ces vingt-cinq kilos coûtaient *trois francs.*

Il fallait les aller chercher dans des chantiers désignés par l'autorité.

Ces chantiers ouvraient à six heures du matin.

La queue commençait à leur porte, la veille, dès neuf heures du soir.

On ne trouvait plus de commissionnaires.

Quand le bourgeois faisait son devoir à la tranchée, aux avancées, aux murailles, c'était la bourgeoise qui cheminait vers le chantier et qui rapportait la falourde.

Et quelle falourde !

Des branches d'arbre fraîchement abattues, des cotrets humides, des fagots verts, des planches pourries qui se consumaient sans flamme et sans chaleur !

C'était à peine s'il y en avait de quoi faire bouillir la marmite !

Enfin, l'heure sonna, où, le charbon ayant complétement disparu, les blanchisseuses fermèrent boutique.

Plus moyen de laver, d'amidonner, de repasser.

Adieu les cols si frais, les bas si blancs, les jupons si coquets, les manchettes si proprettes !

Ce jour-là, la bourgeoise fut bien près de pleurer.

V

Le bourgeois semble être aujourd'hui le paria de la société, dont il reste, pourtant, l'un des plus solides soutiens et des plus énergiques défenseurs. On le méprise, on le déteste, on le voue à la guillotine : c'est la mode. L'écrivain qui hasarde un mot en sa faveur, risque sa popularité comme s'il caressait un uhlan.

Quant à la bourgeoise, quelle horreur !

Domum mansit, lanam, fecit. La belle affaire, en vérité !

Il est constant que nous, les Français, les spirituels, les galants, les chevaleresques par excellence, nous affichons notre faible pour Clorinde et pour Bradamante, pour Camille Maupin ou pour Diana Vernon.

Mon Dieu, je ne demande pas mieux que de me passionner pour ces créations idéales.

Mais qu'il me soit permis de tirer mon chapeau devant nos *matrones* du siége : je prends le mot dans le sens noble, relevé, *familial*, que lui donnaient les compatriotes, les contemporains de Lucrèce et de Cornélie.

Elles n'ont pas eu, j'en conviens, l'ivresse de la poudre de la cantinière qui déchire la cartouche et fait le coup de fusil, — ni l'enthousiasme impétueux de l'ambulancière qui ramasse les blessés sous le canon, — ni le brio, ni le blason de l'actrice, de la grande dame qui les soignent, — ni la poésie angélique de la religieuse qui prie à leur chevet et qui conquiert le ciel à ceux qui ne peuvent être sauvés...

Non : son champ de bataille est plus restreint ; son rôle est plus modeste...

Mais celui-là ne fut pas sans danger...

Mais celui-ci n'est pas sans honneur.

Pendant la période effroyable que nous venons de traverser, au milieu des privations, des appréhensions de toute espèce, au milieu des faiblesses et des compromissions, quand les uns se désespèrent, quand les autres trahissent, la ménagère parisienne n'a pas un instant de défaillance, pas un mouvement de révolte, pas une plainte, pas un murmure contre l'acharnement de la Fatalité. Elle fait bonne mine au malheur ; elle concentre ses angoisses en elle-même ; elle ne laisse rien transparaître de ses terreurs : il ne faut pas décourager les hommes ! Et c'est la nuit qu'elle pleure silencieusement dans l'alcôve sombre, entre son mari endormi et le berceau de ses enfants, — la nuit que scande au loin le mugissement des Krupp et que troue au-dessus de sa tête le crachement des obus !...

A Paris, aujourd'hui, dans nombre de salons bourgeois, vous remarquez, sous verre, dans un cadre élégant, fixé sur le vélin avec des faveurs roses, un rogaton couleur de lave, — informe, granulé, d'où s'échappent des brins de paille.

Au bas, on lit :

SOUVENIR DU SIÉGE

Ne vous moquez pas de ce souvenir : il n'est ni puéril, ni ridicule.

Cette bribe de pain noir est une sorte de médaille commémorative frappée par l'incurie et l'incapacité de M. Jules Ferry à la louange de la Bourgeoise.

Ce n'est pas la faute de celle-ci si, pour effacer la trace des larmes dont elle l'a mouillé plus d'une fois, nos généraux n'ont pu tartiner dessus un peu de gloire.

VI

L'Étrangère

« La France est le salon de l'Europe, » avait écrit un touriste original, à l'aspect de nos costumes variés et de nos coutumes plus bigarrées encore.

Mais, lorsque ce salon eut été ravagé, que les invités et leurs hôtes en eurent été chassés par ce Tartuffe allemand qui, s'étant assis à notre table, ayant dormi sous notre toit dans un but infâme d'espionnage, se leva tout à coup en s'écriant :

> La maison est à moi, je le ferai connaître ;
> C'est à vous d'en sortir, vous qui parlez en maître.

Hélas ! il nous semblait que cette prétention du Teuton était bouffonne, et que nous pourrions la repousser par le dédain.

On parada en armes sur les bords du Rhin.

Lui, armé jusqu'aux dents, préparé de longue mains aux guets-apens nocturnes, jeta la France sur le carreau d'un bon coup d'escopette, et se mit à la piller... consciencieusement, au nez des peuples interdits de tant d'audace et pétrifiés de couardise.

Heureusement pour la France, là où le pluriel qu'on nomme gouvernement était lâche, l'individualité était courageuse, où la nation était ingrate, les femmes étaient reconnaissantes.

Comme ces intrépides Gauloises, nos aïeules, qui ramenaient au combat leurs maris et leurs fils fugitifs en les souffletant de leur mépris, les femmes à l'étranger, qui se rappelaient tout ce que la France a envoyé aux autres peuples de grandeur, de liberté, de progrès, ne pouvaient comprendre cette morne apathie devant ce monstrueux égorgement de la bienfaitrice.

Le cœur leur bondissait dans la poitrine aux nouvelles, non des triomphes prussiens, mais des désastres de notre pays.

Elles jugeaient avec le sentiment, et la politique leur répondait avec l'égoïsme :

« La raison d'État est comme la mort, elle a des rigueurs à nulle autre pareille. »

Puis les indifférents détournaient les yeux de ce duel sanglant.

— Alors vous ne ferez rien pour la France ?
— Pas plus pour la France que pour l'Allemagne.
— Mais elle agonise...
— C'est impartialité.
— Dites complicité de meurtre. Le sang versé retombera sur votre mémoire. Nous ne voulons point partager votre ingratitude dans le présent et votre ignominie dans l'avenir. Nous sauverons, sinon la France, malgré les canons Krupp, du moins les Français, que vous appeliez vos frères et que vous traitez en Judas.

Et comme elles le disaient, les étrangères sont accourues à notre aide, au secours des blessés et des vaincus.

Bataillon sans armes, elles allaient au-devant de la mitraille, précédées du drapeau sur lequel on lisait le mot : *Charité*. Recueillant les malades, appelant les blessés, semant le bien, supportant le mal, divulguant enfin aux yeux du monde l'héroïsme des vaincus et l'horreur des vainqueurs.

La Prusse a été bourreau comme la France fut martyre.

C'est avec le sang de nos soldats que les femmes étrangères ont gravé dans le livre d'histoire, au-dessous du portrait de l'Allemagne, cette devise qui flamboie à la porte de l'enfer du Dante :

Ici, il n'y a plus d'espérance !...

Au premier bruit de guerre, différentes sociétés s'organisent à l'étranger pour venir en aide aux victimes des batailles, soit pour la concentration de sommes d'argent et d'effets mobiliers, soit par la création d'ambulances.

Dons en argent, dons en nature affluèrent aux sièges de ces sociétés, qui comptaient parmi leurs membres les femmes les plus distinguées de tous les pays.

Protestation de l'âme contre la brutalité des faits !

On s'enrôlait dans une compagnie de secours aux blessés, comme dans une croisade.

Cette ardeur des croisés nous donne l'explication de l'enthousiasme provoqué par les récits des pèlerins venant de Palestine.

Le sentiment religieux, à notre époque, s'est affaibli au profit de l'idée humanitaire, même chez les femmes ; où jadis on voyait Jésus et le Golgotha, aujourd'hui on lit progrès.

La France est une Palestine. On s'y donne rendez-vous de tous les points du monde, pour prodiguer des soins à nos soldats blessés.

Sang de martyrs, sang précieux que se mirent à étancher pieusement les dames étrangères de concert avec nos propres sœurs.

Et pour notre patrie agonisante, sous la botte du Barbare, ce ne fut pas une petite consolation que ces témoignages de sympathie qui lui arrivaient d'Angleterre, de Belgique, de Suisse, d'Irlande, de Hollande, d'Autriche, d'Espagne, même de l'ingrate Italie et de la lointaine Amérique.

Que l'on ne s'étonne plus de voir figurer dans cette œuvre, dédiée aux femmes de France, le nom de *l'étrangère* ; son dévouement à notre pays malheureux lui a créé des titres, et pour ainsi dire des lettres de haute naturalisation !

Elle a rempli son devoir filial vis-à-vis de cette terre généreuse qui a remué les idées comme Dieu remue les étoiles avant de les lancer à travers le monde ; nous accomplissons donc un devoir fraternel, en unissant dans notre reconnaissance le nom de nos sœurs à celui des femmes qui ont revendiqué le droit d'être de notre famille par la pratique de la plus belle vertu féminine :

L'amour et la charité.

Paris délivré, Paris ressuscité, gardera longtemps le souvenir du bien que les étrangères lui ont fait, tandis qu'il était assiégé et presque mort de faim.

Les premiers aliments qu'il ait reçus lui venaient de Londres.

Les Anglaises, d'un cœur si bon, d'une charité si pratique, pensèrent, non sans raison, que ce dont une ville rationnée pendant cinq mois a le plus grand besoin, c'est de la nourriture et non des adresses d'admiration.

Aussi un navire, chargé de nous ravitailler, fut-il lancé aussitôt que les communications furent rétablies.

Pour le Gargantua parisien, les provisions étaient préparées de façon à donner, sinon à tous, du moins, aux plus pauvres, un fortifiant ou un réconfortant.

Qui ne se rappelle ces bureaux du Comité anglais, situés près de la Banque, où depuis une heure du matin s'entassaient les Parisiens affamés pour attendre la distribution des vivres ?

Et comme on était récompensé de cette longue attente par une charge de victuailles, dignes de Pantagruel !

De quel œil d'envie ceux qui n'avaient pas encore trouvé place au guichet voyaient s'éloigner les heureux chargés, qui d'une boîte de sardine conservée, qui d'un pot de Liébig, qui de fromage, qui de jambon et autres confortatifs d'outre-Manche.

Chez le baron de Rothschild, le spectacle était aussi pittoresque. On y distribuait des vêtements.

La foule était là presque entièrement composée de femmes et d'enfants.

La patrie s'était chargée de l'entretien des hommes dont on avait fait des gardes nationaux, grâce à une bande rouge passée sur un pantalon noir, ou à un liséré garance brodé sur une jaquette d'été.

C'était léger et d'un porter incommode, tandis que les vêtements distribués par la maison Rothschild se composaient surtout de bas de laine, de gilets de flanelle et de chauds tricots à l'usage des faibles et des malades.

Le millionnaire se faisait saint Vincent de Paul, et l'aumône sanctifiait la richesse.

Pendant de si longues années, la machine sociale s'était encrassée d'égoïsme, qu'il y avait à craindre une explosion, la catastrophe arriva; l'empire vermoulu se fendit, et, par cette fissure, la charité, immense volcan, fit irruption.

A côté du nom de Rothschild, l'aumônier, il faut placer celui de madame Kern, femme du ministre plénipotentiaire de la Confédération helvétique à Paris, qui a rendu de si grands services à ses compatriotes pendant le siége, et celui de sir Richard Wallace, le philanthrope anglais.

Héritier des millions du marquis d'Herford, ce gentleman protesta noblement de par son argent et par les services personnels contre la politique étroite du Foreign-Office dans le duel prusso-français.

Plus le gouvernement des lords affectait une indifférence hautaine sous le couvert d'une impartialité rigoureuse, plus sir Wallace affectait ses sympathies pour la France.

L'ÉTRANGÈRE

Cet égoïsme de son pays qui, en d'autres temps, s'était battu côte à côte avec le nôtre, frères d'armes sous les murs de Sébastopol, ne pouvait pénétrer son âme généreuse.

Il eût voulu voir les deux nations unies dans les revers comme elles avaient été alliées dans la victoire.

Beaucoup de ses compatriotes pensaient comme lui, et témoignaient de leur affection par des secours non platoniques.

Le Comité britannique disposait d'immenses ressources. Plus de *dix millions de francs* lui permirent de multiplier ses secours et de les porter toujours dans le voisinage immédiat des lieux où la nécessité s'en faisait le plus terriblement sentir.

A l'abondance des dons, les Anglais joignaient l'avantage de la promptitude dans leurs répartitions.

Donner est bien; mais donner à temps et à propos, c'est là le point essentiel de la charité effective.

Il est inutile d'insister sur la supériorité des Anglais dans les œuvres de bienfaisance et les réfugiés français à Londres n'oublieront jamais le nom de madame la marquise de Lothian qui avait pris l'initiative d'un comité pour venir en aide aux familles réfugiées.

Si la mendicité est chez nous un vice de conformation, ils ont élevé l'aumône à la hauteur d'une institution.

Si Paris se souvient avec reconnaissance des libéralités de Richard Wallace, l'armée française se rappelle avec émotion les bontés de lady Pigot.

Dès le début de la guerre, cette dame s'était rendue en Allemagne pour être à proximité des blessés, à qui ses soins pouvaient être utiles.

Plus tard, elle se rend à Metz, alors que cette ville, centre des opérations militaires, était sur le point d'être assiégée par trois hôtes également redoutables :

Les Allemands, la famine et la contagion.

Aucune frayeur dans ce cœur haut placé.

Les Allemands ! elle ne les redoute pas. Elle est Anglaise, son titre la protége.

La famine ! elle est femme, et elle se nourrit de peu.

La contagion ! elle est sœur de charité de par sa volonté, et elle déconcertera la mort même en la bravant.

Installée par le docteur Baudouin, à l'ambulance du *Grenier-au-Blé*, elle y resta jusqu'à la fin de décembre, c'est-à-dire jusqu'au moment où, victime de son devoir, elle dut abandonner son poste sous peine d'y mourir.

Une légère piqûre, qu'elle s'était faite au doigt, s'était envenimée par les pansements dont elle s'acquittait avec la dextérité d'un vieux praticien.

Une piqûre anatomique ! Tout le monde sait ce que ce bobo insignifiant en apparence cache de danger mortel.

Il était à craindre que la blessure de lady Pigot ne revêtît les caractères d'un empoisonnement.

Les chirurgiens lui conseillèrent de quitter Metz le plus promptement possible; car l'air était autant corrompu par l'agglomération des malades, par les miasmes délétères qu'exhalaient les champs des environs convertis en cimetières provisoires, que par la stagnation des eaux ménagères et la malpropreté des Allemands dans l'aménagement de leur cuisine.

Elle quitta donc Metz vers la fin de janvier, mais emportant avec elle, comme le sage, de l'antiquité, tous ses trésors, nous voulons dire son dévouement de flamme, son courage d'acier.

Elle changeait de résidence, mais elle ne changeait pas de sensibilité exquise.

Si elle abandonnait Metz à regret, c'était pour porter ses soins ailleurs et à d'autres souffrances.

A Saint-Quentin, où elle se présenta auprès du Comité anglais, elle obtint difficilement de faire accepter ses services.

Pourquoi ? — La vertu a ses Zoïles et de certaines réputations sont absorbantes.....

L'organisation des ambulances hollandaises se recommande surtout par l'intelligence de son confort et la simplicité de sa pratique.

Dans cet industrieux pays de marchands, rien n'est laissé au hasard de l'improvisation.

Ce n'est pas chez eux qu'est éclos ce substantif qualificatif un *Débrouillard*, qui a fait tant fureur en France, où il a fini par nous faire perdre la tête et cinq milliards, sans compter l'Alsace et la Lorraine.

En Hollande, tout se prépare à l'avance, dans le loisir de la réflexion, avec le temps nécessaire pour les modifications et les améliorations reconnues sages ou indispensables.

A peine M. de Gramont avait-il lâché son malencontreux discours à la Chambre, que le Comité hollandais, ne se pressant point d'une folle vitesse, fit surgir des armoires tout son matériel d'ambulances armé de pied en cap, propre comme un sou neuf, irréprochable dans sa tenue, et auquel le maréchal Le Bœuf eût pu décerner le 1er prix de *boutons de guêtre complets*.

Les directeurs et directrices au courant de toutes les exigences des hôpitaux mobiles, les infirmiers et infirmières au fait de leur métier, le matériel portatif, tentes, literies, objets de pansements, sacs de voyage, médicaments, ustensiles de cuisine, vêtements, provisions de bouche, tout était prêt pour le fonctionnement des ambulances rapide à force de précision, soit en rase campagne, soit sur les places ou terrains vagues dans les villes.

En Suisse, le Comité central secondé par des comités particuliers qui s'étaient formés dans les petites localités, ouvrit des souscriptions en faveur des victimes de la guerre.

Leur sympathie pour la France ne s'en tint pas à des dons d'argent : la Suisse, hospitalière aux malheureux, ouvrit ses frontières à nos pauvres soldats de l'armée de l'Est, vaincus par le froid et la misère plus que par l'ennemi.

Au foyer qui les reçut et les réchauffa, ces héroïques victimes retrouvèrent des compatriotes admis aux bienfaits de l'hospitalité suisse depuis le bombardement sauvage de Strasbourg.

Cernés par les Allemands, les défenseurs de cette ville songent à mettre en sûreté leurs femmes et leurs enfants.

Ce fut à la patrie de Guillaume Tell qu'ils les adressèrent, car ils savaient que là ces êtres si chers, sur une terre de liberté, trouveraient des cœurs pour les aimer, des mains pour les défendre.

Bâle et Genève furent traversés par plus de dix mille blessés, à l'époque qui précéda l'internement des troupes françaises en Suisse.

La plupart de ces blessés, qui n'avaient pu trouver de place dans la grande ambulance de Genève, fondée par madame Schlumberger, furent recueillis par des particuliers, où, grâce à la cordialité de l'accueil, ils se crurent revenus au milieu de leurs compatriotes.

Ce n'était pas tout que de soigner ces pauvres gens, il fallait les bien soigner, les nourrir délicatement, les distraire si cela était possible ; et, pour arriver à ce but, beaucoup d'argent était nécessaire : les Suisses sont pauvres.

On organisa des ventes qui produisirent la somme énorme de quatre-vingt-cinq mille francs. O prodige de l'association ! triomphe de la solidarité !

Renversant les termes de la fable, c'était la souris qui accouchait d'une montagne : l'obole du pauvre se faisait million.

A Bâle, soixante-sept dames réunies en comité se rassemblèrent presque chaque jour, pendant huit mois, dans une salle de travail dont la porte était surmontée de la croix rouge et verte, armes de la Confédération helvétique.

Cet emblème patriotique leur rappelait, avant d'entrer, dans quel but et sous quelle inspiration elles se réunissaient.

Travailler c'est prier.

Aussi le relevé de leurs travaux nous dira quelle fut leur piété vis-à-vis de cette majesté, la Misère.

Elles confectionnèrent : 3,065 ceintures, 896 chemises de flanelle, 331 chemises de coton, 278 jaquettes de flanelle, 22 camisoles, 41 caleçons, 42 mouchoirs de poche.

Parmi les dames qui, ne pouvant venir à l'atelier de travail, se rachetaient par des dons en nature et en argent, nous relevons les noms suivants publiés par le Comité international de Bâle :

Mademoiselle Wurstemberger, mesdames veuve Vinet, à Lauzanne, Vischer-Valentin, J. Vischer ; mademoiselle Ernestine Mouneu ; mesdames His-Vischer, Virginie Malteau, à Annecy ; mademoiselle Labbé.

A côté des dames anglaises, nous aurions dû placer le Comité américain, par droit d'assimilation.

La charité de l'un a une connexité singulière avec celle des autres.

Même cachet d'individualité, même caractère d'utilité pratique.

L'ambulance américaine de l'avenue Uhrich était une des plus riches et des mieux aménagées.

Le confortable y était poussé jusqu'au luxe, et si l'on n'y donnait pas aux malades des fraises à trois francs pièce, on leur servait du beurre, alors même qu'il valait trente-deux francs la livre.

Une vache, grande dépense, et une vache vivante, donnant du lait tous les jours, phénomène rare pendant le siége, était attachée à cette ambulance, dont les infirmières étaient traitées presque aussi bien que les malades.

Pour celles-ci, tous les matins le café au lait, — pure dans la nuit, — le thé et le chocolat, — sans riz !

M. le docteur Ewans, qui avait installé cet hôpital modèle, était secondé dans ses soins aux blessés par les médecins Émile et Williams Brewer.

Pour la première fois, en France, on inaugurait dans le service des ambulances un système connu et apprécié depuis longtemps déjà en Amérique.

Les lits n'étaient point entassés dans des chambres plus ou moins bien chauffées, où les malades agglomérés contractent des affections graves.

C'était le traitement en plein air, sous des tentes entourées de sapins, dont les odeurs résineuses emportaient, en les absorbant, toute émanation putride.

Que de plaies réputées incurables se sont refermées et guéries à ce contact vivifiant de l'air circulant librement.

Que d'épidémies purulentes ont été ainsi évitées par ce système qu'Edmond About appelle des *bains d'air*.

Bains régénérateurs, auxquels plus d'un blessé a dû sa guérison miraculeuse !

Après l'ambulance américaine, la mieux tenue était celle que le docteur Centomani avait installée dans le grand foyer du Théâtre-Italien, et qui comptait une trentaine de lits.

Les dames infirmières étaient la comtesse Visconti ; mesdames de Carvaïa, Consul, Sighicelli, Nogaro, Buonzollazzi, Buquet, Rainal, Ballauri, Brufel, Bernier, Urban, Sanz, de Lagrange, Raoul de Navery et Doria.

Tous ces noms aimés ou célèbres au delà des monts, protestaient au nom de l'Italie contre les accusations d'ingratitude que nos malheurs nous faisaient porter trop légèrement.

Le misérable est défiant, et la France était bien misérable à cette époque.

Ne pas se risquer pour elle lui paraissait un oubli sacrilége.

De la part de l'Italie, c'était presqu'une trahison.

C'est alors que les Italiens, présents à Paris, témoignèrent individuellement de la sympathie pour notre pays, en sollicitant de veiller sur nos blessés.

Plusieurs dames obtinrent de l'autorité, la permission de fonder des ambulances privées dans les maisons.

Salon, boudoir, salle à manger, tout fut transformé en hôpital.

Le linge le plus fin fut réservé aux malades ; les morceaux les plus délicats, les provisions les plus chèrement conquises devinrent la part des souffrants.

A madame Magliano et à ses deux filles revient la meilleure part de nos éloges pour les services rendus à la France dans la personne de nos soldats blessés.

Mais que disons-nous ? Des éloges sont bien inutiles à qui la conscience du devoir suffit.

Nous mettons simplement leurs noms à l'ordre du jour des femmes de France, persuadés que celles-ci seront fières de les avoir pour sœurs dans la gloire, après les avoir eu pour compagnes dans le dévouement.

Les services que nous rendirent les étrangères, ne se bornèrent pas aux soins des ambulances.

Une dame polonaise, madame de L..., qu'il ne nous est pas permis de désigner autrement que par cette initiale, et qui avait déjà fait ses preuves d'intrépidité en 1863, lors de la dernière insurrection de Pologne, se proposa comme courrier pour aller porter de nos nouvelles à la province anxieuse.

On venait d'être bloqué, et Paris tout entier était cerné d'un triple rang de tranchées, de canons et de soldats allemands.

Madame de L... traverse Asnières, dépasse Courbevoie et atteint le pont d'Argenteuil, dont elle veut éviter la sentinelle.

Mais l'ambiguïté de ses démarches, les détours qu'elle est obligée de faire appellent l'attention des soldats prussiens dont elle devient aussitôt le point de mire.

Alors commence une chasse insensée à travers les champs et les vignes ; les Allemands font feu dans la direction qu'elle a prise et courent ensemble pour ramasser leur proie en poussant des hurrahs frénétiques.

Ils l'ont vue tomber.

Celle-ci, frappée d'une balle ennemie au flanc droit, appuie la main sur le trou de sa blessure, d'où le sang s'échappe à flots.

Elle court éperdue à travers champs, traquée comme une bête fauve par les Prussiens acharnés.

Quelques pas la séparent à peine de la meute sanguinaire. Un pli du terrain la dérobe à leurs yeux, et elle y tombe inanimée.

Des mobiles, qui avaient assisté de loin à ce spectacle terrible d'une femme blessée, poursuivie par un gros de Prussiens, se précipitent dans la tranchée où la malheureuse a roulé.

Un brancard est aussitôt improvisé sur lequel nos soldats placent la mourante et la conduisent à l'ambulance d'Asnières, rue Traversière, n° 6, où elle reçoit un premier pansement, après quoi la balle ayant été extraite, le médecin déclare madame de L... hors de danger.

Voilà une balle que madame de L... pourrait faire monter en bijou et porter avec un noble orgueil.

Madame Olivetti, jeune et charmante femme, peintre et médecin de l'Académie de Turin, fit la campagne comme aide-major dans les rangs de notre armée.

Dès le 21 juillet 1870, c'est-à-dire quinze jours avant le commencement des hostilités, alors que la garde impériale quittait à peine ses casernements de Paris, le Comité central de l'Association belge de secours aux blessés, présidé par M. Wischers, décida la création d'un Comité de dames ambulancières, dont la directrice fut madame la baronne de Crombrudgghe, grande dame, qui fit à son nom l'honneur du dévouement le plus libéral.

Parmi les dames, composant ce Comité, dont la reine des Belges avait sollicité le patronage, nous voyons figurer mesdames de Siem, baronne Gœthals, Thiébaut, Mergé, baronne Goffinet, Pouchin, Verspyck, Barbanson, Fabet, Fortamps, Gillet, Jitta, Noël, Marie et Pauline Reitz, Greyson, Van Hasselt, Cattoit, Gérard, Bertrand, Desart, Everaerts, Gillis, Donnet, David, Mockel, Carlier, Berardi, Simon, Scutin, Van Holsbeke, Bousson. Warnots et Van Overbeek.

La souscription ouverte par les soins de ces dames réunit en quelques jours la somme de quarante mille quatre cent soixante-neuf francs, ce qui lui permit de fonctionner dans les premiers jours du mois d'août. Et le 20 du même mois, madame de Crombrudgghe, accompagnée de mesdemoiselles Nyssens, Thys, de Milly, Pluys, Rothermel, Vandyck et Teischmann qui, depuis vingt ans, dirige à Anvers un hôpital fondé par sa famille, se rendait à Sarrebruck, tandis que d'autres dames ambulancières, parmi lesquelles madame Behrends, se rendaient dans les villages où nos premiers blessés réclamaient leurs soins.

Ces pieuses femmes se heurtèrent tout d'abord à la mauvaise volonté des chevaliers de Saint-Jean ou *Johannites* qui, en Allemagne, ont accaparé le monopole des secours aux blessés.

Au delà du Rhin, la charité s'afferme comme autre chose. L'exploitation des malades est d'un bon rapport, puisque les offres des dames bruxelloises furent d'abord repoussées.

Cependant, à force de prières, celles-ci parvinrent à obtenir la direction d'une ambulance installée dans des baraques qui pouvaient contenir environ deux cents lits.

Mais il est bon d'ajouter que ces baraques étaient en construction, et que l'ambulance était en projet alors que les blessés attendaient entassés dans les hôpitaux militaires.

C'est là que les dames ambulancières vinrent visiter et lier connaissance avec les futurs pensionnaires : c'est là qu'au lit des blessés, elles rencontrèrent mademoiselle Clara Heinrichs, une Allemande — (une Allemande, est-il possible?) — qui, lors de la guerre entre la Prusse et l'Autriche, en 1866, n'avait pas craint d'offrir ses services aux adversaires de sa patrie, comme elle prodiguait ses soins à nos pauvres soldats.

— Ils sont, disait-elle, trois fois à plaindre, les malheureux, comme vaincus, prisonniers et blessés.

A Magdebourg, où vingt mille soldats français avaient été jetés dans les fossés de la citadelle comme logement, cette brave fille, qui n'avait d'allemand que le langage, fit sortir de cette gehenne, où les prisonniers, mangés de vermine, se suicidaient pour échapper à toutes les tortures corporelles et morales (plus de deux mille y moururent), cette demoiselle Clara fit sortir, disons-nous, un jeune franc-tireur prisonnier depuis Champigny, qui avait failli être fusillé déjà cinq fois.

L'argent que sa famille lui avait envoyé n'était point arrivé à sa destination, — les hasards de la guerre sont si grands ! — Il manquait des choses les plus nécessaires, et pourtant c'était un garçon d'initiative, un sculpteur de talent.

Mademoiselle Clara l'installa chez de bons bourgeois, lui fit remettre des vêtements, du linge, et enfin obtint pour lui un travail rétribué à raison d'un franc par jour.

Il sculptait le mausolée destiné à la tombe de ses compatriotes morts sur la terre allemande.

Sol maudit !

Les dames belges visitèrent tour à tour les ambulances de Sarrebruck, tenues par des Hollandaises portant la camisole de flanelle rouge inventée par miss Nighlingale, les hôpitaux de Wœrth et de Wissembourg, desservis par les Johannites qui les accusaient, à juste titre, de sympathie pour la France.

Malgré ce mauvais vouloir des chevaliers de Saint-Jean, on tolérait la présence de ces femmes charitables, en vertu de ce principe exposé quelque part par Figaro :

« Peste, comme l'utilité vous rapproche promptement les distances. »

En effet, les Allemands qui ne sont pas plus braves qu'ils ne sont généreux, abandonnaient facilement aux dames belges la surveillance des nombreux malades atteints du choléra, du typhus et de la dyssenterie.

Et puis, tout faibles qu'ils étaient, les blessés ne permettaient pas qu'on molestât les bonnes gardiennes ; ils montraient quelquefois les dents à leurs cerbères allemands quand ceux-ci voulaient les affliger de leur présence.

— Nous ne voulons que nos bonnes dames, disaient-ils, elles remplacent pour nous nos mères et nos sœurs. Nous les aimons et nous voulons qu'on les respecte.

Ces dames, enchaînées par leurs bienfaits mêmes, restèrent à Sarrebruck jusqu'à la fin du mois d'octobre, époque à laquelle elles retournèrent à Bruxelles pour repartir aussitôt du côté de Metz qui, depuis la capitulation, était encombré de blessés.

Le chiffre des décès avait quintuplé.

On leur confia l'ambulance de l'Arsenal, dont les malades, qui ont la reconnaissance de l'estomac, se souviendront longtemps des bonnes sœurs noires.

C'est ainsi qu'ils appelaient ces dames, à cause du costume uniforme qu'elles avaient adopté : fourreau de waterproof, tablier à bavette et capuchon noir.

Quelques soldats au retour de la campagne nous racontaient avec enthousiasme les menus délicats dont les bonnes dames composaient l'ordinaire de leurs pensionnaires exténués. — On se serait cru chez Brébant.

Le médecin en chef leur avait dit : « La plupart de nos malades meurent ici faute d'une nourriture appropriée à leur tempérament affaibli, » et aussitôt elles organisèrent une cuisine spéciale dont mademoiselle Elisa Plays eut la direction, et qu'elle continua avec succès, aidée par deux soldats convalescents.

Il est bon d'ajouter que leur œuvre fut puissamment secondée par le Comité anglais, qui leur envoya de nombreuses provisions de vins fins, de lait, de viandes conservées et de vêtements.

Madame la baronne de Crombrudgghe raconte dans son *Journal d'une infirmière* quelques traits touchants de la reconnaissance que leur témoignèrent les malades soignés à Metz.

« La mort avait fait un vide avant-hier dans ma salle ; le soldat mort a été immédiatement remplacé par un moribond, venu de la caserne de la Chambière. Ce malheureux est l'image vivante d'un martyr. Une horrible blessure lui a brisé la jambe, de graves congélations, survenues pendant qu'il était couché sur le sol de l'Esplanade, ont détaché les chairs d'une partie de son corps, elles tombent en lambeaux; sa figure, sa tête, ses mains n'ont pas été nettoyées depuis deux mois, et son décharnement est tel qu'on lui donnerait cinquante-cinq ans, alors qu'il en compte à peine vingt-cinq. C'est un Breton. Il est de la race des saints. En vérité, la piété et la résignation de ce blessé sont édifiantes. Il souffre d'atroces douleurs, mais avec une sérénité d'âme des plus touchantes. Nous l'appelons *saint Jérôme*, à cause de son extrême maigreur. Parfois la faiblesse provoque chez lui des espèces d'hallucinations qui ont toujours un caractère religieux. Ce soir, il croyait voir s'entr'ouvrir le ciel, et il en faisait des descriptions à sa manière. C'était, disait-il, si beau à voir, si doux à entendre ! Il voyait aussi la Vierge habillée comme avec des nuages blancs ; mais elle pleurait, parce que tant de femmes pleurent en ce moment en France. Ce pauvre enfant m'a priée d'écrire à sa mère qui habite aux environs de Nantes ; il lui donne rendez-vous au paradis. Il voudrait m'y emmener avec lui, dit-il, tant il est reconnaissant des soins qu'il reçoit ici. »

Ces épanchements intimes d'un cœur vivement frappé, n'étaient pas les seuls témoignages d'un pauvre et naïf garçon; tous les pensionnaires des dames belges, quel que fût leur grade, leur ont envoyé des souvenirs de leur gratitude ou leur en ont donné des preuves immédiates.

Aussitôt qu'ils reprenaient des forces nouvelles, les convalescents cherchaient à s'utiliser dans l'ambulance.

Les uns aidaient à la cuisine; les autres épluchaient les légumes, préparaient les médicaments.

Ceux-ci faisaient la lecture à leurs camarades; ceux-là, les plus intelligents, écrivaient des lettres aux familles des malades, lettres que les dames ambulancières se chargeaient de faire passer à Bruxelles, d'où on les expédiait en France.

Aux soins matériels, les dames joignaient surtout les remèdes moraux.

Madame de Crombrudgghe réunissait autour de sa table tous ses chers convalescents, et les tenait sous le charme de ses récits, dont l'*Histoire de France* lui fournissait ordinairement les sujets.

L'ÉTRANGÈRE
La cuisine d'une ambulance

En leur parlant de nos victoires, des pages glorieuses dont nos annales sont pleines, elle faisait tomber dans l'âme du soldat le baume de l'orgueil national.

A ces souvenirs éclatants d'héroïsme, les blessés se consolaient de leurs souffrances, et les convalescents oubliaient leur faiblesse pour courir à de nouveaux dangers.

Malheureusement, eu égard au nombre énorme de blessés qui allait toujours en croissant, ces conférences n'étaient point assez fréquentes.

Et il eût fallu redoubler cette médication morale en présence des maladies graves qui venaient de se déclarer à Metz.

En décembre, un cas de peste noire se manifesta parmi les soldats de Metz. On devait empêcher la contagion de se propager.

Mademoiselle Rosalie Vandyck réclama le périlleux honneur de soigner le pestiféré.

Toutes les observations qui leur furent présentées pour la détourner de sa résolution follement héroïque, furent inutiles.

Au risque de gagner l'effroyable maladie, elle assista le moribond jusqu'au moment suprême où il fut délivré de ses atroces douleurs.

Mais à la suite de toutes ses fatigues, mademoiselle Rosalie Vandyck, épargnée par la peste, fut atteinte de la fièvre typhoïde qui mit ses jours en danger.

C'était tomber noblement après la victoire, car à ce moment les dames de Bruxelles avaient terminé leur tâche de charité dans les hôpitaux de Metz.

D'autres combats prochains allaient supprimer leurs loisirs et les rappeler au chevet des blessés.

Les batailles livrées dans le nord de la France avaient fait de nombreuses victimes; l'armée de Faidherbe marchait vers Paris.

Ce fut sur ses traces qu'accoururent les étrangères pour glaner les sanglants épis d'hommes que le canon avait moissonnés.

Après avoir repassé par Bruxelles, les dames hospitalières se rendirent d'abord à Maubeuge dont elles visitèrent les infirmeries; de là, elles partent pour Cambrai où l'on installe des ambulances, dernier acte ou épilogue du drame de Saint-Quentin, commencé depuis plusieurs jours et dont le prologue était annoncé longtemps à l'avance, comme ces spectacles extraordinaires que l'on affiche à grand orchestre.

Ce fut dans la patrie de Fénelon que les dames belges finirent le but de leur pèlerinage.

Le musée fut par elles transformé en hôpital; dans les bâtiments d'un ancien abbaye, on installa dortoirs, cuisine, pharmacie.

Sous l'impulsion d'une charité énergique tout fut prêt en quelques jours, et les blessés ne tardèrent pas à encombrer les ambulances.

Les premiers qu'elles eurent à panser furent ces pauvres soldats aux pieds meurtris, dont les souliers qu'une coupable industrie avait fabriqués de carton, avaient fondu au milieu de la neige et de la glace.

A demi nus, sanglants, harassés, ils se traînaient jusqu'aux pieds des remparts de la ville où les ambulancières allaient les chercher, enveloppaient leurs blessures de linge imbibé de glycérine et les faisaient transporter dans l'ancienne abbaye où des frictions et des breuvages toniques rappelaient peu à peu les moribonds à la vie.

D'autres étaient rapportés sur des brancards, le crâne fendu d'un coup de sabre ou les membres fracassés par des éclats d'obus.

Les routes étaient pleines de ces cortéges lugubres qui tous venaient déposer leur fardeau à Cambrai, et confier leurs malades aux soins des dames belges.

L'horreur de ce spectacle s'augmenta encore des perspectives d'un siége et d'un bombardement.

Le dimanche 22 octobre, à onze heures du matin, un parlementaire prussien se présenta aux portes de la ville dont il demandait la reddition immédiate.

— Nous ne nous rendrons que lorsque le dernier blessé sera mort, répondit le commandant de place; et la ville en fut quitte pour une bordée de quelques obus.

Ce pseudo-bombardement a lieu d'étonner de la part des Prussiens qui ne brûlaient pas la poudre en vaines démonstrations.

On pourrait croire que cette fantasmagorie militaire leur avait été inspirée par un sentiment d'humanité, mais lorsqu'on a étudié le caractère allemand, on comprend bien vite qu'un motif plus pratique arrêta le tir de leurs canons dirigés sur Cambrai.

Le mot de cette énigme nous est donné par un récit de la baronne de Crombrudgghe qui se trouva mêlée à toute cette histoire :

« Ce matin, écrivait-elle à la date du 23 janvier, un second parlementaire est venu, envoyé cette fois par le prince Albert; il réclamait l'échange d'un prisonnier prussien, blessé et détenu à l'hôpital militaire. Ce prisonnier, fils d'un riche banquier de Berlin, servait parmi les uhlans. Tombé récemment dans un poste français, il fut atteint d'un coup de revolver à la poitrine et transporté à l'hôpital militaire de Cambrai où il reste détenu, malgré les demandes réitérées de son père. Situé à l'extrémité de la ville et presque au sommet de ses remparts, l'hôpital, tout peuplé en ce moment de varioleux et de typhoïdes, se trouve à l'endroit de la ville le plus exposé aux bombes prussiennes. On a répondu au parlementaire que le prisonnier ne serait pas échangé, et qu'en cas de bombardement, il resterait logé à l'étage supérieur de l'hôpital.

« L'intérêt que le prince semble porter au jeune Max Abel paraît aux yeux des Cambroisiens une chose bonne à exploiter au profit de leur propre sécurité. Les uns prétendent que le jeune homme est un fils du roi de Prusse, d'autres que le banquier Abel a prêté des sommes d'argent importantes à des princes allemands belligérants, d'autres encore disent que Max Abel est filleul de la reine Augusta, à la protection de laquelle ses parents ont fait appel; la reine, en bonne marraine, aurait fait réclamer par le prince Albert son téméraire filleul. C'est à cette circonstance qu'on attribue le retard apporté au bombardement. »

Comme on le voit par la lettre que nous venons de citer, les motifs de générosité étaient complétement étrangers à la détermination prise par les Prussiens.

La vie d'un prisonnier, leur compatriote, balançait à leur yeux le salut de toute une ville.

Madame de Crombrudgghe reçut plusieurs lettres du père de ce singulier prisonnier-paratonnerre, qui la priait de réclamer le transfèrement de son fils dans l'ambulance des dames belges.

Elle n'en fit rien, mais elle voulut bien aller visiter le prisonnier.

Quelques jours plus tard, elle recevait de Bruxelles un télégramme ainsi conçu :

« On ira chercher ABEL DEMAIN. »

Le lendemain en effet, un docteur italien attaché aux ambulances de Bruxelles se présenta à l'hôpital militaire et tenta d'amener avec lui le Prussien blessé.

Mais l'insistance qu'il mit dans ses démarches, ayant éveillé les soupçons, l'empêcha de réussir.

Et le fameux Abel Max acheva sa guérison à Cambrai.

Quelques jours après les incidents de cette étrange histoire qui inquiéta les autorités et occupa tous les esprits, madame de Crombrudgghe partait pour Saint-Quentin d'où elle ramena une vingtaine de blessés et de malades qu'elle eut le bonheur de sauver de la captivité en Allemagne.

Parmi ces derniers se trouvait un jeune Provençal qui, avant la guerre, avait été fiancé à une cousine qu'il idolâtrait.

L'appel sous les drapeaux avait interrompu cette idylle, et peut-être la blessure qu'il avait reçue aurait-elle mis un épilogue funèbre à ce roman juvénile, si le blessé n'eût pas rencontré dans son infirmière une personne qui, aux soins de l'hospitalière, joignait les sentiments exquis de la femme aimante sachant endormir la douleur et bercer un cœur affligé.

Parler d'*elle*, c'est ainsi que l'amoureux soldat désignait sa fiancée, était sa seule occupation.

Il n'avait que son portrait devant les yeux et son souvenir dans l'esprit.

Pour le rendre docile aux ordres des médecins, il suffisait d'invoquer le témoignage de cette Laure invisible pour ce Pétrarque qui avait aussi le mot pour rire.

Il avait reçu une blessure à la main et l'on parlait de l'amputer.

— Bah! disait-il, je lui ai donné tout mon cœur, elle me prêtera bien sa main droite!

Sa confiance était noblement placée et eut sa récompense presque immédiate; en effet, il reçut bientôt d'*elle* une lettre en réponse à celle qu'il lui avait fait écrire par l'ambulancière belge.

Transcrire cette épître dans sa touchante simplicité, c'est faire l'éloge de celle qui l'a écrite et de l'heureux choix de celui à qui elle était adressée:

« Nous avons été bien tristes en lisant la lettre de la dame; je voudrais être à sa place pour te soigner; je pense toujours à ta pauvre main et j'en rêve toutes les nuits.

« Quand tu n'auras plus mal, je crois que je serai très-fière d'avoir pour futur mari un homme qui s'est bien battu; on ne pourra pas dire que tu as tourné le dos aux Prussiens.

« Je dis tous les soirs mon chapelet pour que la sainte Vierge te ramène. Dis à la bonne dame qui te soigne d'écrire encore une fois à la maison. Quand le père voit que je pleure, il gronde; mais lui, il a aussi de grosses larmes dans les yeux quand nous parlons de toi. Il y a eu de l'ouvrage pour lui pendant tout l'hiver; il me montrait l'autre jour une de nos poules, c'est la plus belle : « Nous la mangerons, dit-il, le jour que Joseph reviendra. » Mais moi je ne veux pas, je serai trop contente ce jour-là pour faire de la peine à quelqu'un. »

Peindre la joie du blessé, à la réception de cette missive, ne se peut, il y a des tourmentes de bonheur qui bouleversent un cœur sans se répandre au dehors.

Les infirmières seules qui étaient au courant de la passion du mobile pour sa cousine comprirent la violence de son émotion aux larmes que celui-ci versait en leur faisant lire et relire la bienheureuse épître:

— Lisez-moi, leur disait-il, je n'y vois plus clair, et ça fait tant de bien de se savoir aimé!

Parmi les cent cinquante-trois blessés confiés à la garde de mesdames Crombrudgghe, Bosquet et Teschmann, tous ne furent pas des anges de douceur, tant s'en faut.

Vers le 15 février il leur arriva un mobile légèrement blessé à la jambe.

C'était un garçon au langage grossier, aux mœurs plus que rudes; affectant même avec un certain cynisme son horreur pour la politesse et sa haine pour tout ce qui était noble et grand.

— Est-ce vous qu'on appelle madame la baronne? dit-il un jour à madame de Crombrudgghe.

— Oui, mon ami, lui répondit l'ambulancière belge.

— Alors vous êtes noble? j'en suis bien aise. Avant la guerre, j'étais valet de ferme chez un baron; j'ai toujours servi des riches et des nobles, aussi ne serais-je pas fâché d'être à mon tour servi par eux.

— Vous verrez, mon enfant, que lorsqu'ils s'y mettent, ce sont de fameux serviteurs.

— Nous verrons cela. Donnez-moi à boire d'abord, demanda brusquement le moblot.

— Non, pas comme cela, répondit madame de Crombrudgghe, lorsque je parle à mes domestiques je dis toujours : s'il vous plaît.

Et le mobile, interdit de tant de fermeté, dut se plier aux lois de la politesse.

Quelques jours après, sa blessure, extrêmement légère d'ailleurs, lui permettant de se promener, il en profita pour faire un tour dans la ville et ne rentrer que fort tard.

On l'avertit qu'il serait privé de sortie le lendemain.

— Ah! je ne sortirai pas! s'écria-t-il, c'est ce que nous verrons!

Et s'armant d'une canne qu'il saisit sur un lit voisin, il s'élança vers la porte en brandissant son bâton qu'il ne laissa tomber qu'en se trouvant en face d'une dame infirmière.

La douceur avait vaincu la colère et désarmé la haine.

C'est dans cette occupation que se résume tout le devoir de la femme.

Mais en terminant cette partie de notre œuvre consacrée aux étrangères, nous citerons le passage d'une lettre adressée par madame la princesse de Lobannaf, au nom de la société russe en villégiature à Nice, à M. Paul Dalloz, le promoteur de la souscription patriotique des femmes de France :

« Vous avez fait appel aux femmes de France, monsieur, mais il en est qui, bien qu'étrangères, se sont associées de cœur aux souffrances de ce beau pays et aspirent à le voir rendu à lui-même.

« J'ose espérer que tous ceux qui, comme nous, ont trouvé une si noble hospitalité en France, suivront notre exemple et, en acquittant leur dette de reconnaissance, contribueront puissamment au succès de la grande souscription dont vous êtes l'initiateur. »

VII

LA CANTINIÈRE

C'est la mère des conscrits, c'est la sœur des soldats, le plus souvent élevée à l'ombre du drapeau, appartenant à l'armée de génération en génération, elle est l'enfant de la France, — comme l'enfant de troupe, — et, à ce titre, elle le sert avec toute l'affection dévouée d'une fille à laquelle la vie militaire a donné sa rudesse énergique.

Mais sous l'habit galonné de la vivandière, comme sous le costume sévère de la religieuse, le cœur a ses emportements sublimes, et l'âme ses élans féminins, qui les mettent aux prises l'une et l'autre, avec le sacrifice, cette forme divine de l'amour.

L'une croit obéir aux ordres de Dieu, l'autre suit la voix de l'honneur. L'une va à ceux qui souffrent, l'autre à ceux qui combattent.

Ici, on verse la parole qui guérit, et là le breuvage qui réconforte.

Piété chez celle-ci et pitié chez celle-là ; *Dieu* pour symbole et *patrie* pour devise.

Voilà pourquoi nous sommes toujours tentés de nous découvrir devant une cantinière, cette sœur de charité du bataillon, comme on salue un vieux soldat couvert de blessures. — Fidélité au drapeau ! Elle personnifie la femme militante.

> Allez, brigadiers et tambours,
> Troubadours,
> Voici la vivandière,
> Encore un petit verre,
> Pour boire à nos amours.

Du temps où Béranger chantait ainsi la vivandière, son rôle était gai et ses attributions faciles.

Mais en temps de guerre, elle met de côté les petits verres et les couplets galants des sous-officiers pour prendre la trousse de l'ambulancière, et souvent le fusil du soldat.

Elle court de la tranchée à l'hôpital, et de l'infirmerie au champ de bataille.

Entre deux pansements, elle distribue les liqueurs réconfortantes ou elle prépare le repas, sans s'inquiéter des projectiles qui pleuvent autour de ses fourneaux.

Pour un blessé, vite elle a dressé le bouillon ; mais plus vite contre un fuyard, elle lève le manche à balai.

Parfois, un fusil se trouve sous sa main et un ennemi au bout du canon.

Malheur ! si on lui tue un de ses enfants, — comme elle appelle les soldats ;—elle tire juste et bien ; le mort sera vengé promptement.

Parfois aussi, elle se laisse emporter par l'ardeur des combats. La poudre la grise comme un conscrit.

Oubliant sa mission d'infirmière, pour ne penser qu'à son rôle militaire, tantôt entraînée par l'exemple et tantôt le donnant à son tour, elle s'élance au plus épais de la bataille ; elle combat comme un héros, noire de poudre, ivre de colère, et tombe comme une femme, pleurant ses pauvres camarades tués à ses côtés.

Nous allons donc étudier, sous la double face du courage civil et du dévouement féminin, le personnage si français de la vivandière, véritable type national dans lequel revit le souvenir de ces fières Gauloises, nos aïeules, marchant au combat à côté de leurs époux et frères, en même temps qu'il nous rappelle l'influence généreuse et charitable de la femme dans les tournois et les luttes sanglantes du moyen âge.

En dehors des rapprochements historiques, la présence de la cantinière au milieu des soldats peut avoir d'excellents résultats sur le moral de ces hommes, séparés de tout ce qui leur est cher, famille, amis, pays natal, et prêts à mourir loin des caresses maternelles.

A leurs yeux, la cantinière est la sœur qu'ils ont abandonnée, l'amie qui les attend, la mère qui les pleure.

Ils se sentent moins seuls à l'heure du danger, et savent qu'ils peuvent compter sur une affection et un dévouement de femme. Douceur suprême !

Devant les privations, ils n'oseront murmurer, une femme les supporte comme eux. Devant la mort, ils iront... Une femme les voit.

Et ces braves enfants, qui affrontent la mitraille, tremblent devant un regard de femme. Dans tout Français il y a un chevalier.

La plus humble giberne ne contient-elle pas un bâton de maréchal ?

Aussi, comme les cantinières, qui vivent pourtant au milieu d'hommes jeunes, ardents, grossiers parfois, sont respectées de tous ceux qui les approchent !

Ce qu'on honore en elles, c'est le caractère qu'elles représentent, les souvenirs et les affections dont elles sont l'image.

Il est pour les natures les plus sauvages et dans les cœurs les plus dépravés des idoles vénérables, de saines amours.

Mère et sœur, fiancée même, sont de celles-là que le conscrit se plaît à retrouver dans les caresses un peu bourrues et l'amitié grondeuse de la cantinière.

Celle-ci, enfant du peuple, parle d'ailleurs leur langage et sait trouver le chemin de leur cœur.

Pour ne fournir qu'un exemple de cette affection toute maternelle de la vivandière pour ses fils d'adoption, citons la mère Pinguet d'un bataillon de chasseurs à pied, qui tint garnison à Paris de 1868 à 1870 !...

Cette brave femme avait perdu son fils, qui était mort au début de la guerre, alors que le prince impérial ramassait les balles qui venaient de tuer ses soldats.

La mère Pinguet s'imaginait revoir son fils dans tous les conscrits qui arrivaient au corps.

Elle les prenait en affection, les rudoyait et les choyait tour à tour sans que ceux-ci devinassent le sujet de ses lubies maternelles.

Mais, comme au fond, c'était une excellente femme, ils avaient fini par l'appeler la mère Pinguet, et la considéraient un peu comme une vraie mère.

Les plus malins en abusaient pour se faire ouvrir des crédits illimités.

Aux yeux des indifférents, cette grosse personne, au teint de brique, aux formes masculines, à la voix rauque, ressemblait plutôt à un sapeur mal rasé qu'à une femme.

Mais les soldats, qui connaissaient son cœur, ne se laissaient point décourager par cet extérieur grossier.

Tout cet appareil de mastodonte recouvrait une bonté infatigable, une sensibilité excessive.

Pour parler à un conscrit malade, sa voix prenait des inflexions presque mélodieuses, sa figure rébarbative s'adoucissait en s'illuminant de toutes les tendresses de l'inquiétude maternelle.

Un jour elle aperçoit un jeune soldat qui tristement regardait boire et jouer ses camarades sans prendre part à leur jeux.

La mère Pinguet l'interpelle.

— C'est un sournois !

— Un gueux !

— Un fesse-Mathieu ! répondent à l'envi les autres, il fait toujours bande à part.

L'accusé veut se défendre ; les cris redoublent, les interpellations se croisent.

— C'est qu'il n'a pas d'argent !

— Si je n'en ai pas, est-ce ma faute ? reprend l'autre avec un air de reproche tellement navrant que tout le monde s'arrête étonné et presque ému.

Pendant ce temps, la mère Pinguet a accompli son projet ; elle s'est glissée, autant que sa corpulence lui permet de se dissimuler, derrière le soldat, et lui a mis dans sa poche une pièce blanche.

— Invitez-les à trinquer, lui dit-elle tout bas.

— Mais, c'est que...

— Je parie, fit-elle tout haut, que tu n'as pas bien secoué tes poches, mon garçon. Ça m'est arrivé une fois comme ça. Je croyais être à sec, et voilà qu'en retournant ma poche j'y ai découvert.....

—... Le pot aux roses ! s'écria triomphalement le conscrit ébahi à la vue de la monnaie.

— A la santé de la mère Pinguet, tonnèrent aussitôt en chœur tous les soldats, dont la plupart reconnaissaient l'auteur du miracle.

Ce soir-là, on se grisa un peu de vin et de gaieté. La mère Pinguet avait fait une bonne œuvre. Le pauvre garçon qu'elle avait secouru n'avait jamais le sou, parce qu'il envoyait tout à ses petits frères orphelins.

Dans l'armée française, les providences en chapeau ciré de cantinière ne sont point rares.

On se rappelle encore, au 37ᵉ de ligne, une vivandière, madame Bondu, qu'on nommait aussi la *mère*, non qu'elle eût quelque point de ressemblance physique avec la mère Pinguet, car, au contraire, elle était jolie et jeune, mais pour les soldats elles étaient de la même famille par le cœur.

Cette dame Bondu avait suivi les expéditions d'Afrique, et fit toutes les campagnes de 1870 à 1871.

LA CANTINIÈRE.

En 1864, elle faisait partie de l'expédition en Kabylie, suivie de deux ou trois mioches, l'un au biberon et l'autre à la mamelle.

Un de nos confrères a publié des détails assez piquants sur cette cantinière, qui avait épousé le sergent Bondu, maître d'armes au 34° régiment de ligne.

Lorsque la chaleur était excessive, les plus jeunes soldats se lamentaient.

— Madame Bondu, nous n'avons pas à manger, madame Bondu nous avons soif.

— Moi, leur répondait-elle avec indifférence, je donne tous les jours de la viande fraîche à mon chien, et, quand cela me plaît, je bois du champagne.

Puis elle leur faisait honte de ne pas savoir, à leur âge, vivre également en pays ennemi....
C'est ce qui s'appelait une éducation à la zouzou.

On chapardait alors ; et le soir au bivouac les élèves de la mère Bondu vidaient la sacoche, véritable bouteille inépuisable de Robert Houdin, d'où s'échappaient les vins les plus recherchés et les mets les plus invraisemblables.

A l'époque de la guerre de 1870, le 34° de ligne fut envoyé à l'armée du Rhin, et le ménage Bondu suivit le régiment, bien que madame Bondu fût alors dans une position intéressante.

— L'enfant aura le baptême du feu, disait plaisamment la cantinière en courant à travers les balles et la mitraille qui couvraient les environs de Bazeille et de Sedan.

Désarmés avec ceux qui restaient du 34° de ligne, les Bondu furent enfermés à Stenay, d'où le maître d'armes parvint un jour à s'échapper en étourdissant la sentinelle allemande avec son propre fusil.

— La bourgeoise, dit-il en parlant de sa femme, se tirera bien d'affaire ; moi je ne comprends pas l'allemand, je n'aime pas la bière. Filons avant d'être envoyé à Berlin.

Vers la fin de septembre, un train de voyageurs s'arrêtait à Toulouse, si toutefois on peut appeler voyageurs de malheureux soldats exténués la plupart, écloppés, mourants, qui avaient échappé à la prison ou à l'ennemi.

Parmi ces spectres ambulants, vêtus d'un pantalon en loque et d'une chemise en lambeaux, un sergent conservait une moitié de galon à sa manche droite ; la gauche était restée à la bataille.

— Tiens, Bondu ! s'écrie un spectateur au débarcadère du train.

— Bondu, lui ! c'est pas possible, s'écrie en écho une voix de femme, et bientôt la femme elle-même donne tête baissée dans la foule, en se précipitant dans les bras du sergent.

C'était la mère Bondu qui s'était échappée de Stenay après son mari, et qui pourtant l'avait devancé à Bordeaux.

La chronique du ménage Bondu ne s'arrête pas là.

Versés avec les débris du 34° de ligne dans un régiment de la Loire, ils supportèrent le froid des nuits d'hiver et le chaud des batailles de Coulmiers et de Patay.

L'enfant dont madame Bondu était enceinte, vint au monde au milieu de ces événements terribles.

— En voilà un qui aura commencé de bonne heure la carrière de soldat, dit madame Bondu en accouchant.

Malheureusement c'était une fille ; elle succédera au bidon maternel.

Dans cette famille, on est vivandière de mère en fille.

Sacerdoce pour sacerdoce, le dévouement aux autres et à la patrie vaut bien le renoncement au monde et à soi-même, que pratiquent les religieuses au nom de Dieu et en vue du ciel.

Aussi pour les soldats de tous les régiments français, madame Bondu est-elle la reine des vivandières comme la mère La Crimée en est la doyenne.

La mère La Crimée !...

Nous l'avons tous vue pendant le siége de Paris fièrement campée sur la hanche, une balafre au front et un coup de feu à l'épaule étalant sur sa puissante poitrine la médaille militaire et celle de Crimée. Si elle ne porte pas de brisques sur sa manche, c'est qu'elle ne tient pas à dire son âge à tout le monde.

Elle marchait à la tête du 103ᵉ bataillon. Ses états de service dans l'armée étaient assez nombreux pour lui mériter une place parmi les défenseurs de Paris, car, outre la campagne de Crimée, elle a fait celles d'Afrique et d'Italie.

Aussi, lors de la première sortie de son bataillon, trouva-t-elle l'occasion de montrer aux soldats citoyens, encore inexpérimentés, l'exemple du courage.

C'était le mercredi 7 décembre 1870, le 103ᵉ fut envoyé au delà d'Arcueil.

A cent mètres des sentinelles prussiennes, on fit une halte, pendant laquelle la mère La Crimée (inutile de dire que ce nom est un sobriquet, mais qu'elle l'a illustré) la mère La Crimée s'empressa de passer dans les rangs pour y distribuer le cognac régénérateur.

Sur ces entrefaites, la sentinelle allemande, voulant profiter de l'occasion, s'apprête à tirer dans le bataillon des gardes nationaux.

— Attends Bismark ! s'écrie la cantinière qui a vu le mouvement, et, laissant le bidon, elle s'empare du chassepot d'un *de ses fistons*, vise l'ennemi et l'étend par terre.

— Bravo ! la mère, trépignent les gardes nationaux enthousiasmés ; voilà un bel acte de plus à mettre sur vos états de service.

Dans la chronique populaire, il est des héros innommés, dont les actions se soudent les unes aux autres pour former un type unique dans lequel s'incarnent toutes les vertus et toutes les grandeurs.

Alors, saisi d'un respect superstitieux, la foule se prosterne, tandis que les savants rient de sa naïveté.

— Hercule n'a jamais existé, disent-ils, mais le héros grec représente une longue suite d'hommes obscurs qui ont créé le demi-dieu.

Qui sait si dans quelques années on ne mettra pas en doute l'existence de Jeanne d'Arc ? Eh bien ! soit, nions Jeanne d'Arc en elle-même, mais acceptons-la comme le type dans lequel se résume l'âme de nos femmes et se condensent toutes leurs qualités de puissance et de bonté.

Jeanne d'Arc était la cantinière du moyen âge. Elle était brave et elle était dévouée ; elle aimait son pays et elle inspirait confiance aux soldats.

A sa mémoire vénérée, ajoutons le nom des femmes qui ont suivi son exemple et donné un gage de leur patriotisme, cette religion qui menace de sombrer avec nos dernières croyances.

Malgré toutes nos recherches, il nous a été impossible de découvrir le nom de cette cantinière des marins qui fut tuée au Bourget par un Prussien au moment où, saisissant un chassepot, elle défendait pied à pied un étroit passage contre une colonne ennemie.

Nous eussions voulu pouvoir attacher son nom à l'œuvre de gloire élevée à l'héroïsme des femmes françaises. Mais comme le plus humble soldat qui meurt inconnu pour sa patrie en faisant humblement son devoir, la vivandière des marins a été couchée dans la tombe, ajoutant le souvenir d'une mort sublime à la page si bien remplie de l'histoire des femmes de France.

A côté de la cantinière des marins, morte au Bourget, plaçons dans la même fosse la vivandière du 108ᵉ bataillon de la garde nationale qui avait occupé un instant la Gare-aux-Bœufs, sous les ordres du commandant Ibos.

A de certains instants, nous apprend l'histoire, des pythonisses étaient saisies d'une frénésie étrange que l'on attribuait à la présence du Dieu dans les temples desquels ils rendaient les oracles.

Des forêts sombres de Dodone, de la source du fleuve l'Achéron, des grottes de Cumes émergeaient des vapeurs enivrantes qui transformaient en furies les vestales et les prêtresses.

Le champ de bataille a aussi ses ivresses : la fumée de la poudre grise, la vue du sang excite. Les hommes les moins nerveux subissent un entraînement dont ils ne peuvent se rendre compte, ce qu'on traduit par ces mots : *Il a le diable au corps.*

Les femmes éprouvent les mêmes symptômes, avec une intensité plus grande encore.

On raconte que la cantinière, dont nous venons de parler, surexcitée par les péripéties d'une lutte acharnée, se battait comme un lion, les cheveux en désordre, les vêtements en lambeaux, criant et rugissant.

Belle comme une furie, elle allait chargeant les armes et versant à boire, lorsqu'une balle la frappa en pleine poitrine.

Elle tomba en criant : « Vive la France ! »

Sa volonté avait survécu à ses forces ; et comme ces faces de suppliciés qui remuent les yeux alors que la tête est déjà séparée du tronc, la voix de la vivandière exhalait un dernier cri d'amour à la patrie, alors que son cœur avait cessé de battre.

Combien n'en tomba-t-il pas ainsi, de ces courageuses femmes dont la mort ne fit qu'affermir l'énergie de leur sœur en patriotisme.

Lors de l'attaque suprême dirigée contre Montretout le 19 janvier, M. le colonel de Brancion avait déployé plusieurs compagnies en tirailleurs.

Les 72ᵉ et 69ᵉ bataillons de la garde nationale s'avançaient en tête des colonnes d'attaque.

Madame Philippe se trouvait au premier rang, à côté de son beau-père, caporal dans le même bataillon.

Tout à coup elle le voit tomber raide mort ; aussitôt elle s'empare de son fusil et de sa cartouchière, qu'elle épuise plusieurs fois.

Visant vite et juste, elle combat depuis le matin jusqu'à deux heures de l'après-midi.

Entre-temps, elle panse un blessé et retourne au poste qu'elle s'est assigné.

Elle reçoit dans ses bras le commandant Hersant, qui tombe de cheval blessé à la cuisse.

Enfin le soir venu, le régiment rentre à Neuilly, portant ses blessés, cherchant un abri pour la nuit et des provisions.

Tous ceux qui avaient été témoins de la vaillante conduite de madame Philippe sur le champ de bataille, ne la voyant point parmi eux s'inquiétaient de sa disparition et la commentaient d'une sinistre manière, lorsqu'à onze heures du soir, noire de poussière, trempée jusqu'aux os, la noble vivandière fit son apparition dans une voiture d'ambulance.

Après le combat, les pansements. La combattante avait fait place à l'infirmière.

Elle n'avait pas voulu quitter la place avant d'avoir vu relever le dernier blessé, donnant aux morts une dernière pensée et une prière.

Un échappé de Sedan, sous-officier au 31° de ligne, qui sait l'intérêt que nous attachons à découvrir les grandes vertus sous les dehors modestes dont celles-ci s'entourent, nous a signalé la cantinière de son ancien régiment, madame Vermelin, qui, à Sedan, au milieu des feux entrecroisés, descendit intrépidement de sa voiture pour aller, au péril de sa vie, chercher des blessés qui, dans cet affreux désastre, auraient péri faute d'une goutte d'eau ou d'un léger pansement.

Aidée d'un infirmier, la cantinière du 31° transportait les pauvres éclopés dans sa voiture métamorphosée en ambulance, et les sauvait ainsi d'une mort assurée.

Ni la fatigue du transport, ni l'horreur du spectacle d'un champ de bataille, ni les exhalaisons fétides qui empoisonnaient l'air, ne purent rebuter sa charité.

La nuit seule et la capitulation mirent un terme à sa pieuse et rude tâche.

L'intrépidité dont madame Vermelin a fait preuve à Sedan, n'a de comparable que le stoïcisme de madame Massey, cantinière des mobiles normands qui, blessée à la jambe en combattant, n'attendit pas sa guérison pour retourner guerroyer contre les Prussiens.

La conduite de madame Massey demande mieux qu'un simple renseignement, et nous lui consacrerons quelques pages en priant le lecteur de nous suivre à la caserne des Isolés, où nous avons eu l'occasion de la voir.

On appelait pendant le siége dépôt des Isolés, la caserne de la Tour-Maubourg, occupée autrefois par des voltigeurs de la garde, et transformée alors en une sorte d'entrepôt général où se centralisaient tous les débris vaillants de notre malheureuse armée, jusqu'au jour où ils pouvaient rejoindre les régiments qu'ils avaient été obligés d'abandonner pour cause de maladie ou de blessure.

C'était un mélange bizarre de zouaves, de fantassins, de chasseurs, de cuirassiers, de hussards, de guides, de carabiniers, de turcos, d'éclaireurs, etc., formant un effectif de mille à douze cents hommes.

Plusieurs d'entre eux avaient été faits prisonniers et s'étaient échappés des mains de l'ennemi sous divers déguisements qu'ils portaient encore.

Et c'était un bien curieux spectacle, que de voir tous ces courageux éclopés promener leur ennui dans la cour du casernement, d'où la consigne inviolable les empêchait de sortir.

Ici c'était un zouave encyloppé dans un gigantesque manteau de cuirassier ; là, un chasseur fièrement coiffé d'un képi, dont le fond avait été emporté par une balle prussienne.

Plus loin, un grand diable de turco, à la mine farouche, passait doucement deux doigts en dehors du brassard qui soutenait son bras blessé à Sarrebruck, pour rouler une cigarette.—La cigarette est l'ami du turco.

Puis, un vieux chasseur moustachu acontait à un jeune lignard de la dernière levée, comment il avait reçu un éclat d'obus à la jambe gauche, au combat du 30 novembre, lui que les balles avaient épargné pendant les campagnes de Crimée, d'Italie et de la Chine, dont il portait les médailles sur la poitrine, à côté du ruban de la Légion d'honneur.

— Une vieille peau de troupier, disait-il, ne pouvait pas se sécher sans avoir perdu quelques gouttes de son sang ; un soldat qui meurt sans blessure, c'est un curé qui rend son âme à Dieu sans avoir reçu les sacrements de l'Église.

Puis à droite, les mobiles évoluaient autour d'un tas de pain gardé par un fourrier, ou couraient à la distribution du vin en chantant la fanfare militaire :

> Y a la goutte à boire
> Là haut,
> Y a la goutte à boire.

Au milieu d'un groupe de mobiles normands, nous apercevons une femme, grande, mince, dans un uniforme bravement porté : bonnet de police à gland d'or, bottes molles et pantalon bouffant.

Elle boite légèrement en s'appuyant sur le bras d'un moblot qui semble tout fier de ses fonctions de guide.

Tous les soldats se découvrent ou portent la main au képi, en la voyant paraître.

Comme nous nous étonnions de ces honneurs militaires rendus à cette femme :

— C'est madame Aglaé Massey, nous dit-on.

Ce nom était pour nous une révélation.

Nous avions tant entendu parler de la cantinière de la 2ᵉ compagnie du 4ᵉ bataillon des mobiles de la Seine-Inférieure, que nous demandâmes aussitôt à notre cicerone de nous présenter à cette héroïne pour recueillir quelques détails afin de dégager la vérité de la légende qui commençait à dénaturer ses actes les plus simples.

Avec une bonne grâce parfaite, madame Massey nous fit asseoir près d'elle, et frappant sur sa jambe mutilée par un éclat d'obus, elle ajouta avec un sourire à demi voilé :

— De toutes les histoires qui courent sur mon compte, voilà la vérité.

Puis elle nous raconta qu'au début de la guerre, elle et son mari s'étaient engagés dans un bataillon de mobilisés, laissant au pays six petits enfants à la garde de Dieu et aux soins des voisines.

Au moment du départ pour Paris, une dame de Rouen dont le fils faisait partie de la même compagnie que les époux Massey, vint les trouver à la maison.

— Madame Massey, lui dit-elle, vous avez une petite famille que vous ne pouvez exposer aux hasards d'un voyage difficile.

— C'est vrai, madame, mais nous avons une tâche à remplir, et nous espérons que nos pauvres petiots trouveront chez nos voisins aide et assistance.

— Voulez-vous me les confier, j'en aurai bien soin ?

— Vous, madame ! mais vous êtes riche et nous ne sommes que de pauvres gens.

— Précisément, je veillerai sur eux comme une mère. Je suis veuve et n'ai qu'un fils. Il part avec vous. Me voilà veuve et désolée. Vos enfants me rappelleront le mien et m'habitueront à son absence. Voulez-vous, en échange de la tendresse que j'aurai pour vos petits, accorder un peu d'affection à mon fils, l'aimer comme j'aimerai les vôtres, me remplacer à l'heure du danger et au chevet de la souffrance ? Dites, le voulez-vous ?

— Oh ! madame, que vous êtes bonne ! fut tout ce que put dire la pauvre femme suffoquée par les larmes en se précipitant dans les bras que lui ouvrait la veuve.

Et toutes deux confondirent un instant dans le même serment leurs angoisses et leurs sympathies maternelles.

Rassurée sur le compte de ses enfants pendant son absence, madame Massey veilla sur le fils de la veuve comme elle lui avait juré de le faire.

Elle aspirait au moment tant attendu où elle pourrait ramener sain et sauf le jeune mobile dans les bras de sa mère.

Le hasard semblait complice de sa vigilance : dans tous les combats où les mobiles normands avaient été engagés, les balles avaient respecté la vie de celui que la cantinière protégeait avec un soin jaloux.

Ironie cruelle ! Dans une des dernières batailles hors Paris, où furent engagés les mobilisés de la Seine-Inférieure, la première balle lancée par les Prussiens atteignit en pleine poitrine le fils de la veuve, qui tomba pour ne plus se relever.

— A la vue de son sang, dit la dame Massey, que ce souvenir exaspérait, je courus à mon enfant : son cœur ne battait plus, ses membres étaient roides.

Alors lui prenant dans mes mains sa belle tête pâlie, je l'embrassai, comme si un baiser de mère pouvait donner la vie.

— Oh ! tu vas être vengé, dis-je ; et saisissant son fusil et sa cartouchière, je courus à l'ennemi comme une folle.

Je tirais au hasard, en furieuse, partout où j'apercevais un ennemi.

La mitraille nous inondait de ses débris ; les balles sifflaient autour de moi sans m'atteindre. J'allais toujours, avec un grondement sinistre dans les oreilles et un bandeau rouge devant les yeux, jusqu'au moment où je m'affaissai tout à coup dans une tranchée. Je ne m'étais pas aperçue qu'une balle m'avait traversé la jambe, et la perte de mon sang m'avait privée de sentiment.

Quand je revins à moi, j'étais couchée sur un lit d'ambulance. Je cherchais à me souvenir de ce qui s'était passé, mais il y avait un nuage dans mes idées. Je me rappelais bien avoir éprouvé une grande douleur, mais ce n'était pas là qu'était la blessure, ajouta tristement madame Massey en montrant son pied enveloppé ; j'étais frappée au cœur : les Prussiens m'avaient tué mon mobile.

Et nous vîmes une larme glisser sur la joue de cette femme énergique, tandis que ses doigts se crispaient convulsivement sur sa poitrine.

On comprenait, aux accents muets de cette douleur, qu'il fallait du sang pour satisfaire sa vengeance.

Aussi madame Massey n'attendit-elle pas sa guérison complète pour retourner à la chasse aux Prussiens.

Malheureusement, l'armistice vint mettre un terme à ses exploits.

Elle se réserve pour le jour de la revanche.

Nous ne pouvons terminer ce chapitre sans citer les cantinières volontaires, dont madame Louise de Beaulieu personnifia le type.

Madame L. de Beaulieu, avec un dévouement digne d'un meilleur sort, ainsi que nous allons le voir, s'était engagée comme vivandière dans le 13ᵉ régiment de mobiles mâconnais, moins pour verser la goutte aux soldats que pour leur porter secours sur le champ de bataille.

A côté de son baril coquet, elle avait suspendu une trousse de chirurgie.

Malheureusement ses débuts dans la carrière militaire furent entravés par cette manie de voir des espions partout, qui obsédait les Parisiens au commencement du siége.

Un jour, en allant rejoindre son bataillon, madame de Beaulieu fut brusquement accostée par un caporal qui avait remarqué la blancheur des mains de l'élégante cantinière, et qui, sans autre indice accusateur, s'écrie :

— Vous êtes une espionne prussienne!

Contre cette imputation, il était inutile de se défendre ; il fallait d'abord comparaître devant un commissaire de police.

Le martyre commença alors.

De soldats en gendarmes, madame de Beaulieu fut conduite dans la prison de Saint-Denis, où elle resta deux jours enfermée.

Puis, menée à la préfecture de police, où elle fut réclamée par son chef de corps, elle fut relâchée après quatre jours de détention.

Pour s'excuser de cette méprise, le commissaire, chargé de la mettre en liberté, lui dit : « Qu'on l'avait arrêtée parce que son cocher regardait du côté où tonnait le canon, et parce qu'elle avait quitté sa voiture un quart d'heure pour *aller on ne sait où...* » (Historique.)

L'état de siége excuse tout, même la naïveté des fonctionnaires.

Nous n'avons pas la prétention de citer les actes héroïques de toutes les femmes pendant cette horrible guerre de l'invasion. Nous nous contentons de signaler à l'admiration publique celles qui se sont le plus particulièrement distinguées, imitant en cela l'exemple du gouvernement qui, ne pouvant décorer tout le monde, ne décerne qu'à un petit nombre d'élus un honneur que tant d'autres ont également mérité.

C'est ainsi que nous voyons la médaille militaire conférée à madame Petit-Jean, cantinière au 9° régiment de la garde nationale mobilisée, 127° bataillon (décret du 29 janvier 1871).

Madame Philippe, déjà nommée, cantinière au 16° régiment (72° bataillon, même décret) ;

Madame Renom, cantinière au 216° bataillon de la garde nationale (décret du 12 février 1871), furent honorées de la même distinction.

Quant à madame de Beaulieu, dont nous avons parlé plus haut, le gouvernement lui décerna une médaille d'argent de 1re classe.

Si jamais l'Allemand pillard revenait dévaster et rançonner notre pays, ces nobles femmes pourraient, comme la mère des Gracques, lui répondre, en montrant sa médaille d'honneur :

« Voilà nos bijoux! osez les prendre! »

LA CANTINIÈRE
Le coup de feu.

VIII

LA GRANDE DAME

On n'allait plus au Bois. Les lauriers étaient coupés. Et, —avec les lauriers, — les arbres, les taillis qui ombrageaient, qui encadraient le luxe, la richesse, l'élégance et la beauté promenant leur tapage dans des carrosses armoriés. Le tour du Lac était rasé comme un ponton. Le sable doré des allées, le velours émeraude des gazons, si doux aux talons de cuivre des bottines de Cendrillon et aux traînes de moire des robes ouvragées par Worth; les charmilles qui prêtaient un fond si complaisant aux entrevues galantes et aux cavalcades amoureuses ; tout ce microcosme arrangé par M. Alphand, — d'après Watteau, — pour les distractions mondaines et les passe-temps de la haute vie, avait disparu brusquement. Une bastille, avec fossés, courtines, contrescarpe et pont-levis, hérissait les abords de l'avenue de l'Impératrice ; le général Ducrot avait établi ses quartiers dans les salons de Gillet ; les cabinets de Madrid servaient de corps de garde; Bagatelle formait avant-poste; les fourneaux du pavillon d'Armenonville ne cuisinaient plus guère que la *popote* des mobiles et des *lignards*, — et, parfois, une balle perdue venait, — des embuscades de Boulogne ou de Saint-Cloud, — écorner les rochers artificiels de la cascade, en attendant que les obus de la Commune et de Versailles s'entre-croisassent au-dessus!

Paris avait cessé d'être « ce cabaret du monde entier, » dans lequel les grandes dames du corps diplomatique s'attablaient si volontiers pour grignoter le fruit défendu.

Paris était devenu la place d'armes de la France !

E finita la musica... de l'Opéra et des Italiens!

Plus de loges faisant écrin au double éclat des diamants et des épaules!

Plus de fêtes où, sous les bougies, touffes de pierreries et touffes de femmes se mêlaient dans un tel tourbillon que le regard ébloui pouvait à peine distinguer qui flamboyait davantage des pierreries ou des femmes!

Adieu le cotillon, triomphe du petit vicomte! Adieu la comédie *de société*, où madame filait l'intrigue si lestement, à la barbe de son mari, avec les plus jolis attachés d'ambassades ou *d'embrassades*, comme vous voudrez! Adieu la chasse dans les grands bois, les courses, les bains de mer, la villégiature! Il y avait des Prussiens à Dieppe ; il y en avait dans nos châteaux, il y en avait dans nos villas, qui mangeaient le gibier de nos forêts et buvaient le vin de nos caves en faisant l'œil à nos pendules ; leurs réserves s'étaient installées sur la piste de Porchefontaine ; leurs batteries menaçaient Longchamps ; leur cavalerie escadronnait dans l'hippodrome de Chantilly. Pour ne plus trouver d'Allemands, il eût, — Dieu me pardonne, — fallu aller en Allemagne !

. . . .

Les premiers coups de canon tirés par l'ennemi, — à Wissembourg, à Reischoffen, à Frœschwiller, — avaient fait s'envoler « l'essaim des Jeux et des Ris » en même temps qu'ils brisaient le cœur des vrais patriotes.

A cette nouvelle de nos désastres, les grandes dames de France dépouillèrent leurs *habits roses* et leurs *satins brochés*...

Une patricienne de Rome disait, en montrant ses enfants :

— Voilà mes bijoux !

Les bijoux de nos patriciennes furent un dévouement et une abnégation que les événements politiques n'entamèrent ni n'amoindrirent.

Elles oublièrent, — spontanément et instantanément, — qu'un ordre de choses s'était improvisé, au 4 septembre, qui ne répondait pas précisément peut-être à leurs aspirations, à leurs goûts, à leurs sympathies, à leurs habitudes.

Celles-ci oublièrent que le gouvernement déchu les avait, vingt années durant, ralliées autour de ses illusions et de son prestige, et qu'elles avaient été le charme, la joie, l'esprit et le rayon de la cour des Tuileries...

Celles-là oublièrent que leurs aïeux avaient, pendant des siècles, aidé la monarchie dans ses conseils et au combat, — depuis Tolbiac, Crécy, Poitiers et Azincourt, depuis Jérusalem et Damiette, depuis Marignan, Arques et Ivry, jusqu'à Lens, jusqu'à Rocroy, jusqu'à Denain, jusqu'à Fontenoy, jusqu'aux *cinq et six octobre,* jusqu'au *dix août*...

Il y en eut qui oublièrent que l'Empire avait fait leurs grands-pères maréchaux, ducs, princes, rois, dans les plaines glorieuses de Rivoli, d'Eckmühl, d'Essling, de Wagram, d'Auerstædt et de Montebello...

Il y en eut qui oublièrent que la Révolution avait fait leurs grand'mères veuves, orphelines, saintes et martyres sous le couperet de Sanson !...

Toutes ne se souvinrent que de ceci :

NOBLESSE OBLIGE

Et, par *noblesse*, je n'entends pas seulement celle qui remonte aux Croisades, mais encore celle qui date d'hier, d'un service rendu à l'industrie, au commerce, à la science, au progrès. Je n'entends pas seulement celle du nom et des armes, mais encore celle de la fortune employée avec intelligence, mais encore celle de l'art exercé avec dignité. Pour moi, les grandes dames dont il s'agit ici ont toutes le même blason et la même devise...

Le blason porte *d'or à la croix de sable, chargée en cœur d'une fleur de Charité au pied nourri de Sacrifice et d'Enthousiasme*...

La devise dit :

DIEU SAUVE LA FRANCE !

J'ai parlé de charité...

Chez toutes les femmes, — à cette époque, — elle fut inépuisable et sans bornes.

Chez la grande dame, elle revêtit un caractère de délicatesse infinie et d'ingéniosité exquise.

La grande dame ne se contenta pas de faire le bien : elle le fit en voilant les tristesses de la situation sous des grâces souveraines et des sourires irrésistibles.

Il fallait de l'argent, — beaucoup d'argent !

Nos soldats étaient dépourvus de l'équipement nécessaire. Comme leurs aînés des armées d'Italie, du Rhin et de Sambre-et-Meuse, ils manquaient de souliers, de linge, d'habits, de vivres, de matériel d'ambulance, de transport et de campement. Les immortels sabots du bataillon de la Moselle eux-mêmes leur faisaient défaut !

Ce n'était plus le cas de répéter avec le grenadier de Raffet :

— Le représentant a dit qu'avec du fer et du pain on peut aller en Chine. Il n'a pas parlé de souliers.

Hélas ! il n'y avait pas plus de fer et de pain que de chaussures !

Demandez plutôt à M. d'Audiffret-Pasquier !

Dès le début de l'invasion, — en octobre, — mesdames Thiers, Fourrichon et Crémieux adressaient, dans le *Moniteur de Tours*, cet appel chaleureux à leurs compatriotes :

« Venez en aide à la patrie !

« Que toutes les Françaises s'unissent en un sentiment de pieuse et patriotique charité !

« Nos jeunes mobiles, nos francs-tireurs, effroi de l'ennemi, manquent dans cette saison déjà rigoureuse, de vêtements qui les mettent à l'abri.

« Nous nous adressons à toutes les femmes : — A vous d'abord, femmes des préfets, des maires, de tous les fonctionnaires de la République !

« Organisez des comités dans chaque département, dans chaque arrondissement, dans chaque commune !

« L'obole de la plus pauvre viendra concourir à la bonne œuvre !

« Oui ! chaque femme apportera son offrande et son activité : des couvertures de laine, des bas, des chemises de flanelle ; tout ce qui peut garantir nos soldats sera remis par les soins de ces comités.

« Que nos Françaises organisent des ateliers : une bonne chaussure est indispensable ; nous savons bien que nos cordonniers ne demanderont que le prix de revient ; tous nos ouvriers, toutes nos ouvrières, se feront un devoir d'apporter leur concours désintéressé au travail patriotique.

« Nos Françaises prouveront que leur dévouement à notre chère patrie égale le courage de ses vaillants défenseurs. »

L'appel fut entendu.

Les châtelaines de la province ouvrirent leur bourse à l'envi et la vidèrent sans hésiter sur l'autel des dons volontaires.

Une noble bretonne, la marquise de K..., vendit à la criée son argenterie de famille pour envoyer des peaux de bique et des bas de laine aux mobilisés de son département.

Une autre, madame de F..., racheta de ses deniers les chevaux de labour de ses fermiers tenanciers, et en fit don au général B... pour servir au transport de son artillerie.

Une troisième, la baronne de T..., équipa à ses frais une compagnie de francs-tireurs.

Mais ce n'était pas tout que de venir en aide aux vivants...

Il devenait non moins urgent de soigner les blessés et de les arracher à la mort...

Eh bien, en quelques jours, plusieurs centaines de lits furent offerts à la *Sociétés de Secours* par les plus illustres familles de France :

Madame la comtesse de Marime, au château de Vinseux, par Chambly, près Beaumont-sur-Ain, fournit une ambulance de	7	lits.
— la baronne Tavernot, à Tavernot, par Montmerle, une *idem* de	6	»
— la vicomtesse de Courval, à Pinon, canton d'Anizy, une de	10	»
— la comtesse de Villermont, au château de Cherry, par Château-Thierry, une de	6	»
— la comtesse d'Imécourt, à Roucy, station de Fismes, une de	10	»
— la comtesse Ordener, à Quincy, par Vailly, une de	4	»
— la comtesse Landal, à Villerville, près Trouville, une de	5	»
— la comtesse Lehon, au château de Condé, une de	10	»
— la marquise de Gouvion-Saint-Cyr, au château de Reverseau, une de	10	»
— la comtesse de Castillon, au château de la Grève, par Authon-du-Perche, une de	2	»
— la comtesse de la Faire, au château de Villeneuve, près Saint-Gautier, une de	4	»
— la marquise de Castellane, à Saint-Patrice, par Langeais, une de	10	»
— la baronne Durrieu, à Saint-Sever-sur-Adour, une de	6	»
— la comtesse de Chasseval, à Bussière, par Briare, une de	8	»
— la comtesse de Castries, à Montesresson, près Montargis, une de	20	»
— la comtesse Dandeleau, au château de Verdevonne, près Liancourt, une de	6	»
— la comtesse de Laigle, à Tracy-le-Val, une de	6	»
— la comtesse Longpères-Grimard, à Lagny-le-Sec, une de	5	»
— la duchesse de Berghes, à Rames, par Écouché, une de	1	»
— de Hanoury d'Ectot, à Aubry-en-Exmes, une de	1	»
— la comtesse de Lastic, à Parentignat, près Issoire, une de	18	»
— la comtesse de Dreux-Brézé, à Lucuzière, près Sillée, une de	8	»
— de Costa, à Chambéry, une de	25	»
— la baronne Marioni, à Boulogne-sur-Seine, une de	12	»
— la vicomtesse de Bully, à Cœuilly, près de Champigny-sur-Marne, une de	6	»
— la marquise de Biron, à Fontenay-Tressigny, une de	15	»
— la baronne de Ladoucette, au château de Drancy, une de	40	»
— Roger de Montigny, à Montigny-lès-Corneilles, une de	6	»
— la comtesse de Berthemy, à Mony, canton de Bray, une de	6	»
— la comtesse de Choiseul, à Baillet, canton d'Écouen, une de	8	»
— la duchesse de Beaufremont, à Beauregard, une de	18	»
— la comtesse de Rulant, au château de Chars, une de	5	»
— la baronne Mallet, à Jony-en-Josas, une de	20	»
— la comtesse de Castries, à La Morville, près Arpajon, une de	12	»
— de la Perrières, à Lantenay, une de	51	»
— la baronne Davillers, à Morinvillers, une de	4	»
— la vicomtesse Cornudet, à Neuville, par Conflans, une de	10	»

Madame la baronne Hottinguer, à Piple, une de.	40 lits.
— la vicomtesse de Bylangh, à Saint-Germain-en-Laye, une de. . . .	6 »
— Bournet de Verron, à Ville-d'Avray, une de.	6 »
— la comtesse de Vaucouleurs, au château de Vuillefroy, près Corbeil, une de.	6 »
— la comtesse de Beauregard, à Hyères, une de.	8 »
— la vicomtesse de la Montagne, à Longjumeau, une de.	8 »

Madame la marquise de Vogué enfin n'organisa, pour sa part, pas moins de trois ambulances comprenant un total de CENT VINGT lits!

* *

A Paris, le zèle était tout aussi ardent, aussi désintéressé et plus inventif.

Pour subvenir aux besoins de nos soldats, de nos blessés et des malheureux de toutes espèces qui remplissaient la ville assiégée, indépendamment de leurs dons quotidiens d'argent, de leurs offrandes en nature, de leurs distributions d'aliments et de vêtements aux nécessiteux, et du sacrifice de leurs chevaux et de leurs équipages, nos grandes dames imaginèrent des tombolas, des ventes de bienfaisance, des souscriptions, des quêtes à domicile.

Ces dernières amenaient parfois des résultats assez piquants.

C'est ainsi que je ne saurais résister à la fantaisie d'égayer par un *racontar*, non moins léger qu'authentique, le récit de la triste période que je suis en train de rappeler.

Or, en ce temps-là, madame de X..., une des plus charmantes femmes du quartier des Champs-Élysées, avait quêté toute la journée pour les victimes de nos misères.

Le soir, dans l'un des rares salons où l'on se réunissait encore autour d'une lampe à pétrole, elle narrait ses courses, ses démarches, ses fatigues.

On l'écoutait avec intérêt, — son mari, surtout, — ancien fonctionnaire de l'Empire, très-empressé auprès de sa légitime épouse, et cité dans le monde pour un conjoint modèle.

On louait le courage de la belle quêteuse; on exaltait sa charité chrétienne; on allait la canoniser.

— Et ce n'est pas tout! fit-elle avec un gros soupir.

— Ah! mon Dieu! qu'est-ce encore? gémit le chœur à l'instar de ceux d'Euripide.

— On est exposé à de cruelles mésaventures pour une femme honnête, allez! — Figurez-vous que, dans une de mes visites, je me trompe d'étage et j'entre... Non, vous ne devineriez jamais où!... J'entre chez une actrice!

— Oh! fi! l'horreur! exclama l'entourage féminin.

Madame de X... continua :

— On n'a pas idée du luxe, des débordements et des gaspillages insensés de ces créatures. Je fus introduite dans un boudoir jaune, — oui, mes très-chères, — jaune en damas de soie épais comme deux doigts et broché d'or. La donzelle était brune, vous devinez bien. Au surplus, il n'y a pas d'inconvénient à vous dire son nom...

— Pas de personnalités, objecta le mari à cheval sur les convenances.

— Voilà bien des précautions ! enfin! passons. — Et les tableaux! Héro et Léandre! Jupiter et Danaé! que sais-je? Puis des statuettes de Pradier ravissantes, mais d'un déshabillé!... La chambre à coucher était plus éhontée encore...

— Oh! par exemple, c'est trop fort! s'écria le mari en se levant, si l'on peut dire! Dans la chambre à coucher, il n'y a que le buste de Louis-Philippe.

Dans les salles de départ du chemin de fer du Nord, — devenues inutiles, hélas ! — mesdames Duchâtel, Laidières, de Galiffet, etc., etc., s'étaient installées derrière des comptoirs sur lesquels elles débitaient, aux gens qui avaient le moyen d'en faire l'acquisition, toute sorte de choses rares dans des prix d'une douceur assez peu angélique :

La tranche de gruyère y était cotée *quarante-huit francs.*

Celle de fromage de Hollande, *soixante francs.*

Les pâtés variaient de *quatre-vingts à cent cinquante francs.*

Un poulet coûtait *cinq louis.*

Un œuf valait *cent sous.*

Tout cela au profit de nos ambulances.

Une autre vente de bienfaisance avait été pareillement organisée au ministère de l'instruction publique.

Les comptoirs y étaient tenus par mesdames Jules Simon, Dorian, Magnin, Charles Hugo, Paul Meurice, Floquet, Clamageran, Ulbach, etc., etc.

Une caisse de cigares y fut vendue MILLE FRANCS.

Une boîte de lentilles, — avec l'étiquette de Boissier, — *vingt-cinq francs.*

Une botte de radis, *dix francs.*

Deux pieds de céleri, *vingt francs.*

Un dindon, *deux cents francs.*

Un verre de champagne, exhumé des caves des Tuileries, *cinq francs.*

On y trouvait aussi des tableaux, des gravures, des statuettes, des livres, des albums, des boîtes de bœuf en daube, des sacs d'oignons, des pommes de terre, de la bougie et des harengs !

Le premier jour, la vente produisit DIX-HUIT MILLE FRANCS !

LA JOURNÉE D'UNE FEMME DU MONDE PENDANT LE SIÈGE.

1er décembre.

« ... Je me suis endormie, hier soir, bercée par la voix du canon. Jamais je n'ai entendu de basse aussi profonde aux Italiens ni à l'Opéra. Quel dommage que je n'aie pas connu Lablache ! Je me le serais rappelé !

« Suzanne m'a éveillée à six heures du matin. Il faut que je sois habillée et coiffée à neuf : c'est l'heure à laquelle le docteur vient visiter mes malades. J'ai demandé, comme à l'ordinaire, ma tasse de thé à la crème. Suzanne a ouvert de grands yeux :

« — De la crème, madame, de la crème !...

« — Est-ce que ma vache est morte de peur pendant la nuit ?...

« — Madame oublie sans doute qu'elle a donné des ordres pour que tout le lait de la vache fût distribué aux petits enfants du quartier.

« — C'est vrai. Alors faites-moi préparer un chocolat à l'espagnole.

« Il paraît qu'on se bat du côté de la Marne. J'ai envoyé là-bas la calèche et le dog-cart pour le service des ambulances. J'irai moi-même voir en coupé s'il n'y a pas moyen de ramasser quelques blessés. Je suis jalouse de madame de P... Elle a chez elle trois amputés, et, ici, à l'hôtel, je n'ai que des fiévreux : des mobiles du Finistère qui ne savent pas un mot de français. Si encore, au Sacré-Cœur, on avait songé à nous apprendre le bas-breton !...

10 heures.

« ... La visite s'est bien passée. Le docteur est content. Les quatre fiévreux installés dans le grand salon sont en voie de guérison. Par contre, le soldat du train, que j'ai casé dans la bibliothèque, nous donne des inquiétudes. Il est tout bleu, il grelotte, il pleure...

« Le docteur m'a dit :

« — Le moral est attaqué. Ce pauvre diable s'imagine qu'il a la variole ; à force de le croire, il finira par l'attraper.

« J'ai essayé de raisonner ce garçon...

« Il n'a pas cessé de larmoyer...

« Ma foi, à bout d'arguments, je l'ai embrassé sur les deux joues...

« — Vous voyez, lui ai-je dit, que vous n'avez pas la variole. Si vous l'aviez, je ne vous embrasserais pas. J'ai bien trop peur d'être défigurée !...

« Il m'a semblé rassuré...

« C'est égal : si j'allais être grêlée !...

« Bah ! on prétend que cela accentue les traits aux lumières !...

Midi.

« ..... Je viens de déjeuner d'un joli petit plat de rognons de kanguroo. Ce n'est pas exécrable, et cela vous a un léger fumet de sauvage qui m'a rappelé mon excellente amie, la marquise de G..., qui est rousse et qui a la rage de valser...

« Demain, on me donnera de la bosse de bison. C'est mon maître d'hôtel qui s'est procuré au Jardin d'acclimatation toutes ces provisions excentriques. Un cuissot d'antilope lui a été disputé par le chef de madame de M... Il faudra nous rabattre sur les yacks et les mouflons.

« J'ai décidé que l'on tuerait *Withe-Jack,* — mon gros mouton du Devonshire.

« Pauvre *Withe-Jack !*...

« Il était si drôlet avec sa toison blanche qu'on savonnait tous les matins, son collier de maroquin rouge et sa clochette d'or !...

« Il me suivait si gentiment !...

« Il venait manger dans ma main avec des façons si câlines !...

« Et il bêlait..... comme Capoul !...

« Mais il faut que mes malades aient de la viande fraîche !

Deux heures.

« ... J'ai passé une heure à jouer aux cartes et à baragouiner avec mes Bretons, — pour les distraire. Ils ne savent jouer que *la drogue.* Un jeu bizarre où l'on se met toute sorte de choses sur le nez !

« Je constate, du reste, que ces gars de l'Armorique sont mieux élevés que la plupart des gentilshommes de ma connaissance : ils ont refusé de *piper* devant moi, de peur de m'incommoder. Alors, pour les encourager, j'ai fumé une cigarette. C'était mauvais ! Et j'ai toussé !...

« Les rangs de mes danseurs s'éclaircissent tous les jours. *Paris-Journal* m'apprend que le

LA GRANDE DAME

marquis de R... a été tué hier au Bourget. Mon Dieu, si cette guerre maudite se prolonge quelque temps, où trouverons-nous, — l'hiver prochain, — des jeunes gens pour conduire le cotillon?

« Le marquis m'avait fait la cour.

« Je crois même qu'un soir, à l'ambassade d'Autriche.....

« — Suzanne, ôtez-moi ce ruban rose et donnez-moi une parure de jais!

6 heures.

« ... Je reviens de Champigny.

« Dès la barrière du Trône, les voitures étaient obligées de prendre la file.

« Jamais, non, jamais, je n'en ai vu s'aligner pareille queue. Il y en avait plus qu'aux portes de la salle Ventadour le soir d'une représentation d'adieux de la Patti. Il y en avait autant que dans la grande allée du Bois le jour où l'on court à Longchamps le prix de la Ville de Paris.

« Il s'agissait de ramener les victimes de la journée.

« Je suis arrivée tard sur le champ de bataille.

« Les blessés étaient enlevés.

« Pourtant, un malheureux caporal d'infanterie râlait au coin d'un mur, — en avant du parc de Saint-Maur, — le genou fracassé par un éclat d'obus.

« Je me suis élancée vers lui.

« Les Prussiens tiraient encore.

« Un frère des écoles chrétiennes est tombé à quelque distance.

« Et un officier m'a crié :

« — N'avancez pas, madame. Il y a du danger.

« Mais voilà que, pendant que, bien malgré moi, j'obéissais à cette injonction, madame de D... s'est précipitée, et, avec l'aide de l'abbé J..., a emporté le blessé dans sa voiture.

« L'officier était sans doute de connivence avec elle.

« N'est-ce pas que j'avais, — autant que quiconque, — le droit de recevoir une balle dans mes jupons?

« C'est une injustice.

« Je suis furieuse.

« Je me plaindrai à l'état-major.

Minuit.

« J'ai dîné chez le général S... — Nous sommes restées jusqu'à dix heures chez la générale, plusieurs de ces dames et moi, à ourler des bandes de linge et à faire de la charpie.

« Rentrée à l'hôtel, j'ai trouvé mes mobiles encore éveillés. Ils m'ont priée de leur « taper un air » sur le piano. Je leur en ai « tapé » plusieurs, — et ils se sont endormis comme s'ils m'étaient unis en légitime mariage.

« Seul, mon soldat du train a résisté à l'ouverture de *Lohengrin*. Le nom de son corps l'y obligeait. Puis il m'a demandé de lui jouer la *Marseillaise*.

« Je lui ai répondu que je ne la savais pas.

« — Comment! m'a-t-il dit en me regardant avec surprise, comment! vous ne savez pas la *Marseillaise*?... Ah çà! vous n'êtes donc pas Française?

« J'apprendrai la *Marseillaise*. »

Terminons ce crayon par un *fait-Paris* et par une anecdote également historiques :

Une dame du meilleur monde, la vicomtesse de Saint-P..., fille de la comtesse de Cervé, se rendit, dans les premiers jours du siège, aux avant-postes, où elle avait appris que des mobiles de son département se trouvaient de service.

Acclamée par ses compatriotes, elle déclara qu'elle ne voulait s'en aller qu'après avoir tué un Prussien.

Et, en effet, elle tira sur une sentinelle ennemie, qui tomba.

Peu d'instants après, un parlementaire allemand s'étant présenté, ce fut encore la vicomtesse de Saint-P... qui servit d'interprète. Les mobiles lui offrirent une fête improvisée sous la tente.

Voilà pour le courage de la grande dame.
Voici maintenant pour son esprit :

Le baron Ludwig von Sch..., très-connu avant la guerre dans les salons de Paris, et depuis capitaine dans un régiment du dixième corps prussien, se présente le jour de l'entrée des troupes ennemies aux Champs-Élysées, chez madame de Brimont, 34, avenue Montaigne.

La dame du logis reçut son ancien courtisan debout, une main sur le bouton de la sonnette électrique.

— Que voulez-vous, monsieur? Êtes-vous en réquisition ?
— Oh! madame...
— Alors, parlez! Que venez-vous faire ici?
— Vous présenter mes hommages, vous faire une visite.
La sonnerie marche.
Un valet paraît.
— Faites visiter l'hôtel à monsieur, et faites porter chez lui les objets qu'il choisira.
Le vainqueur se retira.

IX

La Mère

AVANT LA GUERRE

Quand on pense combien, — suivant l'expression de Michelet, — l'enfant est fragile et sacré...

Un quart, en effet, de ces petits êtres expire avant un an, — avant d'avoir vécu, avant d'avoir reçu le baptême divin de lumière qui transfigure le cerveau...

Un tiers meurt avant deux ans, avant presque d'avoir connu les douces caresses de la femme et goûté dans une mère le meilleur des biens d'ici-bas...

Et la moitié, — dans plusieurs pays, — n'atteint pas l'âge de puberté, cette aube naissante de l'amour...

Quand on calcule, disons-nous, au prix de quels soins, de quelles attentions, de quel labeur, de quelles difficultés, de quels tourments, de quels sacrifices, de quelles angoisses, de quelles prières, de quels combats et de quelles larmes, une femme parvient à faire un homme d'un baby, on comprend qu'elle ne se sépare pas sans inquiétude et sans chagrin de son œuvre, de son chef-d'œuvre...

On comprend qu'en voyant devenu si vigoureux, si raisonnable et déjà si indépendant l'avorton, qui, naguère, vagissait au berceau, elle se demande avec une sorte d'anxiété si la société a le droit de lui voler, — en une journée, — le résultat de son travail et de ses peines de vingt années...

Elle est la créatrice de cette créature...

Prométhée de cette vie, de cette force, de cette intelligence, souffrira-t-elle sans murmure, sans étonnement et sans effroi, que le monde confisque à son profit toutes ces choses qui appartiennent à elle seule ?...

Examinez la femelle de l'oiseau :

Lorsque la couvée, qu'elle abritait sous ses ailes, s'élance tout à coup hors du nid dans l'espace, la pauvre bestiole, douloureusement surprise, hérisse sa plume et pousse des pépiements de terreur...

La mère est ainsi faite. A mesure que son fils grandit, la peur la prend. Elle sent que, tout à l'heure, il va lui échapper !...

Maintenant, jugez avec moi quels doivent être l'épouvantement, la stupeur, les tortures, le désespoir, le cri, le sanglot de cette femme, de cette mère, quand au lieu de la société qui lui sollicite son enfant pour la vie, c'est la guerre qui le lui réclame pour la mort !...

Hé ! mon Dieu, nous le savons tous : les batailles du monde et la lutte des passions contre la destinée sont bien autrement formidables, bien autrement aventurées et bien autrement meurtrières que les Denain et les Rosbach, que les Austerlitz et les Waterloo, que les Solferino et les Gravelotte !...

Elles ont des résultats non moins sanglants et des hasards non moins terribles !...

Mais la mère ne songe pas à cela...

Elle songe aux marches forcées, aux nuits sans sommeil, à la pluie, à la neige, au soleil, au typhus, à la discipline, à la mitraille !...

Quoi donc ! cette chair de sa chair, la baïonnette la trouera ! L'obus ou le boulet en feront une rouge bouillie !... Puis un chirurgien viendra peut-être par là-dessus avec son horrible arsenal de sondes, de scalpels et de scies !...

La malheureuse femme frémit à cette idée.

Il semble que ce soient ses propres entrailles que fouille et que tenaille l'outil impitoyable !...

Voilà pourquoi, lorsque Paris, soûl de fureur et d'illusions belliqueuses ; lorsque la France entière, folle de la folie de l'épée, clament ensemble : *A Berlin !* lorsque l'enthousiasme allume tous les yeux, pavoise tous les fronts, vibre dans toutes les bouches, le regard de la mère reste froid, ses traits demeurent impassibles et sa lèvre ne s'entr'ouvre que pour laisser passer un soupir prophétique ou voltiger un sourire d'amertume...

On vaincra, — soit...

C'est certain, — c'est incontestable, — c'est officiel...

Le *Moniteur* le dit...

M. de Gramont le répète...

M. Ollivier a le cœur léger...

M. Le Bœuf est prêt...

L'Empereur emmène sa dynastie...

La mère secoue la tête. Elle a le cœur gros, elle. Elle n'est pas prête. Elle ne le sera jamais. Elle ne saurait l'être : toute la politique du monde y perdra son argot. D'ailleurs, elle se dit que la victoire aussi a ses victimes, et que, si, parfois, les boulets courtisans servent aux princes à faire *joujou*, en revanche ils n'épargnent guère les rangs serrés des prolétaires...

Ce n'est pas elle que le gouvernement enivrera de ses mensonges. Elle n'a pas voté le plébiscite, d'abord. Et puis la légende de Napoléon Ier apparaît en caractères de sang dans son imagination, dans son souvenir, comme jadis le *Mane, Thecel, Pharès* de Jéhovah courroucé apparut en traits de feu sur les murs de la salle du festin de Balthazar !...

Mais que la patrie se rassure :

Si la Française n'a pas dans l'âme les grands sentiments héroïques dont Corneille enflamme ses Romains du temps de Brutus et ses Espagnols du temps du Campeador, elle saura les affecter.

C'est d'un œil sec qu'elle embrassera le mobile, le conscrit, le soldat rappelé qui rejoignent...

C'est sans qu'un pleur fasse une tache sur le papier de sa lettre, qu'elle enverra sa bénédiction à l'enfant, déjà sous les drapeaux, dont le corps se dirige vers la frontière...

Il ne faut pas qu'une larme éteigne dans la poitrine de ces martyrs du devoir, l'éclair qui fait les Horace et les Cid !...

Donc, ils sont partis, — en joie et en espoir...

Le panache de fumée du train qui emporte ceux-ci s'est amoindri, atténué, confondu dans l'éloignement...

Ceux-là ont disparu au tournant de la route...

La mère est restée seule avec son abattement...

Sa prunelle dilatée interroge l'horizon qui lui dérobe la moitié de sa vie...

L'acier homicide étincelle, le plomb siffle, le canon tonne dans cette brume épaisse de l'avenir inconnu...

Les bruits de la foule, les effusions des adieux ont longtemps empêché la misérable femme d'entendre sourdre sa douleur. A présent, cette douleur triomphe de l'effort et monte de son sein en gémissements à sa gorge et en ruisseaux à ses paupières...

Et lorsque l'écho lui apporte un lambeau de refrain ou de fanfare, pour répondre aux tambours, aux clairons, aux couplets de la *Marseillaise*, aux strophes du *Chant du Départ*, l'infortunée ne trouve que le verset désolé du *lamento* de la Niobé chrétienne :

Stabat mater dolorosa
Juxta crucem, lacrymosa!...

APRÈS WISSEMBOURG

La nouvelle de cette première catastrophe éclata en France ainsi qu'un coup de foudre dans un ciel serein.

Plus tard, vinrent tant de désastres, que l'on s'épuise à les compter !

O femmes ! dont les enfants tombèrent dans ces défaites glorieuses de l'élan par l'engin et de la valeur par le nombre, quel poëte, quel peintre, quel écrivain illustre oseront essayer de retracer l'effet des sept pointes du glaive qui déchirent votre âme? Quel Rossini notera, dans un autre *Stabat*, les éclats tumultueux, les élancements surhumains et l'écrasement bestial de votre désespoir? Quelle nuée aura les flancs assez forts pour porter à l'Allemagne victorieuse, quel vent sera assez puissant pour secouer sur la tête des auteurs de cette guerre fatale la tempête de vos anathèmes et de vos imprécations?

Un moine s'ingéniait à consoler une noble Vénitienne qui venait de perdre son fils unique.

— Souvenez-vous, lui disait-il, d'Abraham à qui le Seigneur ordonna de plonger un poignard dans le sein d'Isaac.

— Le Seigneur, riposta la patricienne d'un ton farouche, n'aurait pas imposé un pareil sacrifice à une mère.

En ces temps exécrables, on vit des femmes du meilleur monde aller chercher le cadavre de leur enfant sur le champ de bataille encore occupé par l'ennemi.

D'autres accompagnèrent en Allemagne leurs fils blessés et prisonniers.

Celles-là *avaient le moyen!*...

Hélas! à la campagne, dans les chaumières, et à la ville, dans les mansardes, dans les boutiques, dans les intérieurs bourgeois, voici ce qui se passait, chaque jour:

Un papier arrivait, — timbré du théâtre de la guerre...

C'était un acte de décès...

Une mère se pâmait ou se tordait dessus!...

Et c'était tout!....

Il y avait en France une voix de plus qui criait vengeance contre Guillaume, Bismarck, de Moltke — et Bonaparte!...

En ce temps-là encore, la reine Augusta, à Berlin, s'apitoyait, prétendait-on, sur nos malheurs et nos misères.

Un poëte répondait à ce *canard* du *Times :*

> Oh ! ne me dites pas qu'elle est épouse et mère,
> Qu'elle est femme et ressent une douleur amère
> A voir, depuis six mois, couler le sang humain,
> Comme l'eau du torrent emplissant le chemin ;
> Qu'elle porte en son âme une désespérance
> Énorme et prend souci des blessés de la France ;
> Qu'elle est chrétienne et douce au pauvre, au malheureux.
> Qu'elle est savante et fait des efforts douloureux !
> Eh ! que m'importe à moi sa vertu de chrétienne,
> Sa prière est maudite et maudite est sa peine.
> N'est-elle point mêlée à tous les attentats
> De Guillaume, à ses vols, à ses assassinats ?
> N'a-t-elle point sa part à toutes ses rapines ?
> Vous tardez bien longtemps, représailles divines !
> Regardez à ses mains cette tache de sang
> Que ne pourraient laver les flots de l'Océan ;
> C'est le sang de vos fils, ô mères ! Vous, épouses,
> C'est le sang adoré dont vous étiez jalouses !
> Promises, le promis n'aura pas de réveil !
> Oh! le bonheur est mort et mort est le sommeil (1).

. . . . /.

Bientôt, les communications étant interrompues et les services administratifs de nos armées ayant cessé de fonctionner régulièrement, le désordre régnant partout, la déroute s'échevelant à la suite des revers, et l'ennemi ayant absorbé une grande partie du territoire, les familles cessèrent de recevoir des nouvelles de leurs enfants.

O silence! plus cruel que la plainte du blessé, que le râle du mourant! O nuit de l'incertitude, plus remplie d'horreur et de frissons que la réalité inflexible, éclairant de son rayonnement un corps que les corbeaux picorent sur la neige !

(1) Alfred Busquet, — *les Représailles*. — Pagnerre éditeur.

« L'absence, dit La Rochefoucauld, diminue les médiocres passions et augmente les grandes comme le vent éteint les bougies et allume le feu. »

Quelle passion est plus grande que l'amour maternel?

L'amour des mères pour leurs fils n'eut d'égal,—en 1870-1871,—que leur résignation et leur fermeté sous le fouet incessant qui châtiait en elles l'orgueil d'une nation et l'ambition d'un homme. La douleur n'altéra en rien la beauté simple et majestueuse de leur caractère. La charité leur ayant ouvert ses bras, elles s'y précipitèrent avec une sorte de rage et puisèrent une consolation dans l'exercice de cette vertu. C'est ainsi qu'elles s'en furent sous les balles prussiennes relever des soldats, des mobiles et des marins. Chacune d'elles voulut avoir son malade ou son blessé. Elle l'installa dans le lit de l'absent et s'assit à son chevet. Hélas! en entourant cet étranger de tendresses cordiales et de soins délicats, c'était son propre enfant qu'elle s'imaginait disputer au trépas! Et puis, n'était-elle pas en droit d'espérer que ce qu'elle faisait ici pour ce pauvre gars inconnu, une autre femme, là-bas, animée du même sentiment, le ferait pour son fils, victime du même malheur? O solidarité chrétienne, que de bienfaits furent accomplis sous ton empire et en ton nom!

Un malheureux lignard breton venait de succomber à l'amputation de la jambe. Il n'avait plus que sa mère; elle n'avait plus que lui. Il fallait annoncer à celle-ci le triste événement...

Quelle autre qu'une mère pouvait se charger de cette pénible mission?

J'ai, en ce moment, sous les yeux la lettre qui fut écrite à cet effet par madame Jeanne D..., une petite bourgeoise. Je veux la reproduire en entier. Mes lecteurs partageront, j'en ai la certitude, l'émotion que sa lecture m'a causée:

« A madame X..., à Morlaix. »

« Madame,

« Ma main tremble en prenant la plume pour accomplir la tâche que mon devoir m'impose. Pauvre mère! priez Dieu qu'il vous donne la force de supporter la cruelle épreuve que la guerre réservait à votre tendresse: votre fils n'est plus, et sa mort a été pour nous qui l'entourions, un exemple de résignation.

« On l'avait amené chez moi. Il avait reçu dans la jambe gauche une balle qui nécessitait une opération immédiate. Je n'oublierai jamais le courage dont il fit preuve pendant cette terrible amputation. Vous étiez la mère d'un héros!

« Le chloroforme manquait. Le docteur, ne possédant plus qu'une très-faible dose de cette substance, demanda au pauvre enfant s'il voulait qu'on l'endormît.

« —Oui, oh! oui, répondit-il.

« —Vous y tenez absolument? reprit le chirurgien.

« —Pourquoi?

« —C'est que nous n'avons plus que quelques gouttes de chloroforme, et je dois opérer encore un de vos camarades auquel il faut couper non pas une jambe, mais les deux.

« —Ah!... c'est donc bien rare la chose qui endort!... Alors gardez cela pour l'autre; il est plus à plaindre que moi; je tâcherai de ne pas crier. »

« Il me fit signe d'approcher de lui, et me pria, à voix basse, de lui donner le chapelet qu'il portait dans la poche de sa tunique; puis, prenant d'une main sa sainte relique, il me tendit l'autre, en me disant:

LA GRANDE DAME
Une vente de charité pendant le siége de Paris.

« — Voulez-vous rester auprès de moi, madame? c'est si triste de souffrir loin de sa mère !

« S'adressant alors au docteur :

« — Commencez, monsieur, ajouta-t-il, je ne bougerai pas.

« Notre cher patient tint sa promesse : pas un cri ne s'échappa de ses lèvres ; mais de grosses larmes tombèrent lentement de ses yeux, et je sentais, aux mouvements convulsifs de sa main, que les douleurs qu'il endurait devaient être épouvantables.

« Le lendemain, son état était aussi satisfaisant que possible ; mais ce mieux ne se prolongea pas longtemps. Nous restâmes ainsi pendant deux jours et deux nuits dans un état constant d'espoir et de désespérance, lorsque, dans la nuit du 21 au 22, il rendit son âme à Dieu en murmurant votre nom.

« La veille, nous avions passé de longs instants à parler de vous. Il espérait guérir, et me demandait si je serais assez bonne pour le reconduire à Morlaix.

« —Vous verrez, disait-il, comme ma mère vous recevra bien ; et puis, c'est un beau pays que le nôtre ; il n'y a pas de grandes maisons comme à Paris; mais on y est tout aussi bien, et comme elles sont plus rapprochées, on est plus près de ses amis.

« Cela m'est bien pénible d'être obligée de vous envoyer ces tristes détails, mais il faut bien que je vous dise comment votre fils est mort.

« Agréez, madame, l'assurance de toute ma sympathie.

« JEANNE D....

« *P. S.* — J'oubliais de vous dire que je l'ai fait reconduire convenablement à sa dernière demeure, et que je lui ai acheté un petit coin de terre sur lequel vous pourrez venir prier. »

PENDANT LE SIÉGE ET LE BOMBARDEMENT

Les mères dont le fils est l'unique soutien ont à lutter contre la misère.

Les autres disputent leur trésor aux privations, aux maladies.

La fatigue, l'anxiété, une nourriture dérisoire, les épouvantes nouvelles qui naissent, chaque jour, du choc précipité et imprévu des événements, ont tari le sein des nourrices. Une mortalité effrayante exerce ses ravages parmi toutes les classes de la population. Le bulletin des décès constatés, du 18 septembre 1870 au 25 février 1871, en fait foi. C'est un document curieux, qui en dit plus que bien des longs discours sur les horreurs de la situation et le courage des Parisiennes :

	Décès constatés à Paris du 18 sept. 1870 au 25 février 1871.	Semaines correspondantes de l'année précédente.
Du 18 au 24 septembre.	1,272	820
Du 25 septembre au 1er octobre.	1,844	713
Du 2 au 8 octobre.	1,483	747
Du 9 au 15 octobre.	1,610	752
Du 16 au 22 octobre.	1,746	825
Du 23 au 29 octobre.	1,878	880
A reporter.	9,333	4,737

Report.	9,333	4,737
Du 30 octobre au 5 novembre.	1,762	921
Du 6 au 12 novembre.	1,885	877
Du 13 au 19 novembre.	2,064	900
Du 20 au 26 novembre.	1,927	933
Du 27 novembre au 3 décembre.	2,023	846
Du 4 au 10 décembre.	2,455	882
Du 11 au 17 décembre.	2,728	955
Du 18 au 24 décembre.	2,728	980
Du 22 au 31 décembre.	2,280	921
Du 1er au 6 janvier 1871.	3,680	1,106
Du 7 au 13 janvier.	3,982	998
Du 14 au 20 janvier.	4,465	980
Du 21 au 27 janvier.	4,376	1,044
Du 28 janvier au 3 février.	4,671	1,005
Du 3 au 10 février.	4,451	1,139
Du 11 au 17 février.	4,103	1,292
Du 18 au 24 février.	3,941	1,362
Total des décès pendant cette période.	64,154	21,978

Combien d'enfants dans ce chiffre monstrueux!

Partant, combien de mères en deuil!

Puis voici que, le 5 janvier, le bombardement commence : la première victime frappée mortellement est une petite fille dont les parents habitent rue Fermat, n° 14, près du cimetière Montparnasse.

Le 6 et le 7, le feu redouble.

Arrive cette nuit du 8 au 9 qui vit ce que l'on pourrait appeler :

LE MASSACRE DES INNOCENTS

... Ils étaient cinq petits garçons, — qui appartenaient au pensionnat de Saint-Nicolas, au coin de la rue de Vaugirard et de la rue des Missions. Toute la journée de dimanche, les Krupp n'avaient pas cessé de gronder sur les hauteurs de Châtillon, et les pauvres chers innocents n'avaient pas cessé de jouer, dans la cour de l'institution, autour du Christ de bois peint, confiants dans leur âme sans tache, dans leur âge que chacun respecte, dans leur sourire limpide et dans leur ange gardien.

La nuit vint. Les enfants s'endormirent après la prière. Puis, la tempête d'artillerie éclata; le quartier s'étoila de projectiles; l'air cria lamentablement, — cravaché par la mitraille...

Les frères eurent peur pour leurs élèves. Ceux-ci couchaient au troisième étage. Ordre leur fut donné de descendre au rez-de-chaussée. La plupart s'empressèrent d'obéir. Les plus jeunes, encore tout ensommeillés, se frottaient les yeux sur leur lit et rassemblaient à la hâte leurs vêtements et leurs couvertures...

Il était une heure moins un quart...

Tout à coup, un obus troue le toit de la maison, traverse le grenier, effondre le plafond du dortoir et éclate avant d'avoir touché le parquet...

La salle s'emplit de bruit, de flamme et de fumée. On entendit, m'a dit un frère, quelques gémissements, des soupirs et ces mots : *Ah! mon Dieu! maman!*

Cinq enfants étaient tués ; sept blessés. Le roi Guillaume est un boucher qui connaît son état !

J'ai vu le « lieu du crime, » l'entaille béante et noire du plafond, les lits de fer broyés comme des fétus de paille, les murailles balafrées, le plancher déchiré, les fenêtres veuves de leurs vitres. Un éclat, après avoir ébréché trois ou quatre angles de la salle en ricochant, était venu mettre le feu à une paillasse, distante de dix mètres de l'endroit de l'explosion. Il y avait du sang partout : sur les dalles, sur les matelas, sur les murs ; et, avec le sang, toute sorte de choses horribles... Sur le parquet, dans une mare rouge, nageait une petite mitaine de laine bleue !

J'ai vu, dans le parloir, les cadavres déposés côte à côte. Il avait fallu les ensevelir de suite. Suivant l'expression de l'un de ceux qui avaient aidé à cette lugubre besogne : « *Ce n'étaient plus des corps, c'était un hachis.* »

J'ai vu, à Notre-Dame-des-Champs, les cinq petits corbillards blancs devant lesquels chacun se découvrait avec respect.

J'ai vu, derrière les cercueils, les mères de ces chérubins-martyrs, — mesdames Brosy, Auvelay, Brégond, Bénard, et une cinquième, dont le nom m'échappe en ce moment.

J'ai vu, vers la fin de l'office, un homme se glisser dans l'église, se cacher dans l'ombre d'un pilier et pleurer silencieusement.

Cet homme, c'était M. Jules Favre.

Sa conscience ne lui reprochait-elle pas d'être le complice des Prussiens dans ce quadruple assassinat !

. . . .
. . . .
. . . .

Cette nuit du 8 au 9 janvier, Paris compte *cinquante-neuf* victimes. Presque toutes sont des femmes et des enfants.

Le 11, l'hôpital des *Enfants-Malades (Enfant-Jésus)* est atteint par cinq projectiles.

Le 12, nouvelle boucherie.

A Grenelle, un obus tombe au n° 17 de la rue Leblanc. Deux femmes et une enfant de onze ans étaient là, dans une chambre. Le projectile défonçant la toiture, éclate dans la pièce, fait sauter la tête de la petite fille et blesse les deux femmes. Chaises, verres, bouteilles, linge, mobilier, tout est en miettes. Sur les murs sont collés des éclats de cervelle et des cheveux.

Le 14, deux petits garçons sont tués au milieu de la rue Saint-Jacques, et trois autres grièvement blessés.

Le 15, le couvent du Sacré-Cœur, le Collège de France, l'École des Mines et l'institution des Frères-Ignorantins sont bombardés à outrance.

Le 16, c'est le tour de l'institution nationale des Jeunes-Aveugles.

Le 18, un enfant a le bras fracassé sur la place Saint-Germain-des-Prés.

Le 20, à une heure et demie du matin, rue de la Parcheminerie, n° 7, un obus visite une mansarde où repose toute une famille, réfugiée de Vaugirard. Deux enfants sont *pulvérisés* dans leur berceau, dont une petite fille d'une façon si épouvantable, qu'il a fallu ramasser ses *miettes* sanglantes dans une serviette !

Le 22, à Saint-Denis, trois enfants sont tués : un de deux ans, un de trois et un de quatre.

Le 23, un ouvrier de l'usine Claparède rentre chez lui pour prendre son repas. Ils se mettent sept à table, le père, la mère et cinq enfants. Une bombe effondre le logis, foudroie le père et trois enfants et blesse mortellement la mère.

Le 25, rue Poliveau, une femme voit son fils tomber, les reins brisés. Elle s'élance pour le secourir. Un second projectile l'abat, éventrée, sur le corps du malheureux.

Le 26, boulevard de la Gare, une petite fille est emportée par un boulet plein au moment où elle tend le morceau de pain, qu'elle vient de recevoir du boulanger, à sa pauvre mère qui allaite un nouveau-né.

. . . .

Ne poussons pas plus loin ce martyrologe, fort incomplet, hélas ! et, par le sang versé, calculez les larmes répandues !

Les habitants des quartiers exposés vivaient dans les caves.

Je visitai, un soir, — un de ces refuges.

Sous la voûte humide, le long des murs moisis qui scintillaient de nitre, les couchettes jumelles des babys souriaient côte à côte. Un matelas était jeté à terre pour les parents. Un autre blindait le soupirail. Quelques ustensiles de ménage gisaient, épars, çà et là.

Le froid, qui tombait des pierres grises, me drapait aux épaules d'une chappe de plomb, malgré la tentative de feu qui s'efforçait de le combattre, — un maigre feu de planches pourries qui fumait dans un poêle de fonte.

Sur ce poêle, une bouillotte d'eau bruissait mélancoliquement.

Une lampe à pétrole éclairait l'installation misérable. Je remarquai, au-dessus des petits lits, un rameau de buis bénit, et, contre la muraille, un Christ.

Une famille de trois personnes, — le mari, la femme et deux enfants, — s'abritait dans le réduit souterrain.

Pour l'instant, le mari montait sa garde aux remparts.

La femme faisait prier les babys.

— Mon Dieu, disaient-ils, ayez pitié de nous ! Conservez la santé à maman, à papa...

Au dehors, l'ouragan de fer faisait rage.

On entendait les détonations se succéder sans relâche ; les vitres des fenêtres grelottaient ; les cheminées s'écroulaient avec fracas.

Les enfants reprirent, après une pause :

— Sainte Vierge, protégez papa, *qui est sergent au* 83e *bataillon.*

La mère les coucha.

Puis, elle revint ranger, sur une table de bois blanc qui occupait le milieu de la cave, du papier et des crayons.

Je lui demandai, — pour dire quelque chose :

— Ces mignons doivent avoir bien peur. Avec quoi pouvez-vous les occuper et les distraire ?

Elle me montra le papier et les crayons.

— Avec cela, me répondit-elle, ils ne s'effraient ni ne s'ennuient : *ils marquent les coups !*

. . . .

Il est vrai que, si les enfants devenaient indifférents, les mères devenaient sublimes.

J'ai connu une grande dame dont le fils, officier de marine, était interné à cette époque dans l'un des forts.

Le jour de la bataille de Buzenval, il écrivit à sa mère qu'il avait obtenu une permission d'aller à Paris, et qu'il viendrait le lendemain dîner chez elle.

Heureuse de revoir ce fils qui était absent depuis un mois, celle-ci s'empressa, pour fêter son retour, d'inviter quelques amis à dîner ou plutôt à une réunion, car on ne dînait plus à cette époque : on mangeait ce qu'on pouvait.

Le jour suivant, tout le monde était réuni dans le salon.

On n'attendait plus que le héros de cette fête intime : mais il n'arrivait pas. Six heures venaient de sonner et une sorte d'inquiétude commençait à se manifester. On craignait qu'il ne fût retenu, et que son service ne l'empêchât de tenir la promesse qu'il avait faite.

Au moment où chacun commentait ce retard, on apporta à la mère une dépêche télégraphique.

Ce télégramme, adressé par le commandant du fort, lui annonçait que son fils venait d'être tué quelques heures auparavant par un boulet prussien.

La pauvre femme ne dit pas une parole. Elle resta immobile, assise dans son fauteuil, les yeux fixés sur le parquet. Sa main seulement était retombée le long de son siége et avait laissé échapper la dépêche.

Tout le monde la lut et resta consterné. C'était un coup de foudre.

A ce moment, par une coïncidence malheureuse, mais bien naturelle cependant, puisque aucune des personnes de la maison n'était prévenue, la porte du salon s'ouvrit toute grande et un domestique prononça la phrase sacramentelle :

— Madame est servie.

Chacun se précipita vers le malencontreux serviteur ; mais la mère arrêtant tout le monde du geste :

— C'est bien, Pierre, dit-elle au domestique. Seulement, coupez dans la serre toutes les fleurs qui y sont, et mettez-les à la place que mon fils devait occuper. Il ne viendra pas. Il est mort à son poste. Et vous, messieurs, ajouta-t-elle en se tournant vers ses invités, à table !

X

L'Ambulancière

On venait d'afficher la nouvelle d'un succès, — le seul, hélas! que nous dussions obtenir, — sans difficulté et sans conteste, — pendant cette longue et effroyable guerre!...

Et quel succès!...

La petite comédie militaire, la parade impériale de Saarbrück, — prologue politico-dynastique d'un drame plein de larmes et de sang!...

Le Parisien nageait dans l'allégresse, — et dans la transpiration...

C'était le 4 août 1870, — un jeudi...

Un soleil tropical chauffait à blanc la grande ville qui s'agitait, pourtant, et bourdonnait sous ses flèches d'or. Il y avait force promeneurs sur les boulevards et dans les rues. Aux Champs-Élysées, autour du Palais de l'Industrie, il y avait force curieux et, surtout, force curieuses...

La première ambulance de campagne, — personnel et matériel, — allait se diriger de son point de formation vers le chemin de fer de l'Est...

Bientôt, on la vit défiler.

L'escadron des chirurgiens ouvrait la marche, en tenue de route, campés en selle militairement, — bottés, éperonnés comme des reîtres ou des jockeys, — coiffés de la casquette américaine écartelée de la croix de Genève, — le revolver aux fontes et le manteau autour du corps.

La compagnie des infirmiers venait ensuite, sac au dos, en vareuse brune, avec la même croix rouge en guise de plaque sur le chapeau.

Le docteur Chenu, directeur général des ambulances, suivait en calèche découverte avec son confrère Nélaton;

Puis, s'allongeait la file des fourgons, peints en gris-clair et flambants neufs. Dieu sait ce qu'ils devaient renfermer dans leurs flancs de caisses d'appareils, d'instruments, de charpie et d'articles de pharmacie, — de lits légers, mécaniques, à soupapes, en toile, en cuir, — de civières, de brancards, de linge et de matelas! C'était à donner le frisson!...

Dites, vous rappelez-vous le médecin de village mis en scène par Erckmann-Chatrian dans un *Roman national* ?

« ... Et, frappant sur un petit coffre qu'il portait en croupe :

« — Attendez, mes gaillards, attendez ! s'écria le docteur. J'ai là-dedans de petits couteaux, et des grands, des ronds et des pointus, pour vous repêcher les balles, les biscaïens, les mitrailles de toute sorte dont on va vous régaler.

« Ayant fait cette plaisanterie agréable, il partit d'un grand éclat de rire, et tous les assistants eurent la chair de poule. »

. . . .
. . . .

Sur les flancs du cortége papillonnait un essaim de femmes charmantes, — quêtant du regard, du sourire et de la voix...

C'étaient les fondatrices du COMITÉ DE SECOURS :

Mesdames la comtesse de Flavigny, présidente; la maréchale Canrobert, vice-présidente; Berthier, Bellaigues, Blain des Cormiers, Borniche, baronne de Bourgoing, Buffet, de Bure, Cahen, Cochin, Dehorter, de la Ferronnays, vicomtesse de Flavigny, marquise de La Grange, Hocquigny, Louise Kœnigswarter, Le Cordier, de Fort, duchesse de Mac-Mahon, de Nadaillac, Nélaton, Serrurier, Marie Vilbort.

La foule saluait leur zèle d'acclamations enthousiastes...

Et chacun à l'envi s'empressait de verser sa bourse ou son obole, — la pièce d'or du riche et le petit sou du pauvre, — dans l'aumônière qu'elles présentaient avec de si douces instances, avec de si caressants mouvements de supplique !...

Le bien est, — heureusement, — en France, aussi contagieux que le mal.

Le lendemain de cette manifestation touchante de la charité au profit de l'humanité, les femmes allaient en masse s'enrôler sous le drapeau de la convention genevoise.

Dans le nombre considérable de celles qui s'inscrivirent, dès l'abord, sur les registres de la *Société de secours aux blessés des armées de terre et de mer*, nous ne citerons que les *cheffes* de certains services spéciaux :

Mademoiselle Hocquigny, par exemple, directrice de la lingerie avec madame Berthier ;
Madame Marie Vilbort, chargée du service des boîtes d'offrande :
Puis, parmi les dames infirmières :
Mesdames la marquise de La Grange, la baronne de Pages, la comtesse de Flavigny, Bellaigues, Borniche, Cochin, de Corcelles, Le Cordier, de Maucler, Rolland, Salantin, de Biron, de la Ferronnays, d'Haussonville, d'Hulst, de Laborde, Brazier de Thuis, de Courval, Dulong de Rosnay, de Fitz-James, de Kergariou, de Poix, Ronot, Sanné, de Bure, Duparc, de Froidefond, Geay, de Guiraud, de Saint-Cyr, Tiby, Farre, de Bourges, Pascaud, Bonnaud du Martray, de Ronsard, Dehorter, de Gallifet, Grimprel, Hély d'Oissel, Powel, Roche, de Sedaiges, Usquin, de Beauvoir, Carré de Chauffour, Léon Faucher, Sainte-Claire Deville, Thureau-Dangin, Baric, Bizot, Carayon-Latour, Cordier, Quinette, et mesdemoiselles Simonet, Bourrasset et de Saint-Géran.

Cette liste ne saurait paraître trop complète : ce livre n'a-t-il pas pour but de montrer le côté consolant de nos désastres et les anges secourables de la patrie en deuil ?

LA MÈRE.

Aussi bien nous estimons qu'en ce chapitre, la nomenclature doit primer le portrait. Toutes les *ambulancières*, — car ce vocable a désormais son droit de cité dans la langue, de par le sang versé et les soins héroïques, — toutes les ambulancières, disons-nous, se ressemblent. Quels que soient leur condition sociale, leur âge, leur pays, leurs opinions, leur fortune; qu'elles exercent leur ministère sur le champ de bataille, dans la place forte bombardée ou dans la moindre bourgade en flammes, dans le boudoir mondain travesti en dortoir, ou le foyer du théâtre changé en hôpital; qu'elles portent les coiffes de toile de la religieuse ou la robe de laine de la plébéienne; qu'elles viennent vers nous de Londres ou Bruxelles, de Florence ou de Berne, de New-York ou de Pétersbourg, comme une protestation contre l'indifférence ou l'ingratitude des hommes, — elles sont sœurs par les mêmes traits : *le courage, la générosité, la patience, le dévouement, l'abnégation, le sacrifice*. Des mots qu'on a déjà rencontrés bien souvent au cours de cet ouvrage, et qu'on retrouvera encore plus d'une fois, jusqu'à la dernière page, jusqu'à la dernière ligne, puisque cet ouvrage a pour titre : LES FEMMES DE FRANCE PENDANT LA GUERRE ET LES DEUX SIÉGES DE PARIS !...

C'est donc une sorte de voyage à travers les ambulances que nous avons vues fonctionner ou sur lesquelles nous avons pu nous procurer des documents authentiques, c'est ce pèlerinage que nous allons accomplir en votre compagnie, lecteurs. Nous commencerons par l'ambulance de la :

Société de secours aux blessés des armées de terre et de mer,

qui fut le premier, et, sans contredit, l'un des plus importants de ce genre d'établissements.

Cette ambulance, organisée au Palais de l'Industrie, fonctionna du 2 septembre 1870 au 12 novembre suivant.

Elle contenait six cents lits complets, dressés dans des salles aérées, et placés sous la surveillance des dames dont nous avons donné les noms plus haut. Six cent quarante-six officiers et soldats y furent reçus, quatre-vingt-dix seulement y moururent.

Le premier soldat blessé sous les murs de Paris fut transporté au Palais de l'Industrie. Il y trouva à son chevet madame Amélie Levesque, aimable femme de vingt-huit ans, dont la conduite mérite une mention toute particulière.

A bout de force, sinon de vaillance, madame Amélie Levesque fut obligée d'abandonner sa tâche : un séjour prolongé au milieu de malades atteints des plus graves affections lui fit contracter la variole.

Eh bien, à peine rétablie, elle vint reprendre son service au Grand-Hôtel où la Société avait installé cinq cents lits depuis le 5 novembre.

Elle y soigna le commandant Franchetti, le capitaine Gillot, Paul-Maurice Richard, Gustave Lambert, etc., etc., etc.

Citons à ses côtés madame la baronne de Pages, née de Corneillan.

Celle-ci, après avoir accompagné, au début de la guerre, les ambulances mobiles qui parcouraient les champs de bataille, se consacra, — au Palais de l'Industrie et au Grand-Hôtel, — aux malheureux frappés de la variole et du typhus.

Un an plus tard, les malades qu'elle avait sauvés lui envoyaient une médaille spécialement gravée en souvenir de ses bienfaits, et la *Société d'encouragement au bien* lui décernait un de ses prix d'honneur.

Nous avons parlé tout à l'heure de mademoiselle Clémentine Hocquigny.

Mademoiselle Hocquigny avait accepté la direction de la lingerie de la Société. Ce n'était point une sinécure, si l'on songe que l'ambulance-mère distribua aux différentes ambulances affiliées, depuis le commencement de la campagne jusqu'au 31 décembre seulement :

23,408 Draps.
7,463 Alèzes.
24,498 Chemises.
16,369 Tabliers, serviettes et torchons.
9,536 Mouchoirs.
474 Caleçons et gilets.
3,174 Oreillers et taies d'oreillers.
1,937 Bonnets de coton.
74,484 Linge à pansement.
123 Robes de chambre et peignoirs.
416 Tricots et vareuses.
4,721 Caleçons et gilets de laine.
1,597 Chemises de flanelle.
5,115 Pantoufles, chaussettes et chaussons de laine.
1,500 Cravates, cache-nez.
200 Mètres de flanelle en pièce.
3,321 Couvertures.

En dehors de la distribution de ces divers objets, mademoiselle Hocquigny avait à s'occuper de leur blanchissage : il résulta pour elle, du maniement de ce linge empesté, une maladie qui mit ses jours en danger.

La *Société de secours* a attaché sur la poitrine de cette jeune femme la croix de bronze des ambulances. La *Société d'encouragement au bien* a joint à cette distinction une médaille d'honneur.

La paix une fois signée, la Société croyait n'avoir plus à s'inquiéter que de la guérison des convalescents, lorsqu'elle dut réorganiser tous ses services pour secourir les victimes de la guerre civile.

Elle se casa, à cet effet, dans des baraques au Cours-la-Reine.

Mais les gens de la Commune savaient mal récompenser la pratique de vertus qu'ils ne comprenaient point.

Le docteur Chenu fut arrêté, le 7 avril, et conduit à la Conciergerie.

Il est vrai qu'il en fut délivré par les gardes nationaux eux-mêmes, qui menacèrent, si on ne le rendait immédiatement à la liberté, d'employer la force pour l'arracher de sa prison.

Toutefois le gouvernement insurrectionnel ne se tint pas pour battu. Il imposa à la Société un directeur de son choix, le citoyen Rousselle, et fit occuper militairement les abords de l'ambulance.

Au milieu de toutes ces humiliations et des anxiétés du moment, des femmes, qui ont reçu depuis une juste récompense de leur dévouement, continuèrent d'accomplir le généreux devoir qu'elles s'étaient imposé.

C'est ainsi que, le 25 avril, après une suspension d'armes, nos ambulancières durent partager leurs soins entre les blessés en grand nombre que les voitures de la Société étaient allées recueillir à Neuilly.

Parmi ces malheureux se trouvaient *quatre-vingts* jeunes filles et quelques vieillards qui, depuis dix-huit jours, vivaient dans les caves de la maison des Incurables.

Le dévouement des hospitalières fut mis à une plus rude épreuve, le 17 mai, lorsque, après l'explosion de la cartoucherie Rapp, il leur fallut s'occuper de *deux cents* femmes et enfants blessés, meurtris, horriblement brûlés!...

Tout cela n'était rien encore...

La lutte s'engagea dans Paris, — acharnée, inouïe, impitoyable !...

L'ambulance du Cours-la-Reine, qui, depuis le 10 mai, recevait des obus, se trouva, pendant les journées des 22, 23 et 24, entre deux feux incessants!...

Les baraques furent criblées de projectiles; un blessé fut tué dans son lit; le sol des Champs-Élysées était jonché de balles et d'éclats d'obus; pourtant les ambulancières intrépides restèrent à ce poste de l'honneur!...

Une barricade monstrueuse s'étendait du quai au Palais...

Les troupes de Versailles l'attaquaient avec vigueur...

Ce fut sous un véritable ouragan de fer, que les blessés furent transportés des baraques dans les écuries et dans les sous-sol du bâtiment !...

Les dames infirmières, — mesdames la baronne de Ronsart, Carré de Chauffour, Bernard, et mesdemoiselles Julien, Thérèse et Geneviève Breton, — furent magnifiques de sang-froid dans ce terrible épisode de la bataille de huit jours. En récompense de cette conduite véritablement admirable, elles reçurent du gouvernement chacune une médaille d'honneur.

Deux de leurs compagnes habituelles, — mesdames Dehorter et la vicomtesse de Sedaiges, — obtinrent la même distinction.

Celles-ci, au moment où l'incendie de la rue Royale était dans toute sa violence, cherchaient à rejoindre le Cours-la-Reine, afin de partager les dangers de leurs amies. Elles ne purent y parvenir. Alors, elles s'arrêtent près de la barricade élevée au commencement du boulevard Malesherbes, et, là, sous une porte cochère dont elles avaient couvert le pavé d'une épaisse couche de paille, elles prodiguèrent les soulagements physiques et les consolations morales aux blessés des deux partis, qu'elles allaient chercher au milieu de la fusillade!

* * *

Outre les ambulances dont nous venons de parler, la *Société de secours aux blessés des armées de terre et de mer* installa dans l'hôtel du Corps législatif cinquante lits qui reçurent deux cent quarante-sept blessés dont quelques-uns furent envoyés, le 26 juin, à la Grande-Gerbe de Saint-Cloud.

Les Tuileries reçurent pareillement cent dix-sept pensionnaires dans les salons du premier étage, animés six mois auparavant par les bals, les concerts et les réceptions impériales.

AMBULANCES DE LA PRESSE.

On les dut à l'initiative patriotique de nos confrères. Une souscription ouverte dans les bureaux de tous les journaux de Paris en fit les frais. Elles eurent pour chirurgiens les docteurs Ricord et Demarquay et comptèrent au nombre de leurs patronnesses mesdames Ricord, Levavasseur, Caroline Quillien, Huet, Chauveau, de Beaulieu, Nanteuil et Lafontaine.

AMBULANCE BRETONNE.

Les gars de la vieille Armorique eurent une ambulance particulière à Paris. Elle occupait une grande partie de l'hôtel du Louvre. M. le docteur Decaisne nous en a donné le croquis :

« Appelé à visiter à l'ambulance du Louvre un malade que le docteur Demarquay avait opéré la veille, j'ai pu voir avec quelle remarquable intelligence et avec quelle sollicitude le service était organisé. J'ai surtout été touché des tendres soins que ces braves enfants se prodiguent les uns aux autres, de l'ordre parfait qui règne dans les salles et de cet air de famille qu'on y respire, et je n'oublierai jamais avec quelle émotion, quels regards humides de larmes, ils le consolaient et recevaient ses dernières recommandations pour ceux qu'il avait laissés au pays, et qu'il ne devait plus revoir. Malgré moi, je me rappelais les vers de mon pauvre Brizeux, le poëte des genêts et de la lande embaumée, un Breton, lui aussi, qui ne voulait pas mourir à Paris :

> Oh ! ne quittez jamais, c'est moi qui vous le dis,
> Le devant de la porte où l'on jouait jadis,
> L'église où tout enfant, d'une voix douce et claire,
> Vous chantiez à la messe auprès de votre mère,
> Vous alliez le matin, oh ! ne la quittez pas !
> Car une fois perdu parmi ces capitales,
> Cet immense Paris aux tourmentes fatales,
> Repos, douce gaîté, tout s'y vient engloutir,
> Et vous le maudissez sans en pouvoir sortir.

« Ce sont les sœurs de l'Espérance qui font ici le service d'infirmières, et qui, là comme partout où elles passent, en ces temps de misères profondes, éclairent la nuit sombre d'un rayon doux comme leur nom.

« J'ai été frappé, en causant avec les mobiles du Finistère et du Morbihan, de leur air honnête et loyal, et de trouver un caractère ferme et mâle et une énergie remarquable sous ces figures juvéniles et empreintes d'une certaine rêverie.

« J'ai reconnu là les enfants de la vieille Bretagne, patrie des cœurs chrétiens, des cœurs vaillants, des courages indomptés, patrie de du Guesclin et de du Guay-Trouin, « terre de « granit recouverte de genêts », et j'ai compris comment ces héros de vingt ans combattirent et tombèrent à Châtillon, sous les balles prussiennes, au cri de la vieille devise bretonne : *Avec l'aide de Dieu pour la patrie !* »

Un comité *national* subvenait aux frais de cette ambulance.

Immédiatement après l'investissement de la capitale, les Bretons qui l'habitaient s'étaient formés en société pour remplacer auprès de leurs compatriotes la famille, la province absentes. La présidence de cette société fut offerte à M. de Plœuc qui l'accepta. A ses côtés fonctionnait un comité de dames sous la direction de la générale Trochu.

Répartis par arrondissements et bientôt par quartiers, des membres furent accrédités auprès des ambulances particulières, comme visiteurs ou interprètes. Ils se rendaient fréquemment auprès des malades et blessés, particulièrement de ceux qui ne parlaient pas le français, combattant ainsi les funestes effets de l'isolement, leur prodiguant des consolations, se préoccupant de leur bien-être et de leurs besoins, et leur donnant les adoucissements matériels qu'ils étaient dans l'impossibilité de se procurer eux-mêmes.

Étendant plus loin sa sollicitude, la société bretonne envoya de petites sommes d'argent aux familles dont les chefs se trouvaient dans les rangs de la mobile. — Elle prit des mesures pour que les derniers devoirs fussent convenablement rendus à ceux de ses protégés qui venaient à succomber ; enfin, elle se préoccupa d'arriver à recueillir autant qu'il était en son pouvoir les objets d'affection que pouvaient laisser, à leur décès, ses jeunes compatriotes, et qui constituaient autant de précieuses reliques pour les familles.

Les dames bretonnes furent en outre chargées de la répartition d'une quantité considérable de denrées et de vêtements achetés aux frais de la société : 1,100 paires de chaussettes, 372 gilets de flanelle, 264 caleçons, 104 paires de gants moufles ou passe-montagnes, 240 cache-nez, 784 bonnets de laine, 78 mouchoirs de poche, 358 fr. 40 de chocolat et confitures, 34 fr. 50 de vins fins, 77 fr. 50 de tabac, etc., etc.

Ces femmes infatigables passaient leurs journées entières à parcourir les ambulances dans lesquelles elles espéraient rencontrer un de leurs compatriotes afin de lui distribuer les secours dont il pouvait avoir besoin.

AMBULANCES PARTICULIÈRES.

Dès le commencement du siége, en septembre, les fondations, les établissements de ce genre se multipliaient à Paris dans une telle proportion, que le *Journal officiel* publiait l'avis suivant :

« La charité privée a fondé à Paris un grand nombre d'ambulances. Il importe d'utiliser le mieux possible cet effort de dévouement, en y introduisant l'esprit de méthode. Le point de vue déterminant, en cette matière, est l'intérêt des soldats blessés ou malades, et cet intérêt doit dominer toutes les considérations particulières. Des règles communes doivent être édictées, et la répartition des blessés et malades entre les diverses ambulances doit s'effectuer selon les ressources plus ou moins étendues qu'elles présentent.

« C'est pour arriver à ce résultat que le gouverneur de Paris a constitué, sous la présidence de M. Jules Ferry, membre du Gouvernement de la défense nationale, une commission supérieure des ambulances.

« La commission a commencé par visiter les diverses ambulances particulières ; elle s'est rendu compte de leurs ressources en personnel et en matériel.

« Elle a établi ensuite un certain nombre de règles pratiques.

« En premier lieu, la commission a désigné pour chacun des neuf secteurs des fortifications un hôpital de répartition sur lequel seront immédiatement dirigés les blessés ou malades recueillis dans les lieux les plus voisins.

« Ces hôpitaux sont les suivants :

1er secteur, hôpital Saint-Antoine.
2e — Saint-Louis.
3e — Saint-Martin.
4e — Lariboisière.
5e — Beaujon.
6e — Gros-Caillou.
7e — Necker.
8e — Val-de-Grâce.
9e — Pitié.

« Les ambulances seront elles-mêmes divisées en plusieurs classes. Celles qui, par leur importance, par leurs conditions hygiéniques, par la forte constitution de leur personnel médical et chirurgical, offrent des garanties analogues à celles des hôpitaux, pourront recevoir, comme ces derniers, des blessés ou des malades gravement atteints qui y seront envoyés par l'hôpital de répartition du secteur. Les ambulances privées qui ne réunissent pas toutes ces conditions ne recevront que les individus légèrement blessés et les convalescents. Tous ces établissements se prêteront ainsi un mutuel concours, chacun d'eux se renfermant dans le rôle auquel il est le plus propre et rendant les services les mieux appropriés à son organisation.

« En cas d'encombrement de l'hôpital de répartition ou des ambulances d'un secteur déterminé, les malades ou blessés seront dirigés sur l'hôpital ou les ambulances du secteur voisin.

« Une instruction rédigée par la commission fera connaître la distribution des ambulances entre les différents secteurs, et déterminera les relations de chacune de ces ambulances avec l'hôpital de répartition correspondant. »

Les *relations* dont il est question dans ce document consistaient en une distribution bi-hebdomadaire de riz, de cheval, de vin, de pain et de dessert.

Cette distribution mérite d'être rappelée ici à la gloire des ambulancières volontaires qui, déjà harassées par la queue qu'elles avaient été obligées de faire à la porte des boutiquiers pour les besoins de leurs propres ménages, allaient encore stationner des heures entières dans les parloirs des hôpitaux avant d'obtenir les rations qu'elles rapportaient à leurs blessés!

AMBULANCE DE L'INSTITUTION DES JEUNES-AVEUGLES.

L'institution des Jeunes-Aveugles, dont les élèves se trouvaient en vacances au moment de la guerre, fut transformée en ambulance dès le mois de septembre 1870.

Ses grandes salles, ses vastes dortoirs permirent d'y dresser deux cent vingt-cinq lits, dont cent vingt-cinq furent confiés à la garde des religieuses, et cent aux soins des dames composant le personnel de l'établissement. Le tout sous la direction du docteur Désormeaux et des quatre médecins de l'institution.

Le 12 janvier, cette ambulance fut atteinte par un obus, qui blessa quatre malades. On dut mettre en sûreté les autres dans des caves jusqu'à l'armistice.

Huit cents malades ou blessés ont été soignés aux Jeunes-Aveugles. Soixante y sont morts; presques toutes ces pertes sont dues aux émotions causées par le bombardement.

Trois des infirmières volontaires de l'institution des Jeunes-Aveugles ont été décorées par le gouvernement de la médaille d'argent de première classe, ce sont :

Mesdemoiselles Marie Cailhe et Clarisse, et madame Marie Lombard.

AMBULANCE DES INFIRMIÈRES PARISIENNES.

La *Société des Infirmières parisiennes*, composée de dames qui entretenaient, à leurs frais, l'œuvre qu'elles avaient entreprise, fut fondée par madame Cellier de Blumenthal.

AMBULANCES DE LA SOCIÉTÉ DES SŒURS DE FRANCE.

Madame Bénard en fut l'un des membres les plus actifs.

Attachée d'abord à l'ambulance des Filles-du-Calvaire, elle passa successivement à celles de la rue Saint-Denis, de la rue Montmartre et de la rue Taitbout.

Elle allait, en outre, chercher des blessés jusque sur le champ de bataille.

Un jour, sur le plateau d'Avron, un jeune franc-tireur, frappé à la poitrine, et la langue à moitié emportée, lui tendit les mains.

Le malheureux ne pouvait articuler que le nom de sa mère !

Madame Bénard prit le blessé entre ses bras, l'emporta et lui prodigua, pendant trois jours, des soins empressés. Tous ces efforts furent inutiles ; hélas ! le franc-tireur mourut après une longue agonie : c'était le fils de M. Leclerc, juge de paix à Étampes.

AMBULANCE DU CHEMIN DE FER DE L'OUEST.

Soixante-six lits y ont été constamment occupés pendant les deux siéges de Paris.

Madame Eugénie Piérard, qui en avait pris la direction, a donné, au mépris de sa santé, les marques du plus éclatant dévouement.

Elle a reçu, de la *Société d'encouragement au bien*, une médaille d'honneur.

AMBULANCE DE L'HOTEL ROTHSCHILD.

Un hôpital dans un palais !...

Vingt lits s'espaçaient entre les « lambris dorés » de quatre grands salons du rez-de-chaussées de l'hôtel de la rue Laffitte.

Pour se ragaillardir les muscles et le cœur, les pensionnaires de ce cocagne financier avaient un jardin d'hiver, un fumoir, des salles de billard, d'escrime et de gymnase, — de vastes galeries peuplées de beaux tableaux et de belles statues, et une bibliothèque sur les rayons de laquelle étincelaient, magnifiquement reliés, les chefs-d'œuvre de l'esprit humain...

Ce fut au milieu de ce luxe, — relevé à propos par la poésie et par l'art, — que l'archevêque de Paris les visita sur la fin de décembre.

Ce fut encore dans ce sanctuaire païen de l'Argent, ennobli par l'Intelligence et du Judaïsme divinisé par la Charité, que l'excellente madame Davreux les fit communier, — la nuit de Noël, — sauvant ainsi, avec le même zèle, et leurs âmes et leurs corps !

AMBULANCE DU LUXEMBOURG.

Comme les Tuileries, les appartements princiers du Luxembourg avaient été convertis en hôpital.

Madame la générale de Montfort, femme de l'ancien gouverneur du palais, en dirigea la lingerie.

AMBULANCE DU GRAND ORIENT.

Elle comptait quarante lits...

Le service de la lingerie avait été confié à madame de Saint-Jean.

Celui de l'alimentation, à madame de Bécourt.

LA MÈRE.

Mère et son enfant, tués par un éclat d'obus en revenant de chercher du pain.

AMBULANCE DU JARDIN DES PLANTES.

Vous n'avez pas oublié, n'est-ce pas? en quels termes touchants madame de Bougy, qui l'administrait, s'adressa aux journaux à l'époque du 1er janvier, afin d'obtenir de la population des étrennes pour ses hôtes?

AMBULANCE DES DAMES DE LA HALLE.

Au lendemain du 14 septembre, le docteur Fortin faisait circuler le petit manifeste suivant parmi sa clientèle de la Pointe-Saint-Eustache :

« Les halles renferment une partie considérable de nos approvisionnements; les citoyens employés à ce rude travail vont être plus que jamais victimes de graves accidents ; ils méritent de la patrie au même titre que les combattants.

« Une ambulance à nous, chez nous, destinée à ces chers blessés, était de toute justice. Elle sera réunie à notre ambulance de secours aux blessés de l'armée garantie par le traité de Genève.

« Travailleurs des Halles, gardes nationaux, gardes mobiles et soldats, faites-vous transporter à notre ambulance; vous y trouverez, pour vous soigner, vos femmes, vos filles et vos mères.

« Femmes du peuple, apportez votre obole; femmes du monde, apportez davantage : c'est de l'initiative individuelle et du réveil des consciences que sortira la délivrance de la patrie.

« Dames des Halles, il ne s'agit plus aujourd'hui d'aller à la cour offrir, sous la pression du servilisme, un bouquet ou un bal. La République demande à tous l'explosion et la mise en activité des nobles sentiments que Dieu a placés dans nos âmes. Depuis quinze ans je suis au milieu de vous, nous avons appris à nous connaître ; aussi suis-je convaincu que vos braves cœurs répondront à mon appel. »

Cet appel fut entendu : — nulle part les victimes des combats suburbains ne furent choyées, dorlottées, *amignottées* avec des délicatesses plus ingénieuses, plus exquises et plus raffinées que par ces rudes commères auprès desquelles il est difficile de marchander un hareng ou un maquereau sans recevoir sur la tête une de ces cascatelles d'assonances injurieusement bouffonnes dont Vadé a rédigé le catéchisme. Un de nos confrères écrit :

« A l'ambulance des dames de la Halle, j'ai remarqué un sergent nommé Jean-Marie Trihodot, du 116e régiment de ligne, 1re compagnie, 1er bataillon, médaillé militaire et de Crimée, né dans le département de l'Ariége. Il a quarante-trois ans, vingt-trois ans de service ; ayant eu le pied emporté par un obus le 2 décembre sur le plateau de Chennevières, il a parcouru une distance de plus de 350 mètres en marchant sur son tibia et appuyé sur son fusil, pour ne pas tomber aux mains de l'ennemi.

« Cet homme est d'un courage surhumain ; malgré une opération terrible, on est encore à attendre de lui un gémissement, une plainte!...

« Au moment de le déshabiller pour le coucher, on lui avait ôté le soulier de la jambe droite et l'on se disposait à lui enlever celui de la jambe gauche, lorsqu'il dit avec un sourire plein de calme :

— « Ne le cherchez pas ; un éclat d'obus allemand s'est chargé de ce soin. »

Outre les ambulances importantes, — dont nous venons d'énumérer les principales, — il y eut, à Paris, pendant le double siége, une multitude de petites ambulances privées offertes à la municipalité des vingt arrondissements et tenues avec des attentions et un courage rares par des citoyennes dont voici la liste :

Mesdames :

Adam, d'Assailly, Aguado, Appert, Alvarez, André (Ernest), André, Aignan, d'Alligny ;

Bocquet, Baron, née Vilgruy, comtesse de Banzy, Barbier, comtesse Behagues, Bar, Bray, Barbet, Brag, Barland, du Bled, comtesse de Barbantanne, comtesse de Bourdonnaye, veuve Bussière, Bernard, de la Blanchetais, Laurent Bernard, Blache, Beauchalet, Rosa Borgelly, marquise de Boisgarling ;

Chenu, Caillard, Constant, Collot, de la Chandon, de Choiseul, Eugénie Chabanel, Courteaux, Cornetet, Camus, princesse de Chimay, Challamel, marquise de Colbert, Ceseau, Cointet, Chabrier, Chapus ;

Dallant, Deschamps, Delourède, Ducos, David, Didier, Devly, Désir, Dardoize, Delaunay, Desaubliaux, Dempiser, Dolfus, Dupuy, Dean-de-Montigny, veuve Dreyfus, Derassier, Dondeau, Depret, Dartigent, Duruflé, Drapier, Delessert Chenu, de Duben ;

Erard, d'Espaigne ;

Florez, veuve Fleury, duchesse de Fitz-James, Fétis, Forquet-Pauliniei, Février, comtesse de la Ferronnaye, Filanowiez, Fumet, Fargin-Fayolle ;

Garnier, Goufey, Grenier, Galliard, Berthe Gide, duchesse de Galliéra, comtesse de Gerson, Goisot, Goin, Gérard, Gallays, Gramont, Garcia, Guelle, Gilliard, de Guingand, Gosweler ;

Hanque, veuve Hayet, comtesse Huest, Hudde, Hébert, comtesse d'Haussonville, Jules Hochet, Hoskaer, comtesse d'Hulst ;

Ingres, Jullien, Klein ;

Le Kime, Langlois, Levasseur, Joséphine Leroy, veuve Liotard, Lacroix, Leloup, Charles Laurent, Lovély, Lerat, de Lauvancourt, Le Brun, baronne Ladoucette, Lutz, Lemké, Loizier-Langlois, veuve Ladrée, Lardieu, veuve Legrand, Labourie ;

Morange, Musard, baronne Alfred de Marbot, Muret, Martin, de Mondeville, Motte, Marguerite, veuve Morel, Morin, Mouillard, Mayer, Moulin, May, Mendez, Mariotte, Mégard, Maignien, Morel de Tangry, baronne Milet, de la Martine, veuve Ménier, Marmoclain, Meichet, de Monbel ;

Nicaud, Nast, de Navery, de Nadaillac ;

Oury ;

Pélissier, marquise de Pimodan, de Peune, duchesse de Pontalba, comtesse de Parini, Périn, Picard, comtesse de Prez, Patridge ;

Romename, Rossignol, Robert, veuve Rey, Ruguste-Riverin, Rochat, veuve Robin, Rougeaut, Rodière, Rolet, Rigaud ;

Say, Saulnier ;

Toche, veuve Tentsch, princesse Troubeskoï, Anaïs Tiranti, comtesse de la Tour-du-Pin ;

Valette, Vernes, de Valence, Vincent, marquise de Villermont, veuve Verdier Dolfus, von Wosen Maël ;

West, comtesse Walsh, veuve Wessel, veuve Welsrlé, Wienrich ;

Comtesse de Zaliska.

Nous venons d'écrire le nom de madame Cornetet.

Cette jeune veuve de vingt-huit ans, cette jeune mère de famille, mérite d'être soulignée à la reconnaissance publique.

Elle fut, en effet, l'une des premières à offrir à M. de Flavigny ses appartements et son concours.

Vingt-cinq lits furent équipés par elle, — vingt-cinq lits dont elle s'occupa nuit et jour pendant toute la durée de la guerre.

La Commune survint; les arrestations se multiplièrent; madame Cornetet redoubla de dévouement et, à force de démarches, d'énergie et de persévérance, elle parvint à arracher à la prison et à mettre en sûreté le commandant Rochebrune et plusieurs officiers de son bataillon.

Mentionnons pareillement :

Madame Raoul de Navery, directrice de l'ambulance générale de la rue Condorcet, qui se distingua par les mêmes qualités dans des circonstances identiques ;

Madame Pissaro, présidente de la *Société de secours* du dix-huitième arrondissement;

Madame Delassalle, inspectrice générale des crèches et directrice de l'ambulance de la rue de Clichy ;

Madame Verdier, organisatrice de l'ambulance à Charonne.

Et madame Savoyer, enfin, dont la physionomie et la bienfaisance sont ainsi esquissées et appréciées dans une feuille espagnole (1) par M. B. Gallet de Kulture :

« C'est, dit Victor Hugo, la tradition des femmes de la Gaule d'aider l'homme à porter l'armure.

« Comme elles ont bien montré que si l'homme a plus de *bravoure* que la femme, la femme a plus de *courage* que l'homme, à prendre ce mot dans son éloquente étymologie française, *rage de cœur !*

« *El Americano* n'en citera qu'une seule, de ces héroïnes de la charité : madame Savoyer, femme d'un capitaine des ex-voltigeurs de la garde.

« Sa maison fut pendant le siége un hospice improvisé.

« Les bombes prussiennes pleuvaient sur l'avenue de Ségur depuis le 27 décembre 1870. L'une d'elles étant allée rendre visite à l'administration des Petites Voitures, la seconde était tombée sur l'avenue de Breteuil, devant l'église Saint-François-Xavier. C'était un premier avertissement du comte de Moltke aux hommes et à Dieu!...

« Depuis lors, et pendant un mois, les canons Krupp ne changèrent plus leur objectif. A six heures, dans les soirées sombres, commençait la *pluie allemande;* elle ne s'interrompait qu'aux premières clartés du jour, afin de mieux obtenir, convertissant l'ombre en complice, l'effet *psychologique,* si bien compris et si heureusement pratiqué par M. de Bismarck. Toutes les cinq minutes, on entendait une détonation et un sifflement; puis l'obus arrivait, comme un cheval essoufflé ou comme un grand oiseau traînant l'aile, trouant çà et là nos demeures, brisant les colonnes à gaz, broyant les jeunes arbres, ou allant s'enterrer dans les sables de la place Vauban, au pied du dôme !...

---

(1) *El Americano*, dont le rédacteur en chef, M. Hector Varela, — ancien ministre des affaires étrangères de la République orientale de l'Uruguay, — a défendu sur les deux rives de la Plata, contre l'influence allemande, le nom français, les idées et la gloire françaises.

« Écloppé dans la bagarre, je lisais, pendant ce bombardement, le *Tristam Shandy* de Stern par ce besoin intime qu'éprouve l'esprit des plus doux contrastes dans les heures sinistres, quand un de ces projectiles éclate, comme le tonnerre, dans l'escalier, sur ma tête! On entend des cris d'épouvante! Chacun emporte alors ce qu'il peut et ce qu'il aime et, sans se consulter, se dirige le long des murailles, vers la maison basse qui porte le n° 33...

« Cette maison est ouverte : la propriétaire, madame Savoyer, est là sur le seuil; elle accueille cette procession d'exilés avec un sourire. Calme, forte, sereine, compatissante, elle va et vient dans ce tumulte sans paraître un seul instant y prendre garde. Pas un instant ne faiblissent ce saint courage que rien n'effraie, cette admirable bonté qui donne tout et s'oublie sans cesse. La nuit entière madame Savoyer veille, rassure et soulage. »

Le collaborateur de *El Americano* ajoute un peu plus loin :

« Nous avons tous contemplé avec un sentiment amer, en octobre et en novembre 1870, sans abris, sans couvertures, sans litière, dans la boue fétide, sous la pluie glacée, frissonnants sur leurs jambes maigres, la tête et les oreilles basses, le regard terne ou fiévreux, les chevaux des artilleurs et des quelques cavaliers du premier siège. L'avenue de Ségur en était remplie, et, parmi tant de misères dont la population parisienne étalait le spectacle, je ne sache rien de plus navrant que les flancs rentrés de ces pauvres animaux, leurs échines saillantes et leurs yeux mornes.

« L'un d'eux, exaspéré par la souffrance, mordit cruellement son maître, — un artilleur de la 6e batterie, — et il lui fit à l'épaule une blessure horrible. Le soldat était tombé et restait étendu sur le sol humide. Il y eût rendu l'âme sans madame Savoyer qui le releva, l'emmena chez elle, le soigna et fit si bien qu'elle put dire, à la façon d'Ambroise Paré : — *Je le pansai. Dieu le guérit.* »

. . . .
. . . .

Nous avons tenu à traduire de la langue de Michel Cervantes dans la nôtre ces lignes qui sont comme un tableau, — très-exact et très-réussi, — de certains épisodes des mauvais jours subis...

Non pas seulement parce que ces extraits de *El Americano* rendent, — à l'étranger, — un hommage éclatant aux pauvres chères femmes de France...

Non pas parce qu'ils reproduisent une figure, parce qu'ils rappellent un nom également sympathiques...

Mais parce que le type qu'ils caressent est la photographie vivante et sans retouche de l'ambulancière, — et que ceci, nous le répétons encore, est moins un portrait qu'un essai de statistique forcément incomplet...

Que celles de nos héroïnes que nous avons dû oublier dans cet annuaire de la vertu nous pardonnent des omissions involontaires et inévitables!...

Il faut le constater bien haut, à l'honneur de cette ville, de ce pays infortunés, perdus par leurs chefs, il y eut, dans Paris et en France, une expansion tellement sublime de générosité; que chacune de nos maisons devint une succursale des Invalides et de l'Hôtel-Dieu...

Le bienfait égala le malheur...

Et, partout où il y eut une mère, une sœur, une fiancée, une épouse, il y eut un moribond ou un convalescent!...

Comment *encataloguer* toutes ces ambulances? Comment mettre un rayon, une citation, une étiquette au front de chacune de ces créatures qui ne demandaient pas mieux que de souffrir avec les autres... et pour eux ?

Comme le Ruy Gomez d'*Hernani*, nous sommes obligés d'en passer, — *et des meilleures :* celles qui, par exemple, n'hésitèrent pas à quitter bien-être, foyer, famille, enfants pour suivre un mari devant l'ennemi !...

Ce fut ainsi que notre bataillon de francs-tireurs eut une ambulancière que nous ne nommerons pas, car elle nous touche de trop près (1) et dont nos compagnons *de la branche de houx* se rappelleront longtemps l'énergie et la bonté...

On nous dira :

— Pour tant de sacrifices, combien peu de récompenses !...

Hé! mon Dieu! nous le savons : il y a eu, — comme toujours, — dans la distribution des distinctions méritées hasard, chance, fantaisie, partialité, favoritisme !...

D'aucunes avaient, — certainement, — plus de protections que de titres !...

Mais quoi! que celles-là se consolent, qui n'ont sur la poitrine ni croix ni médaille, ni ruban !...

Il leur reste la conscience du devoir accompli !...

Ce sentiment vaut bien tous les hochets, — si grotesquement prodigués, — de la vanité satisfaite !

(1) Nous n'imiterons pas la réserve de notre collaborateur : la courageuse volontaire, à laquelle il fait allusion, est madame Paul Mahalin, femme de l'Émile Blondet de l'*Éclipse*. (*Note des éditeurs.*)

XI

LA JEUNE FILLE

Sur une vieille estampe allemande qui représente Faust en train de jouer aux échecs avec Méphistophélès, on voit, à la gauche du docteur, se dresser une forme élancée, — un corps de vierge que drape une longue robe blanche, — une figure douce, pâle, charmante, mélancolique et résignée...

Est-ce l'ombre de Marguerite, revenue du Broken pour conseiller son bien-aimé ?...

Est-ce l'âme du savant ou son ange gardien, — devenus tangibles tous deux pour le dissuader de la fatale partie ?...

Hélas! celle-ci continue sans repos, trêve, ni merci...

Et, tandis que les adversaires s'acharnent sur l'échiquier...

Tandis que Méphisto ricane dans sa barbe à l'espoir de l'enjeu que ses tours de passe-passe lui feront empocher tout à l'heure...

Tandis que sa victime, — aveugle, — se penche fiévreusement vers les pions que sa main malmène et tourmente...

La figure douce, pâle, charmante, mélancolique et résignée laisse tomber sur la pauvre dupe un regard attendri, chargé de pitié et de larmes, en même temps que son bras droit se lève vers le ciel avec un geste qui semble dire :

— Seigneur, permettrez-vous que cette œuvre d'infâme tricherie s'accomplisse, et que la ruine de l'innocent soit consommée par l'aigrefin ?

Telle est, en France, l'attitude de la jeune fille pendant la déplorable partie que nous venons de perdre.

Comme Faust, nous l'avions engagée, cette partie, sans savoir à quel adversaire malin, redoutable, habile et préparé, notre orgueil allait se heurter !...

Et, tandis que, courbés sur l'échiquier des batailles, nous voyions avec désespoir nos *rois*, nos *tours*, nos *cavaliers* tomber successivement au pouvoir d'un ennemi passé maître dans l'art des combinaisons sataniques...

Tandis que nos *échecs*, — le mot ici s'entend de toutes les façons, — pouvaient se compter tristement sur les cases noires comme le deuil...

Tandis que, de toutes nos forces, il ne nous restait que les *fous!*...

Les jeunes filles de France, debout à nos côtés, n'ayant pu empêcher nos fautes, les plaignaient et priaient pour nous!

Et, n'est-ce pas que, si quelque chose avait été assez puissant pour apaiser la colère céleste en train de flageller la démoralisation et les présomptions d'un peuple, ç'aurait dû être la supplique de ces êtres purs, faits d'hermine, d'ivoire, de rayons et de lis comme la *Virgo* des *Litanies*?

Mais la colère céleste ne voulut pas être apaisée!

. . . .
. . . .

Nos vierges, — toutefois, — ne se bornèrent pas à prier.

Jadis, elles auraient fait des miracles!

N'est-ce pas une *pucelle* de Domrémy, — une humble pastourelle de ce bourg de Lorraine, auprès duquel l'état-major d'un corps d'armée prussien d'occupation ripaille et se goberge aujourd'hui à nos frais, — n'est-ce pas Jehanne l'enthousiaste, la sainte, la martyre, qui, par le seul prestige de son nom et la seule magie de sa foi, chassa les Anglais des abords d'Orléans et délivra, — pour un moment, — du fléau de l'invasion, la Champagne et l'Ile-de-France?

Malheureusement, le temps des miracles est passé...

La foi nous manque, — la foi qui sauve les nations de la défaite comme le matelot du naufrage...

Le ciel a cessé d'aider qui ne s'aide pas...

Dans la période qu'il nous faut rappeler à tout bout de champ, — pour nous instruire et pour nous corriger, — nos généraux eux-mêmes ne croyaient plus à la victoire!...

En quel médiocre respect les bombardes de M. de Moltke n'auraient-elles pas tenu les illuminées d'en haut, les envoyées de la Providence et la bannière de JHESUS-MARIA portée par une créature sans tache!...

Il y eut, pourtant, chez nous, des fillettes qui combattirent parmi les volontaires et les soldats.

Nous les retrouverons dans le chapitre intéressant qui leur sera consacré.

Pour n'être pas aussi... militaires, les autres ne furent pas moins vaillantes.

Pour courir, en effet, les aventures de guerre, marcher l'étape, faire le coup de feu avec les *rudes compagnons*,

> . . . Dont jamais le cœur ni le fer ne s'émousse,
> Ayant tous quelque sang à venger qui les pousse.
> . . . .
> Les suivre dans les bois, dans les monts, sur les grèves,
> Chez des hommes pareils aux démons de ses rêves,
> Soupçonner tout, les yeux, les voix, les pas, le bruit ;
> Dormir sur l'herbe, boire au torrent. . .

Il faut certainement, en dehors de l'énergie du caractère, une souplesse de muscles, une liberté

L'AMBULANCIÈRE

d'allures, une habitude du grand air que ne donne point d'une façon précise l'éducation moderne de la famille, de l'école et du pensionnat.

Ensuite, n'endosse pas qui veut la casaque du franc-tireur.

La question de dévouement n'est que trop souvent subordonnée, dans ce cas, à une question de *formes!*

. . . .
. . . . , .

C'était en juillet 1870.

La France, dit Jules Claretie dans un livre excellent et triste comme la vérité, la France avait pris soudain une physionomie nouvelle.

Les railways avaient la fièvre.

Plus de voyageurs, des soldats.

Les wagons appartenaient aux troupes.

On les massait dans une gare, elles montaient comme à l'assaut dans les compartiments, la vapeur sifflait, et en route!

Un lignard criait à un cocher qui le heurtait, en passant, de sa roue :

— Hé là-bas, tu es bien pressé! ne m'écrase pas encore !

Et l'on allait !...

Beaucoup venaient de loin, — de Lyon, de Marseille, de Brest, de Bayonne !...

Chères et vaillantes victimes !...

Déjà l'imprévoyance passait sa tête de vipère au milieu des lauriers dont on les couronnait si prématurément...

Rien n'avait été préparé pour les ravitailler en chemin.

Un morceau de pain noir bouclé sur le sac, quelques gouttes de trois-six ou de café dans le bidon, formaient tout le viatique d'un trajet de près de deux cents lieues !...

Et, quand, après avoir roulé des nuits, des jours entiers, parqués dans des voitures à bestiaux, un peu semblables aux bœufs que l'on envoie à l'abattoir ; quand, en se réveillant, riant de la fatigue comme ils devaient rire de la mort, les pauvres diables sautaient sur les quais des gares pour dégourdir leurs jarrets lassés, leurs jambes ankylosées, leurs membres perclus, c'était avec ce qu'ils trouvaient qu'ils humectaient leur gosier desséché !...

Et que trouvaient-ils le plus souvent ?...

Pour un bataillon, pour un régiment, pour une brigade, pour une division, une demi-douzaine de ces baquets d'eau saumâtre disposés à l'avance pour abreuver les chevaux qu'on expédie !...

De telle façon que cette armée allait arriver à la frontière, — pour se battre, — harassée, brisée, quasi expirante !...

— Si l'on veut que la machine marche, disait un artilleur, il lui faut du coke.

Hé ! les intendants, les ministres, les maréchaux, l'empereur même s'inquiétaient joliment du coke, en vérité !

D'ailleurs, il n'y avait plus de coke.

Ceux-ci en avaient trafiqué...

Et ceux-là s'en étaient servis pour faire bouillir la marmite !...

Eh bien, cette idée que n'eurent point les *riz-pain-sel* galonnés de nos administrations militaires, que n'eut point M. Le Bœuf, que n'eut point le chef de l'État, dont ils représentaient pourtant les intérêts et les calculs ; cette idée, d'avoir soin des soldats sur leur route, de les réconforter et de les rafraîchir ; cette idée, si simple, si pratique et si humaine en même temps, elle vint aux jeunes filles de France!...

Ce furent elles qui, de leurs propres deniers, — les deniers de la petite bourse aux fanfreluches, à la toilette, aux fantaisies et aux colifichets, — installèrent à toutes les stations des voies ferrées parcourues par nos troupes, de ces buvettes gratuites où, légères, accortes et gracieuses, elles distribuaient aux *voyageurs pour Berlin*, — nous parlions ainsi, hélas ! — du pain, du vin, des aliments, des fleurs...

Mon Dieu, oui : des fleurs...

Car nos fillettes avaient toutes les délicatesses...

Les fleurs sont les friandises des yeux...

Leur parfum est un cordial...

Vivantes, elles étaient pour nos soldats comme l'image, le portrait de leurs bienfaitrices !...

Fanées, elles devenaient un souvenir !...

Bientôt les revers effroyables succédèrent aux victoires... promises ou rêvées...

Au lendemain de la surprise de Beaumont, annoncée à Paris comme un succès vers l'ouverture de la campagne, les débris du corps de Failly furent rejetés sur Autrecourt, village des Ardennes dont chaque maison s'encombra de blessés et de mourants.

Il y avait là une jeune fille de vingt ans, mademoiselle Ludivine Royer, qui apprenait aux enfants de la bourgade à lire, à écrire, — à aimer Dieu, la patrie, leur prochain, la famille...

Mademoiselle Ludivine Royer fut la première à transformer en ambulance privée sa salle d'école, son logis, jusqu'à sa modeste chambrette...

— Qu'ai-je besoin de lit, disait-elle, puisque je veille près de nos hôtes ?

La conduite de mademoiselle Ludivine Royer fut celle de toutes les jeunes filles de France.

Chaque buffet de chemin de fer s'était doublé d'un hôpital.

Chaque demeure aisée devint une ambulance.

Oh ! que nous voudrions pouvoir enregistrer, — en lettres d'or sur vélin, — le nom, l'âge et les titres à la reconnaissance du pays de tous ces anges de bonté et de beauté !

Que nous voudrions pouvoir fixer sur une page satinée, du bout d'un fin pinceau trempé dans les godets des enlumineurs de missels, ces traits divinisés par le reflet des plus nobles sentiments, par l'exercice des plus éclatantes vertus !

Que nous voudrions pouvoir mettre autour de ces fronts le nimbe dont Raphaël auréolise la chevelure de ses madones !...

Mais quoi ! ce livre entier suffirait à peine aux états de service succincts de ces héroïques mignonnes !...

La guerre alla presque partout !...

Puis, quand elle eut cessé, officiellement, par traité, voici que les prisonniers nous revinrent — par convois — d'Allemagne...

Les prisonniers hâves, fiévreux, chancelants, abattus, affamés, en guenilles !...

Les petits doigts roses habitués à égrener le chapelet ou à marivauder de l'éventail ne reculèrent ni devant les plaies ni devant la vermine...

Des fiévreux s'appuyèrent sur des bras sculptés dans le marbre, sur des épaules pétries de camélias...

Nous avons vu, à Strasbourg, une de ces enfants généreuses payer son dévouement de sa vie...

Pour ce corps frêle broyé sous les roues d'un wagon, combien de cœurs vaillants brisés par le choc imbécile de deux volontés souveraines !...

Combien d'orphelines !...

Combien d'âmes *dépareillées!* de flammes juvéniles éteintes à leur première lueur ! de lèvres forcées à se taire avant d'avoir parlé ! d'existences désormais sans but, devant être à jamais sans amour !

Combien de créatures infortunées, découragées, désespérées qui portent — moralement — la robe noire des veuves et leur coiffe de crêpe sans s'être épanouies dans la robe blanche et sous le voile de mousseline des mariées ?

Tenez, celle-ci, par exemple, s'appelle Geneviève Breton...

Ce nom, qui semble fait pour le roman ou pour le drame, vous le connaissez, n'est-ce pas ?...

Un autre nom, — célèbre, celui-là, — l'a rendu populaire...

Geneviève Breton a vingt-trois ans.

Elle allait devenir la femme d'un homme qui promettait de devenir un maître...

Henri Regnault était jeune, fort, riche, honnête, inspiré, rayonnant, superbe !

Son œuvre l'avait fait connaître !

L'avenir l'eût fait admirer !...

Mais, dans ce loyal serviteur de l'art, il y avait un soldat ardent de la patrie...

Un autre se fût peut-être contenté de rester un grand artiste...

Henri Regnault voulut faire acte de bon citoyen...

On sait le reste.

La balle stupide d'un Prussien retranché derrière le mur maudit de Buzenval troua cette brave poitrine et coucha dans la boue du 19 janvier le peintre de *Salomé*, pêle-mêle avec d'autres martyrs moins connus, mais non moins sublimes !...

Je ne tenterai pas d'esquisser l'immense douleur de sa fiancée...

Cette douleur profite à la France.

Geneviève Breton, en effet, se consacra, dès lors, avec sa sœur Thérèse, âgée de dix-huit ans, au service des blessés recueillis par la *Société de Secours*...

Deux médailles d'honneur ont récompensé leur zèle...

Maintenant, que de pauvres filles n'ont pas eu la consolation, — et ce n'en est pas une médiocre, — de voir toute une nation sangloter avec elles sur la tombe où s'enfouissait leur bonheur !...

Que de héros obscurs, — officiers, simples soldats, mobiles, volontaires, — sont tombés sans éclat en faisant leur devoir, qui laissent après eux des sœurs éplorées, des amantes folles de chagrin, des *promises* inconsolables !...

Et comme, en s'affalant dans un coin ignoré, après un combat de nuit ou une boucherie en masse, ces malheureux, qui n'avaient fait ni le *Portrait du général Prim*, ni l'*Exécution à Tanger*, et dont le trépas silencieux n'avait pas même l'espoir d'une mention au bulletin officiel, comme ils auraient pu répéter, dans les convulsions de l'agonie ou le spasme du hoquet suprême, cette pensée de Blaise Pascal :

« Se peut-il rien de plus plaisant qu'un homme ait le droit de me tuer parce qu'il demeure au delà de l'eau et que son prince a eu querelle avec le mien, quoique je n'en aie aucune avec lui ? »

. . . .

. . . .

. . . .

Pierre de l'Estoile s'extasie devant la résignation de mademoiselle de Montpensier, qui, durant le huitième siége de Paris, sous Henri IV, — 1593, — mangea son chien « au lieu de l'aller promener. »

Qu'aurait écrit, je vous le demande, cet historiographe de cour, s'il avait vu les jeunes Parisiennes de l'*Année terrible* non-seulement dévorer, — mais encore digérer, — leurs chiens, leurs chats, leurs perroquets, et, même, leurs serins ?

Bibi et *Fifi*, c'est comme cela !

C'est ce qui me rappelle ce racontar d'une fillette d'ouvriers :

— Lorsque j'étais petite, j'élevais des pierrots. Papa et maman les mangeaient. J'élevai une souris blanche. Ils la mangèrent aussi. Alors, j'élevai un colimaçon...

— Et ils le mangèrent pareillement ?

— Oui, monsieur : *il paraît que c'est bon pour la poitrine.*

A Paris, pendant le siége, tout *était bon pour la poitrine.*

D'ailleurs les jeunes personnes firent à la situation des sacrifices plus importants que celui de Minet, d'Azor ou de Coco.

Celui de toute espèce, de distractions d'abord.

Plus un accord de piano nulle part.

Les loges de nos concierges elles-mêmes restaient muettes.

Atala, élève du Conservatoire dans la classe de Marmontel, avait cru devoir discontinuer ses *exercices*.

Il y a du bon dans le malheur !

Le temps n'était guère, il est vrai, aux *variations* et aux *caprices*.

Il y avait d'autres musiques : la *diane* sonnée par les clairons, la *générale* battue par les tambours. Aux jours d'émeute, un peu de tocsin brochait sur le tout. Et le canon des forts entamait avec les batteries ennemies des duos, — pour soprano et basse, — plus émouvants, plus passionnés, plus tintamarresques que toutes les chaudronneries *d'amore* de Wagner ou de Verdi.

Et les gardes nationaux en patrouille, le soir, dans les rues désertes, se montraient médiocrement sensibles aux charmes d'*Ay Chiquita*, du *Bacio* ou des *Roses* chagrinant Erard ou Pleyel.

Dilettanti restreints et mélomanes insuffisants, les gardes nationaux ne toléraient que *la Marseillaise* et le *Chant du Départ :* encore ceux de Belleville affichaient-ils pour ce dernier morceau une aversion insurmontable !

Pas davantage de *sauteries*.

On ne dansait plus que devant le buffet.

Pas de spectacles.

On donnait bien par-ci par là, à l'Opéra ou à Montmartre, une représentation au bénéfice des blessés ; mais cette représentation était identique partout : elle se composait le plus souvent d'intermèdes, rangés comme des cornichons autour d'un petit acte de la Comédie-Française ou du Gymnase.

Qu'importe, on y allait !

Je connais telles demoiselles qui ont ainsi vu jouer onze fois, dans un mois, le *Bonhomme Jadis*, par M. Talbot, et, treize fois, *les Jurons de Cadillac*, par mademoiselle Angelo !

Ces petites filles de Paris ont des tempéraments de fer !

Pas de promenades.

Par les dimanches pâles de neige, gris de brouillards ou noirs de boue, on allait aux Champs-Élysées, à l'Arc de Triomphe, à la porte Maillot, entendre de plus près la sérénade intermittente du Mont-Valérien.

On poussait jusqu'au Point-du-Jour et on lorgnait Saint-Cloud, qui achevait de brûler, et les coteaux de Meudon où se terrait l'ennemi circonspect.

Les jours de bataille, vers le nord et l'est, on grimpait sur les buttes Montmartre pour y voir les flocons de fumée s'élever à l'horizon au-dessus d'Épinay ou du Bourget...

Et c'était tout !

Pour comble, les sept péchés capitaux supprimés !

Plus d'*orgueil :*

Toutes les toilettes étaient semblables. Couleur sombre, coupe sévère, absence d'agréments, de *tire-l'œil* et de bijoux. Partant, ni *envie*, ni *colère*.

Plus de *paresse :*

Il fallait dévaler du lit avant sept heures du matin pour accompagner la maman à la boucherie municipale.

Plus de *gourmandise :*

Félix et Julien pâtissaient à la graisse de cheval.

Plus de... *flirtation*, enfin :

Le petit cousin était à la tranchée ou de grand'garde, à portée des Prussiens.

Reviendrait-il ?

Les jeunes filles de Paris endurèrent, sans se plaindre, toutes ces horreurs de la guerre.

La question des étrennes arriva, — des *riens* élégants, des bagatelles artistiques, des babioles ruineuses.

Eh bien ! le croirait-on ? quelques jours avant le 1er janvier, mademoiselle X... fit circuler cette motion :

« N'accepter, comme cadeau de nouvelle année, que des bonbons contenus dans des bas et des chaussettes de laine dont les défenseurs de la capitale profiteraient. »

Et l'engagement fut pris !...

Et il fut tenu !...

Mon Dieu, il est un fait certain :

Beaucoup de jeunes filles ont pleuré, — à Paris comme en province, — pendant la période sinistre...

D'autres, par contre, n'ont pas cessé de sourire...

Qu'on ne s'y trompe point :

Le sourire de celles-ci est aussi menaçant pour le Prussien, dans l'avenir, que les larmes de celles-là...

Car sa pourpre est armée de trente-deux crocs d'émail !

Sourire et larmes feront éclore des guerriers pour la revanche.

Nos jeunes filles deviendront des femmes avant peu.

Je ne les adjure pas d'être graves : sérieuses, c'est assez, — et encore pas toujours.

Leur frivolité ravissante, qui se relève de tant d'esprit, — du plus naturel et du plus fin, — et qui, dans les circonstances critiques, démasque tant de sang-froid et d'abnégation ; leur frivolité, dis-je, est une force.

C'est par elle qu'elles règnent sur l'Europe charmée, plus sûrement que Guillaume sur l'Allemagne asservie.

Qu'elles conservent cet empire de la grâce, du goût, du tact, de la saillie, de l'originalité, du chiffon.

Tout est utile.

Otto de Bismarck le sait si bien, qu'il vient de faire des mamours à des marchandes de modes saxonnes.

Ce que j'exige de nos fillettes, des fillettes *viriles* d'hier, des épouses, des mères de demain, c'est qu'elles se souviennent de ce qu'elles ont vu, de ce qu'elles ont fait, de ce qu'elles ont souffert.

Qu'elles prennent exemple sur madame Z...

Madame Z..., la jeune femme de l'un de nos officiers les plus distingués, habitait pendant la guerre, avec un baby de cinq ans, une propriété dans laquelle le prince Frédéric-Charles s'arrêta en passant.

L'illustre reître était de bonne humeur. Il voulut saluer la maîtresse du logis et fit un mouvement pour caresser l'enfant...

Celui-ci recula avec dégoût.

— Oh ! oh ! interrogea le prince, tu n'aimes donc pas les Prussiens ?

— Non, répondit nettement le baby, quand je serai grand, j'irai à la guerre et je ferai comme papa : j'en tuerai tant que je pourrai.

Frédéric-Charles fronça le sourcil.

Puis, se tournant vers madame Z..., il lui demanda, avec une brusquerie irritée :

— Hé, madame ! comment diable élevez-vous votre fils ?

— En Française ! monseigneur, repartit la mère fièrement.

XII

LA PROVINCIALE

Les deux premières provinces que mordit l'invasion, en attendant qu'elle les absorbât, — sans espoir de pouvoir les digérer jamais, — furent, — naturellement, — l'Alsace et la Lorraine...

L'Alsace et la Lorraine, dont les femmes avaient donné à la France, — de marâtre devenue mère, — Kléber, Kellermann, Rapp, Lefèvre, Ney, Drouot, Oudinot, Victor, et à côté de ces généraux dont le bronze éternisera le nom, la mémoire et les services, ces héroïques soldats annoblis par la victoire, les Buffet, les Buquet, les Puthon, les Brice!...

En 1792, en 1814, les Alsaciennes et les Lorraines avaient suffisamment prouvé qu'elles étaient et qu'elles entendaient demeurer françaises...

En 1870, en 1871, elles accusèrent une fois de plus ces liens du sang indissolubles!...

Nous avons déjà constaté en maint endroit, hélas! l'incroyable imprévoyance qui présida à ce que nous pourrions appeler : l'aménagement de la dernière guerre...

Au mois de juillet 1870, une partie de l'armée française campait dans les prairies de Tomblaine, sous les murs de Nancy...

Elles étaient là, dans une fournaise, — la fournaise de la saison...

Pour empêcher nos soldats d'expirer de soif et de chaleur dans cette espèce de Sahara, les fermiers généraux de l'intendance militaire leur avaient préparé... la Meurthe!...

Madame Jules Gougenheim pensa que l'eau vaseuse n'était pas un breuvage assez réconfortant...

Elle organisa à Nancy une souscription dont le produit procura à cette gent taillable et *canonnable* à merci de quoi ne pas mourir avant de se faire tuer.

Bientôt, la ville de ce Jacques Callot, qui aurait préféré se couper les pouces que de graver pour Louis XIII la défaite de son pays, fut occupée par une patrouille de cavaliers. Un corps d'armée y résida. La gare devint inaccessible à nos compatriotes et les blessés, des malades, des prisonniers qui la traversaient y manquèrent de vivres, de soins et de secours...

Madame Gougenheim alla de porte en porte, solliciter la bienveillance des habitants. Un

L'AMBULANCIÈRE

Pendant le combat

comité fut organisé. Il se composait, outre l'instigatrice de ce généreux mouvement, de mesdames et de mesdemoiselles Violet, de mesdames Lhoste et de M. Piroux, directeur de l'Établissement des Sourds et Muets.

Celui-ci mit à la disposition des victimes de nos désastres le vaste local de l'institution qu'il a fondée au faubourg Saint-Jean, à proximité de la gare.

Dans l'enceinte même de cette gare, madame Hermann, employée à la perception des billets, se prodigua pour venir en aide à toutes les épaves vivantes et souffrantes de la lutte. Elle fut secondée dans cette tâche par mesdames Colligny et Verlh et par madame la comtesse Ogarnon.

Du reste, dans cette cité aristocratique, où les *quatre chevaux de Lorraine* ne suffiraient point à brouter l'herbe qui pousse dans les interstices des pavés et dans les cours d'honneur des hôtels princiers, le dévouement ne fut pas seulement l'apanage des grandes dames de la noblesse et du tiers-état.

Deux ouvrières, mesdames Sonnette et Martzel, qui se trouvaient sans ouvrage au moment de la guerre, consacrèrent et leur temps et leurs modestes ressources à transformer de vieilles loques en vêtements chauds qu'elles allaient distribuer aux malheureux transis sous leurs héroïques défroques. . . . .

Il nous faut nous éloigner de ces salles où l'on gémit, de ces lits où l'on agonise, de ces convois qui laissent sur leur passage comme une longue traînée de sang, — mais sur lesquels la Charité étend doucement ses blanches ailes...

Des scènes plus terribles nous réclament...

On se bat partout...

Partout la *force prime le droit*. Strasbourg est bombardé ; Neuf-Brisach est bombardé ; Phalsbourg est bombardé ; Bitche, Thionville, Verdun, Mézières, Sedan, Soissons, tout ce qui est à portée des Krupp de l'ennemi est bombardé. Rouen, Orléans et Dijon sont violés ; Châteaudun est incendié ; Rambervillers est assassiné !...

Châteaudun !...

Pendant la mémorable journée du 18 octobre 1870, les femmes eurent leur part de gloire.

On les vit jetant par les fenêtres leurs meubles, leurs matelas pour servir à l'érection des barricades ; on les vit sur ces barricades mêmes excitant les hommes au combat ; on les vit sur les cendres de leur ville relever les blessés et les morts.

Trois cent vingt sur *mille* combattants ! après dix heures de lutte contre *douze mille* Prussiens, — lutte acharnée, folle, furieuse, dont nous n'hésitons pas à reproduire le récit d'après la remarquable brochure de M. Édouard Ledeuil, lieutenant-colonel aux francs-tireurs de Paris-Châteaudun.

« Le clairon sonnait partout !

« Et chacun de se réunir et de courir occuper une position. En un quart d'heure, l'ennemi était reçu à coups de fusil à toutes les issues.

« Il nous avait surpris ; mais il devait être à son tour stupéfait de la rapidité avec laquelle Châteaudun s'était hérissé de fer et de baïonnettes.

« Cette arrivée soudaine de tout un corps d'armée, la grande étendue de la ligne à couvrir, obligèrent à mêler les compagnies et à ne garder comme réserve, sur la place de l'Hôtel-de-Ville, qu'une soixantaine d'hommes.

« Les uns étaient à la Tuilerie, d'autres dans le parc des Dames-Blanches ou derrière les barricades, rue de Chartres, rue Galante, rue d'Orléans, rue du Bel-Air, rue de Jallaus, rue du Champdé, rue d'Angoulême, etc., etc., où les habitants venaient augmenter le nombre des défenseurs.

« Sur la place de l'Hôtel-de-Ville, où la plus infernale musique se faisait d'obus, de boîtes à mitraille, de balles, de toitures, de vitres et de pans de maisons sifflant, éclatant, tombant, se brisant, brûlant, le lieutenant Bazin se promenait les bras croisés pour donner, disait-il, du courage aux hommes...

« Les pompiers étaient aux prises avec le feu dans la rue d'Angoulême...

« Un père et ses deux fils, tous trois habitants de la ville, se battaient en blouse à la barricade de la rue de Chartres.

« Une jeune fille de seize ans, Laurentine Proux, allant de la barricade de la rue Saint-François à la barricade de la rue Loyseau et à celle de la route de Clayes, émerveillait nos francs-tireurs, à qui elle portait de l'eau et des cartouches par des chemins couverts de nos morts...

Tout le monde, enfin, se signalait, se décuplait.

« C'était grand ! c'était beau !...

. . . .

« La bataille dura ainsi jusque vers six heures, le canon tonnant toujours, la fusillade redoublant par intermittence, l'incendie, mis par les obus, éclatant sur tous les points à la fois.

« Victorieux partout, nos officiers nous envoyaient demander des cartouches... Voilà tout.

« Nos soldats improvisés avaient une profonde douleur de voir tomber leurs camarades blessés ou tués, mais sans être ébranlés un moment dans leur courage.

« La mort était bravée avec un mépris indicible, inspiré par le sentiment de l'honneur national.

« Puis-je ne pas parler de ce vieillard de soixante-dix ans qui, pour construire la barricade de la Cavée-de-la-Reine, dévalise lui-même sa maison située à proximité, prend ses matelas et les apporte, un à un, pliant sous le fardeau et sous la pluie des balles, qui sifflaient de tous côtés !...

« Et Poliard, qui voyant aux fenêtres d'une maison en flammes, sur la route de Clayes, une mère et son enfant affolés, se précipite, à travers les balles, dans le feu, et ramène au jeune père, qui se bat dans nos rangs, son fils et sa femme !...

. . . .

« De sept heures et demie à onze heures, le silence qui régnait semblait présager notre défaite. J'envoie le lieutenant Delaplagne en reconnaissance dans cette nuit devenue profonde tout d'un coup.

« Et n'ayant pas assez d'hommes encore, je lance pendant ce temps des francs-tireurs dans toutes les directions, prévenir qu'on se rallie à moi. Pour tenir tête aux Prussiens qui n'allaient pas tarder à déboucher de la rue Saint-François et de la caserne, je reconnais au galop la rue des Empereurs en feu; j'y porte trois hommes, avec ordre de ne prêter leur attention que du côté de la caserne, tandis que leurs cinq ou six autres camarades surveillent, du coin de la rue d'Angoulême, la place de l'Hôtel-de-Ville.

« Cependant, le lieutenant ne revient pas ; nous sommes pris entre deux feux ; l'ennemi est à vingt pas de nous de chaque côté.

« Mais arrivent en ce moment le capitaine Cohade, les lieutenants Perrin, Gignal, Planard, avec une centaine d'hommes.

« En assez grande force alors pour parer à tous événements, et après avoir mandé au fourrier Dallat de reconnaître encore la place, nous nous avançons du coin de la rue du Sépulcre par le haut de la rue d'Angoulême, sur deux files, à droite et à gauche, le long des murailles. Une masse noire se dessinait débouchant de la rue de Chartres, un cordon noir entourait la fontaine. C'étaient les Prussiens qui, en mon absence, avaient pris possession du réduit.

« Mon cœur frissonne. Ce changement s'était fait en si peu de temps, que je crus prisonniers le commandant et tous les défenseurs des rues de Chartres et d'Orléans. Car où étaient-ils passés? Je n'avais vu personne. Je n'avais rien entendu.

« De l'Hôtel de ville à la rue Saint-François, et de cette barricade à l'Hôtel de ville, j'avais mis cinq minutes. Et les Prussiens étaient là. »

La nouvelle de ce combat fut accueillie à Paris par des clameurs d'admiration enthousiastes, et l'on songea à donner aux héroïques habitants de Châteaudun des secours immédiats.

Une souscription fut annoncée dans les colonnes du *Moniteur universel*, toujours ouvertes au malheur.

Lorsque Paris avait été menacé, les familles *dunoises* établies dans la grande ville, avaient envoyé les vieillards et les femmes à Châteaudun : leur angoisse était épouvantable.

Qu'étaient devenus, au milieu du carnage et des flammes, les êtres chéris que l'on avait confiés aux parents de là-bas ?

Les pigeons n'avaient apporté sous leurs ailes que des renseignements purement militaires.

A quelle époque aurait-on le chiffre des victimes, leurs noms ?...

Nul ne pouvait le savoir.

Cependant, pas une de ces femmes qui allèrent chaque jour dans les bureaux du quai Voltaire demander des nouvelles des habitants de Châteaudun, ne laissa échapper une larme.

— Oui ! c'était joli, fort joli, Châteaudun, nous disaient-elles ; nous y avions une maison charmante... La ville, rebâtie au siècle passé, après un incendie, avait de belles rues larges et droites. Nous avions fait monter l'eau du Loir sur la place et ça nous avait coûté cher ; pensez donc, le Loir est de trente-quatre mètres en contre-bas ! On fit une superbe fontaine en pierre de taille ; nous nous proposions d'y mettre plus tard la statue de Dunois. En attendant, nous y avions mis un phénix, l'emblème d'une ville qui renaît de ses cendres. Eh bien...

— Eh bien ?...

— Nous referons tout cela, mais...

— Mais !...

— Ah ! voilà : qui sait si ces Prussiens de malheur n'auront pas assassiné les enfants ?...

. . . .

Il est certain que, dans ce temps de défaillances et de capitulations, Châteaudun a été une exception glorieuse. Il semble, toutefois, que cette petite ville doive partager ses lauriers avec les francs-tireurs du général comte Ernest de Lipowski. Celui-ci, comme M. Ledeuil, le prétend, du moins, dans une brochure. A l'entendre, c'est le courage, — non contesté du reste, — de son bataillon qui a fait des Châteaudunois des héros ; la rage de l'ennemi en a fait plus tard des martyrs.

Or, il faut que M. Podevin, préfet de Nancy, et M. Périer, maire de Châlons, le sachent bien :

Il y a eu plus d'un Châteaudun en province.

Lorsque les grandes cités de cinquante mille âmes se prostituaient volontiers à quatre uhlans avinés, lorsque, pour justifier leur... prudence excessive, elles ne craignaient point d'invoquer l'absence de remparts et de garnison, le manque d'armes à la mode et l'impossibilité d'une défense organisée selon les principes de l'art, des groupes de bicoques ouverts à tout venant, des poignées de citoyens équipés de canardières et de fusils à piston essayaient d'arrêter le débordement de l'invasion triomphante et se sacrifiaient, — sans regret comme sans espoir, — pour retarder d'un instant la marche des barbares. C'était dans des bourgades que battait le cœur de la France. C'étaient les artisans de Châteaudun et de Rambervillers qui donnaient aux bourgeois de Châlons et de Nancy la leçon du patriotisme poussé jusqu'à la ruine, l'exemple du devoir accompli jusque dans la mort !

Rambervillers !...

Six jours avant Châteaudun, cette localité minuscule comptait, — elle aussi, — ses héroïnes et ses martyrs !...

Le 6 octobre 1870, à trois heures du matin, la générale y mit sur pied tout le monde.

Un ordre, arrivé pendant la nuit, enjoignait à la garde nationale de se porter à l'embranchement des routes de Raon et d'Étival et de se retrancher au col de la Chipote, dont la possession importait absolument à nos opérations, l'ennemi occupant Étival et Raon depuis la veille. Le bataillon se rendit sur-le-champ à l'endroit indiqué. Il y prit position à huit heures et demie, après avoir rallié en chemin quelques volontaires de Bru, de Saint-Benoît et de Jeanménil.

On acheva des tranchées commencées par les forestiers et l'on fit des abatis d'arbres pour encombrer la voie.

A neuf heures et demie, la fusillade pétilla au-dessus de Saint-Remy...

Les mobiles de la Meurthe étaient attaqués, — à Nompatelize, — par trois colonnes prussiennes disposées en échiquier.

La journée durant, les gardes nationaux de Rambervillers, échelonnés sous bois, avaient fait le coup de feu contre l'aile droite des Allemands. A la nuit, quand l'ennemi eut envahi Nompatelize en flammes et Saint-Remy, les braves tirailleurs se retirèrent, — avec les forestiers, — par les Basses-Pierres et le Haut-du-Chêne et rentrèrent en ville à neuf heures. Le vainqueur ne devait pas tarder à les y poursuivre.

Le lendemain, vendredi 7 octobre, dans l'après-midi, une trombe d'environ soixante cavaliers s'engouffrait dans le faubourg de Baccarat.

Rien n'avait pu prévenir les habitants de Rambervillers de cette foudroyante incursion, — les fatigues de la veille les ayant obligés de supprimer le service des postes avancés...

Les cavaliers parvinrent, — au galop, — jusque sur la place de la Mairie...

Mais, à leur vue, voilà que les femmes se mettent à crier : *Aux armes!*

Les enfants ramassent des pierres...

Les hommes courent aux fusils...

Aussitôt les Allemands tournent bride, donnent de l'éperon et s'envolent ainsi qu'une nuée de vautours.

En fuyant, leur officier se retourne et jette cette menace derrière lui :

— Nous reviendrons demain chercher vos armes.

Ils ne revinrent pas. La journée du lendemain 8 s'écoula tranquillement.

Le dimanche 9, la ville se réveilla dans l'inquiétude et la tristesse. Il pleuvait. Un ciel gris et bas tendait de deuil les horizons. Une sorte de lueur funèbre se reflétait sur les visages. Chacun se montrait sombre et résolu. Quelque chose de vague et de sinistre planait. Il y avait dans l'air une odeur de poudre et de sang.

Pourtant, c'était la fête patronale du pays.

Hélas! on songeait bien aux danses, aux musiques, aux *beuveries* rabelaisiennes et à ces festins de Pantagruel qui, si j'en crois la légende gouailleuse, attablaient les indigènes devant des pyramides de *têtes de veau!*...

Victor Hugo a dit :

Nos morts seront nos fêtes !

Rambervillers allait avoir sa fête rouge et ses morts radieux!...

Il était une heure et demie, lorsque le guetteur signala l'approche des Prussiens. Le tocsin hurla aussitôt dans la vieille église dont nous disions, en plaisantant, nous autres, gars de *Pinau*, — Épinal, — qu'elle avait quatre clochers et trois *sans* cloches; dans les rues, le clairon, le tambour faisaient rage. Les boutiques, les portes, les volets des fenêtres se fermaient avec fracas. Les hommes s'armaient sans trouble, sans précipitation, avec un sang-froid farouche. Çà et là, des enfants, épeurés par ce mouvement insolite, sanglotaient ou *piaillaient*. Des femmes embrassaient leur mari et pleuraient silencieusement (1).

Soudain, au milieu du branle-bas, plusieurs détonations retentissent : c'est le lieutenant Brunier qui souhaite la bienvenue aux Allemands!

Ceux-ci, — un fort détachement de cavalerie, — s'avancent avec précaution. Une patrouille d'éclaireurs les précède, le mousqueton au poing, fouillant la route de regards soupçonneux....

Brunier et six gardes nationaux se sont embusqués derrière la chapelle de Saint-Antoine...

Ils font feu...

Un uhlan tombe...

Le garde national Sautout s'élance à la bride du cheval, saute en selle malgré la grêle de balles dont le poursuit le reste du détachement, et, le schapska du Prussien au bout de son fusil, regagne la ville à fond de train, avec trois projectiles dans ses habits. La foule, sur son passage, éclate en applaudissements. C'est la dernière joie de la journée. On ne rira pas de sitôt!...

Cependant les Allemands font halte autour de la maison Kesler; la majeure partie met pied à terre : les mousquetons bavardent. Les soldats-citoyens accourent. Ils ripostent énergiquement. Après une escarmouche meurtrière, sous une averse épouvantable, les uhlans piquent des deux et s'évaporent en désordre vers Jeanménil et vers Bru!...

Nos compatriotes ne se font pas illusion : l'accalmie sera de courte durée; l'ennemi va revenir, — plus nombreux et plus furieux. Rien de bon à espérer, d'ailleurs. Aucun secours possible. On est peu; on manque d'armes à tir rapide; le monstre Krupp, le monstre Dreysse ne feront qu'une bouchée de ce petit monde! Le salut est dans la soumission, une soumission

---

(1) Paul Mahalin, — *La Province pendant la guerre.* — *Héros et Martyrs inconnus.*

prompte, immédiate, suppliante! Peut-être avec beaucoup d'argent parviendra-t-on à épargner aux propriétés le pillage et l'incendie, aux femmes l'insulte et le viol, aux hommes la *schlague* et l'arquebusade!...

Allons donc!

Et l'honneur?

Le cimetière, par sa position, est une petite forteresse qui commande la route de Saint-Dié...

Le capitaine Dussourt fait créneler le cimetière.

Le commandant Petitjean organise les barricades : l'une d'elles, poutres et chariots enchevêtrés, coupe le pont des Laboureurs; une autre le chemin de la Tuilerie; d'autres encore le faubourg d'Épinal, les ruelles qui débouchent sur la rue des Fontaines et la route de Baccarat. Les pompiers s'établissent sur ce dernier point : quatre-vingts gardes nationaux se portent derrière les créneaux du cimetière; vingt-cinq à la barricade de la Tuilerie; cinquante ou soixante à celle du faubourg de Saint-Dié. Le reste s'éparpille, suivant son instinct, partout où il croit que besoin sera. Quelques hommes se répandent en enfants perdus dans le voisinage de la fabrique Arnoux. Les dispositions prises, on attend, — on attend, calme, muet, immobile, le doigt sur la détente, la crosse à l'épaule, couchant en joue ce qui va arriver...

On n'attend pas longtemps.

A trois heures, les Prussiens reparaissent dans la direction de Saint-Dié et de Bru.

Ils forment deux colonnes d'attaque. Une nuée de cavaliers tourbillonne sur leurs ailes.

La première colonne se déploie en tirailleurs pour envelopper le cimetière et la gauche de la ville.

La seconde, qui débouche par la forge Bourion, a notre droite pour objectif.

Les voici!

Attention!

Nous aussi, nous pouvons crier :

— *Avec Dieu, pour la Patrie!*

Tout à coup, les créneaux s'allument! Le cimetière s'entoure d'une ceinture d'éclairs! La redoute improvisée crache une tempête de balles...

Le 30e régiment du Rhin et le 34e régiment poméranien sont décimés!

Mais quoi! de nouvelles forces se précipitent en ligne et comblent leurs vides!...

Leurs chefs savent à quel chiffre dérisoire d'adversaires ils ont affaire, — et ils veulent l'écraser d'un bond, sous le poids, sous la masse!...

Eh bien! non : la position tient. Ses défenseurs se multiplient. Chaque homme en vaut dix! Chaque meurtrière est un cratère. Le cimetière est un volcan. Un propriétaire, nommé Drouel, y épuise sa provision de cartouches, retourne en ville, regarnit sa giberne, et revient se faire tuer. C'est là que tombent les gardes nationaux Barthélemy, Demange, Hérainville, Noël, Gérard et Rebouché. C'est là que sont blessés et pris le plâtrier Thirion et les manœuvres Guillaume et Renard, que les Allemands achèvent à coups de crosse et de baïonnette. Ces malheureux sont pères de famille. Guillaume, entre autres, laisse trois orphelins, dont le plus âgé n'a pas encore cinq ans.

Les assauts se succèdent, — incessants, exaspérés, irrésistibles!...

Pendant près de deux heures, nos Vosgiens semblent enracinés dans le sol...

A la fin, il leur faut céder...

L'ennemi les déborde et menace de les cerner.

Ils se retirent alors sur la grande barricade.

A ce moment, les assaillants arrivent par la Tuilerie, s'abritant derrière les haies, les portes, les jardins et les meules de perches à houblon. On les fusille à cent pas. Le témoin oculaire que nous avons cité au début de ce récit, ajoute :

« Ils ouvrent des feux de peloton, qui nous forcent à nous masquer, et profitent de chaque décharge pour s'avancer de dix mètres, ne s'arrêtant que lorsque nous tirons et pour ramasser leurs morts. Un de leurs officiers s'élance, l'épée à la main, à l'assaut de la barricade ; une effroyable *hourrah* répond à son cri de : *Forwertz!* Nos hommes n'ont pas une minute à perdre : une dernière décharge, pas une balle perdue, et les quinze défenseurs de la Tuilerie se retirent, les uns par les jardins, d'autres à découvert pendant quatre-vingts mètres, et se replacent avec leurs camarades à la barricade du pont, faisant feu en face et à gauche.

« Le capitaine Besson reçoit une balle dans le ventre : on le transporte dans une maison de la rue des Fontaines (1). Le caporal de sapeurs pompiers Dubas est mortellement frappé. Un ancien militaire, le facteur rural Delatte, garde national volontaire, tombe au pouvoir des Allemands. Ceux-ci le désarment, l'entraînent et lui cassent la tête d'un coup de dreysse auprès du Pont-des-Laboureurs.

« L'ennemi, sans cesse ravitaillé de troupes fraîches, continue son mouvement par le faubourg de Saint-Dié. Il s'avance, serré, avec une lenteur tenace. Les projectiles ont beau faire leur trou dans ses profondeurs compactes, nos compatriotes n'en sont pas moins forcés de reculer. Oui, mais ils le font à la façon du sanglier qui éventre les chiens en rentrant dans sa bauge. On se replie de coin de rue en coin de rue. « Le capitaine Dussourt, le lieutenant Christophe défendent pied à pied la rue Sur-Broué, le café Henriot, l'hôtel du Grand-Cerf et les voies adjacentes. D'autres, par la rue des Fontaines, attendent au passage les Prussiens, hésitant devant chaque ruelle, qui devient leur tombeau et s'embarrasse de leurs cadavres. »

La nuit est venue. Il est six heures et demie. Les assaillants sont au cœur de la ville.

Le tocsin se tait brusquement : l'église vient d'être envahie.

Les dernières vedettes de la rue du Cor brûlent leur dernière cartouche. Les soldats-citoyens, affamés, harassés, noirs de poudre, couverts de boue, mais fiers encore et superbes dans la conscience de l'effort tenté, se perdent à travers champs dans la pluie et le crépuscule. Parfois, l'ombre et la bruine rougeoient d'un coup de feu : c'est un des nôtres, — attardé, — qui décharge son arme sur un Allemand que son langage seul a pu lui faire reconnaître.

L'horloge marque sept heures et demie ; la rafale, froide et morne, bat les pavés ; personne ne circule plus.

L'ennemi se retranche derrière des barricades dans la rue des Marchands et à l'entrée de la rue des Juifs.

Il occupe le café Henriot, les maisons Déflin, Geoffroy et Christophe, l'église et l'Hôtel de ville.

Le combat est fini.

Les représailles vont commencer.

---

(1) Nous sommes heureux d'apprendre que le capitaine Besson est entièrement guéri de sa blessure, et qu'il vient de recevoir la croix.

LA JEUNE FILLE

L'ennemi comptait : un colonel tué, un major tué, sept officiers et cent quatre-vingts soldats tués. En outre, il lui fallait évacuer sur Raôn plus de cent blessés.

Ces pertes démesurées, — infligées aux meilleures troupes du roi Guillaume par un fretin de manants à peine armés, — criaient vengeance, en vérité !

La vengeance vint.

Elle fut terrible.

Une fois assurés que la possession de Rambervillers ne pouvait plus leur être disputée, les Prussiens se répandirent par la ville, enfonçant les portes, pénétrant dans les maisons, brisant ici, buvant là, volant et violant partout ! Puis, à l'ivresse du vin succéda l'ivresse du sang ! Au pillage succéda le massacre !

Le boulanger Eugène Berger passait la tête hors de chez lui...

Il est tiré, — comme à la cible, — et abattu par des soldats postés en face de la gendarmerie.

Deux ouvriers inoffensifs, Jean-Baptiste Guillaume et François Laurent, ont le même sort, — le premier sur le seuil, le second à quelques pas de son domicile.

Dans la journée déjà, un simple spectateur de la lutte avait payé sa curiosité de sa vie : un cultivateur nommé Belin, de Fontenoy-la-Joute (Meurthe), était venu rendre visite à des parents. Sorti de chez son beau-frère au bruit de la mousqueterie, il avait été saisi par les Allemands près du pont Notre-Dame, emmené sur la route de Saint-Dié et fusillé sans autre forme de procès.

Fusillé pareillement sur cette route le manœuvre Martin ; fusillé le cordier Christophe. Ces deux hommes n'avaient pas pris part au combat ; ils étaient sans armes ; on les arrêta le soir, dans la rue !...

Un pauvre diable d'idiot allait et venait, les mains dans les poches, à l'extrémité du faubourg de Charmes.

On le fait mettre à genoux et on lui brûle la cervelle à bout portant.

Dans la rue des Fontaines, un citoyen, Victor Chanal, berçait un enfant dans ses bras..

Des soldats se précipitent sur lui, l'entraînent et le foudroient d'un feu de peloton !...

Antoine Ohling est assassiné et dépouillé, rue des Petites-Boucheries, sur la porte de sa demeure.

Un vieillard, le sieur Lecomte, était debout, en face de la ruelle des Rats ; une balle le frappe ; il tombe... Un cri retentit derrière lui : le projectile a ricoché et a atteint une femme, qui succombe, quelque temps après, aux suites de sa blessure.

Un autre vieillard, le sieur Geoffroy, est jeté par les Prussiens par-dessus le mur de la cour qui sépare la maison Déflin de la sienne. « Resté sur le pavé, les jambes brisées en plusieurs endroits, la tête meurtrie, il est laissé dans cet état jusqu'au lendemain à cinq heures du soir. C'est alors qu'un sous-officier plus humain le fait transporter sur un lit, où il expire deux deux heures plus tard. »

La nuit s'écoula au milieu de toutes ces horreurs.

Le 10, les perquisitions commencèrent dès l'aube.

Voulez-vous avoir une idée de la façon dont il fut procédé ?

Le garçon brasseur Dubas était encore au lit, lorsque l'on heurta à sa chambre. Sa sœur, épouvantée des boucheries de la veille, le fait cacher derrière les rideaux. Les Allemands entrent, voient remuer l'étoffe et font une décharge. Dubas pousse un gémissement. On se rue, on l'arrache de sa retraite, on lui applique le canon d'un dreysse sur la tempe, et on lui fracasse le crâne.

A midi, von Werder arriva avec vingt mille hommes et de l'artillerie.

Pour lui faire honneur, sans doute, les cadavres de nos compatriotes avaient été laissés ou traînés rue des Vosges et faubourg de Saint-Dié, et formaient la haie le long des murailles, sur le passage du général.

Quelques-uns de ces cadavres avaient des cigares plantés dans les trous béants et saignants des blessures de leur visage !

Les troupes défilèrent avec un tintamarre ironique de cornets, de fifres et de tambours.

Et, comme si ce n'était pas assez d'insulter nos morts de leurs fanfares, les cavaliers les firent piétiner par leurs chevaux et les fantassins urinèrent dessus !

Von Werder apostropha les habitants avec colère.

— M'avoir tué mon meilleur ami, s'écria-t-il, le major Berkfeld, le vaillant officier qui a arboré notre drapeau sur la cathédrale de Strasbourg !...

Il ajouta en roulant des yeux féroces :

— Si mes canons s'étaient trouvés là, votre ville ne serait plus qu'un tas de cendres !

Sous peine d'incendie, il fallut lui apporter *deux cent mille francs* dans les vingt-quatre heures.

Le jour du lendemain 11 éclaira un nouveau crime :

« Un cultivateur, Jean-Baptiste Collot, et sa femme, ayant adressé des observations, peut-être un peu vives, aux soldats qui dévalisaient leur maison, furent menés par ces pillards à la mairie, occupée par leurs chefs. Après un semblant de procès, qui dura quelques minutes, ils furent conduits tous deux sur la route de Charmes, à quelques pas du pont de la Tuilerie ; là on les fit coucher sur la berge à quinze pas l'un de l'autre, et le mari fut fusillé sous les yeux de sa femme ; après l'exécution, cette dernière fut renvoyée chez elle et il ne lui fut pas permis de faire enlever le cadavre. Cette femme est morte, le 4 janvier suivant, de la violence de l'émotion ressentie. »

Complétons ce martyrologe :

Rue Sur-Broué, on eut toutes les peines du monde d'empêcher les Allemands d'achever, — dans les bras de sa mère, — un jeune homme de dix-huit ans, Alexandre Mangin, qu'ils venaient de blesser mortellement.

Le caporal-sapeur de la compagnie de pompiers, Noirclair, avait reçu une balle en défendant le cimetière. On le pansait dans une maison de la rue du Cor. Les barbares envahirent cette maison, arrachèrent Noirclair du lit dans lequel il râlait, le poussèrent dans la rue des Vosges et le lardèrent de *quarante-six* coups de baïonnette !

Quelques cadavres furent rendus le 11 à leurs familles, mais à la condition d'être enlevés par les femmes ou les sœurs des victimes ; les Prussiens s'opposèrent formellement à ce qu'aucun homme y mît la main.

Madame Noirclair étant seule pour emporter son mari, ses forces n'y pouvaient suffire ; un passant voulut l'aider ; il fut maltraité par les soldats.

Quand, le mercredi 12, il fut permis d'enterrer les victimes du 9, c'est sous la surveillance des Prussiens que se fit cette triste opération, et c'est par leurs ordres qu'il fallut jeter les corps dans les fosses tels qu'ils étaient. Sept de ces malheureux n'ayant pu être reconnus tant ils étaient défigurés par les mutilations qu'ils avaient subies, furent mis dans la même fosse ; ce ne fut que quelque temps après, et en cachette, que des parents, inquiets par la disparition des leurs, vinrent les faire déterrer et les reconnurent à leurs vêtements ; le septième ne fut pas réclamé : personne, jusqu'alors, n'a pu donner de renseignements sur son identité.

Un Vosgien, M. R. A., dont nous respectons ici l'incognito, s'écrie à la fin de son *Épisode de l'invasion allemande dans les Vosges :*

— A coup sûr, Châteaudun n'eût pas mieux fait avec les mêmes forces.

Il a raison. Tous ses lecteurs, tous les nôtres penseront certainement comme lui.

D'où vient donc qu'il n'a été question de Rambervillers dans aucun récit — officiel, — officieux, — de la guerre de 1870 ?

On ne savait !...

Lacune grave. Injustice qui exige réparation. Voilà pourquoi j'ai raconté. Il n'est point d'avocat plus éloquent que le fait.

Une rue à Paris porte le nom de Châteaudun...

Pourquoi les deux petites villes dont il s'agit, — sœurs jumelles en patriotisme, — ne jouiraient-elles pas du même honneur, ayant pâti des mêmes brigands ?

Nous serions injuste, du reste, après avoir adressé à Nancy un reproche que, — malheureusement, — nous n'avons pas été seul à lui faire; nous serions injuste de ne pas reproduire ici la protestation indignée que cette accusation de... couardise a arrachée à l'un des habitants. Nous ajouterons seulement que cette protestation ne prouve rien pour l'histoire, sinon le dévouement sans bornes de femmes auxquelles nous avons plusieurs fois rendu, dans le cours de cet ouvrage, un hommage public, sincère et mérité. Nous regrettons, en même temps, que, chez la personne qui proteste, le style ne se tienne pas toujours à la hauteur de l'indignation. Celle-ci qui fait le vers, dit-on, — *facit indignatio versum,* — ne fait apparemment pas la prose :

« Français et étrangers, qui avez accusé Nancy de s'être laissé prendre par quatre uhlans, vous ne savez pas ce que les habitants de cette ville ont souffert moralement !

« Vous ignorez combien de larmes ont été versées par les Nancéennes lorsqu'elles voyaient passer les Français désarmés.

« Vous n'avez donc pas vu l'homme du peuple se priver de nourriture afin que le soldat pût manger; sa femme braver l'Allemand, recevoir sans se plaindre des coups de crosse de fusil et de plat de sabre, passer des nuits dehors maugréant contre le froid, non pas pour elle, car, dans son courage, elle ne le sentait pas, mais pour les Français entassés comme des animaux dans des wagons ouverts et livrés non-seulement aux injures d'une soldatesque grossière, mais aussi au froid, à la faim, à la neige et à la gelée !

« Elle souffrait tout cela pour attendre les trains de prisonniers, afin de jeter du pain ou d'autre nourriture à vos fils, à nos frères, à nos amis.

« Ah ! vous n'avez pas vu l'enfant de l'ouvrier se déchirer le corps en passant à travers les haies qui bordent nos voies ferrées, et risquer mille fois de se faire broyer par les trains : cela pour donner aux prisonniers français du pain ou des vêtements !

« Demandez donc aux soldats que le malheur a forcés de passer à Nancy, s'ils n'ont pas vu des hommes, des femmes et des enfants se déshabiller pour leur jeter de quoi se réchauffer !

« Dix fois par jour un train serait-il arrivé sans être attendu, dix fois le même manége aurait eu lieu, — et jamais une plainte, si ce n'est en faveur du vaincu !

« Il n'y avait pas de pain pour le ménage, on s'en passait ; mais il y en avait pour le Français prisonnier; on vendait un morceau du mobilier, on courait chez le boulanger et l'on portait une *miche* de plus à la gare !

« Si les pierres pouvaient causer, nous vous dirions : demandez aux quais du faubourg Stanislas ce qu'ils ont vu ; interrogez celles du passage à niveau qui se trouve près de la nouvelle manufacture des tabacs ; écoutez ce que vous diront celles de Montdésert, du quai du Montet ou de Bellevue et vous serez convaincus.

« Que vous faut-il encore ?

« Est-ce que tout cela ne vous prouve pas que le peuple nancéen a du cœur et du courage? Est-ce que c'est quand on agit ainsi qu'on se laisse prendre par quatre uhlans ? Non, mille fois non !

« Quatre uhlans ont pu entrer dans la ville ; mais ils n'y seraient pas venus s'ils n'avaient su qu'ils pouvaient le faire impunément, parce que, abusés par des dépêches plus qu'insignifiantes et par cela même fausses, les Nancéens n'avaient pas eu le temps de se préparer. Ah ! qu'il y a du courage à entrer dans une ville ouverte et surtout à y entrer à quatre en ayant à quelques centaines de mètres un corps d'armée de trente mille hommes avec de l'artillerie que nous n'avons que trop appris à connaître!

« Peut-on croire qu'il y ait en France des gens assez bornés pour dire que Nancy fut lâche? Cela se prétend encore dans les villages. Paysans, venez donc à Nancy et demandez aux habitants ce qu'ils ont fait pendant la guerre ; ils vous répondront en vous montrant des personnes qui souffrent encore, en vous faisant voir des ménages vides... Oh! arrêtez-vous, car vous rougiriez ; vous y verriez tout cela ; mais vous ne trouverez nulle part un regret ou une plainte ; vous verriez partout l'espérance d'une prochaine revanche et l'espoir d'une victoire.

« Finissons !...

« Si nos soldats ont mérité de la patrie dans les combats qu'ils ont vaillamment soutenus ; si la *Société de secours aux blessés* a mérité du pays pour les services rendus par elle, sur les champs de bataille et dans les ambulances ; si certaines villes ont aussi mérité de la patrie pour leur héroïsme, Nancy a droit à la même récompense pour le courage qu'elle a montré pendant le passage des prisonniers, le dévouement de ses citoyens, les privations qu'ils se sont imposées tant en nourriture qu'en vêtements, les dépenses qui ont été faites même dans les plus pauvres ménages afin de donner du pain à nos soldats désarmés et vaincus !

« Honneur à vous, habitants de cette ville, dont la courageuse initiative a contribué à adoucir les souffrances des Français ! Honneur surtout à vous, femmes, dont les joues se sont creusées par le passage des larmes, dont le travail des nuits a été destiné à couvrir les prisonniers, dont le temps qui séparait l'arrivée de deux convois était employé à suivre au cimetière les cadavres de nos morts, dont les économies de plusieurs années de travail ont été dépensées en quelques jours, afin de pouvoir donner !

« Femmes ! voilà ce que vous avez fait ; merci au nom des mères qui avaient des fils à l'armée !

« Femmes! nous en sommes sûr, pas une de vous ne se repent d'avoir agi ainsi : laissez-nous donc vous le dire sans crainte de blesser votre modestie ; lorsque le monde saura bien ce qui s'est passé dans votre ville pendant cette guerre, il dira : « C'est près des femmes de la

Lorraine qu'il faut venir prendre des leçons de charité ; c'est dans la vieille cité nancéenne qu'il faut aller étudier le dévouement. »

. . . .
. . . .

Dans les autres localités de la province, le cœur des femmes fut moins éprouvé : — il n'en resta pas moins à la hauteur des circonstances.

A Thann, par exemple, — toujours dans cette Alsace que l'on prétend nous arracher, — les femmes, comme celles de Lacédémone, accompagnèrent leurs maris à l'ennemi.

A Bordeaux, madame Émilie Crémieux était directrice de l'*Œuvre des Enfants*, à laquelle mademoiselle Delpech, directrice elle-même de l'*Œuvre du Tricot*, envoya de nombreux habillements.

A Bordeaux, pareillement, madame E. Collignon improvisa une loterie qui produisit les meilleurs résultats.

A Metz, mademoiselle Erneste Mazillier, — une jeune personne toute frêle et toute délicate, — habitait, avec son père et sa mère âgés et malades, une propriété à Sainte-Ruffine, point extrême des avant-postes devant la place.

Après avoir mis ses parents à l'abri, mademoiselle Mazillier revint à Sainte-Ruffine et s'établit dans sa maison dont on avait fait un poste avancé, crénelant les murs du parc, pour défendre la position, point de mire des canons ennemis. L'héroïque fille ne quitta cette demeure que lorsque la toiture en eut été effondrée par les bombes.

Allant au milieu du feu et sous les balles relever les blessés, elle a fait l'admiration des habitants de Metz et de l'armée dont elle réveillait le courage par son exemple.

La nuit, elle allait chercher les blessés dans la campagne ; le jour, elle les soignait aux ambulances volantes établies aux environs de la bataille. Elle était partout, calme, vaillante et prête à tout.

Trois jours avant la capitulation de Metz, alors que chacun s'efforçait de quitter la ville atrocement bombardée, mademoiselle Mazillier voulut y rentrer au contraire ; elle eut l'énergie d'aller en demander l'autorisation au général ennemi :

— Vous êtes folle, répondit-il à sa requête, fuyez, voilà le seul conseil que je vous donne.

— Monsieur, répliqua la noble fille, il n'y a pas de folie à vouloir partager le sort de compatriotes malheureux, et je préfère la mort auprès d'eux, au salut que vous m'offrez.

Elle parvint en effet à pénétrer dans Metz, et fit aux ambulances des prodiges de dévouement, qui ont rendu son nom populaire et béni.

Mademoiselle Mazillier est à la fois nièce du savant colonel du génie Fervel, si énergique pendant le siège de Paris, et de la mère Euphémie Fervel, supérieure des sœurs hospitalières de Saint-Charles, de Nancy. On voit qu'elle tient de ces deux parentés ! Médaille d'honneur bien acquise.

Au Mans, où le comité de la *Société de secours* se réunissait et avait un bureau en permanence, une ambulance fut organisée sur l'initiative de madame et mademoiselle Loire, femme et fille du chef de gare qui mourut le 17 janvier 1871, épuisé par son pénible service.

C'était sous la direction de madame Bailleul, dont le mari était alors préfet du département, que cette annexe de la *Société* fonctionnait dans le chef-lieu de la Sarthe.

A Tours, madame Caroline Cahen avait converti le lycée en un vaste hospice où des centaines de blessés furent l'objet des soins les plus intelligents. Au 13 décembre 1870, *treize cent cinquante-sept* malades y avaient été, pour ainsi dire, sauvés par madame Cahen, qui, du reste, avait fait à Vendôme et à Metz son début dans ce rôle de sœur de charité.

A Vichy, mademoiselle Favier fit aussi preuve d'une admirable énergie, d'un rare patriotisme lors de l'évacuation des blessés.

A Vierzon, dès le début de la campagne, mademoiselle Louise Deniau ouvrit sa maison aux soldats hors de combat, et communiquant à ses voisins la noble flamme qui l'animait, en obtint le même service pour les infortunés dont le nombre augmentait sans cesse. Grâce à son zèle, une salle de bal fut convertie en hôpital.

Au Havre, madame Berthe Pochet, née le Barbier de Tinan, se consacra exclusivement aux victimes de la guerre, ajoutant ainsi à l'éclat du beau nom qu'elle porte, l'auréole de l'abnégation.

Les varioleux des corps d'armée environnants s'entassaient alors au Havre, dans la caserne dite de *Strasbourg*. Leur chiffre s'éleva à près de *huit cents*. Madame Berthe Pochet ne craignit point de passer tout son temps au milieu de cette véritable peste. Cette cohabitation avec le fléau ne dura pas moins de huit mois. La santé de madame Pochet en a reçu de graves atteintes.

Le *Journal d'un volontaire de l'armée de Belfort* nous raconte ce que souffrirent les femmes de cette ville.

Elles restaient pour la plupart continuellement claquemurées dans leurs retraites; entre la nuit et le jour il n'y avait pas de différence. On n'entendait plus ce bourdonnement permanent qui indique les agitations d'une ville active. Un silence de mort régnait au loin, interrompu seulement par le vacarme des obus et le roulement d'une voiture de parc sur le pavé.

Tout le monde se rappelle la mort de la domestique de madame Munschina. Un obus pénétra par la partie de la cave au-dessus de laquelle se trouvait l'escalier, et qui seule n'était pas voûtée. L'imprudente, qui avait eu la malencontreuse idée de s'obstiner à établir sa cuisine en cet endroit, mourut par suite d'affreuses blessures...

Belfort était jonché de morts et de mourants, de blessés et de malades, et par conséquent les hôpitaux et les ambulances y étaient en grand nombre.

Et avec quel empressement se mirent à la disposition des médecins de la ville et de l'armée, pour servir d'aides aux infirmiers militaires, non-seulement les étudiants de Strasbourg, non-seulement des sœurs religieuses vouées par état au soulagement des infirmes, mais des sœurs de charité laïques, des dames du monde, qui ceignaient avec bonheur le modeste tablier blanc, tandis que leurs maris, leurs fils, leurs fiancés ou leurs frères allaient, courageusement armés du chassepot, au-devant des blessures qu'elles-mêmes peut-être seraient appelées à panser.

Il en est de ces volontaires de la charité qui, tous les jours, parcouraient les rues de la ville bombardée, en quête du bien à faire et des secours à porter, il en est une venue de loin qui, n'ayant pas voulu se séparer de son mari, capitaine de la mobile du Rhône, est restée à Belfort où elle s'enrôla dans la noble légion : madame Richard, dont le lieutenant Richard fit publiquement l'éloge dans le discours qu'il prononça lors de la rentrée, à Lyon, des bataillons qu'il commandait.

Souvent les malheureux que l'on enlevait blessés au rempart, arrivaient morts à l'hôpital.

Souvent aussi, quand ils y arrivaient vivants, ils y mouraient quelques jours après.

Généralement les blessés dangereusement voyaient s'approcher la mort sans sourciller. Plus généralement encore ils mouraient sans s'en apercevoir. Il y avait, d'ailleurs, comme quelque chose dans l'air qui habituait à l'idée de la mort...

. . . .

Les dames de Châlons méritent une mention spéciale.

Elles avaient établi une sorte d'ouvroir où elles venaient tour à tour travailler aux vêtements destinés à nos soldats, et veiller à ce que les approvisionnements de charpie, de linge et d'objets de pansement fussent au niveau de demandes toujours renaissantes.

L'alimentation de leurs hôtes étaient pour elles comme un *objectif* particulier.

Nous sommes obligés, d'ailleurs, de tomber dans cette redite, que faute de pouvoir mettre en lumière les noms de toutes ces bienfaitrices, nous devons forcément nous restreindre, — et ce, à notre grand regret, — à enregistrer ceux qui nous ont été officiellement dévoilés.

Voici, par exemple, la liste des dames qui ont été chargées de la présidence des Comités de la *Société de secours aux blessés*, en province :

Mesdames Perrin de Boulay (1), à Épinac (Saône-et-Loire); — la comtesse de Practon, à Honfleur; — Nathalie de Champeaux, à Pont-l'Évêque; — la comtesse de Valons, à Lyons-la-Forêt (Eure); — de Chambray, à Damville (Eure); — de Marville, au château de Calviac; — de Billy, au château de Campet; — Henriette de Watrignaut, à Vendôme; — la comtesse de Massin, à Cherbourg; — d'Hauterive Batbedat, à Laval; — la comtesse Serrurier, à Bayonne; — de Tauzin, à Tarbes; — Lallin de Laire, à Annecy; — la marquise de Castelbajac, à Rosay; — la baronne Durrieu, à Alger; — Levert, à Marseille; — Moutet, à Arles; — Gabrielle Fillian, à Barbezieux; — Cretet, à Louviers; — Antonie Tamisier, à Chartres; — Stéphanie Parandier, à Arbois; — veuve Schmidt, à Sarreguemines; — Flore Levent, à Bavou (Nord); — H. Cunisse, à Bayonne; — Hareguel, à Provins; — Rameau, à Versailles; — Pouyer-Quertier, à Rouen; — Saussac, à Sainte-Cécile (Vaucluse); — Jacquemin Grachet, à Épinal; — Krantz, à Remiremont; — Falatieu, à Bains; — Geoffroy, à Rambervillers; — J. Bresson, à Monthureux (Saône); — Bedel, à la Braque; — Moreau, à Sens; — Cahen, à Alger; — E. Barbaroux, à Philippeville.

Ajoutons à ce document un aperçu de celles de nos héroïnes à qui leur conduite a valu des récompenses du gouvernement :

MÉDAILLES D'OR.

Madame Esther David, à Saint-Hippolyte.

Madame Jules Mackau, — à Tournau (Seine-et-Marne), — qui a fondé une ambulance et est restée pendant tout l'hiver au chevet des malades, afin d'empêcher les Prussiens de s'emparer de cette installation. Elle a été plusieurs fois menacée par les Allemands.

MÉDAILLES D'ARGENT.

Mademoiselle Élie Rousselet, institutrice, à Saint-Hippolyte (Doubs).
Mademoiselle Gouhier, directrice de l'ambulance de Naneray (Doubs).

(1) Elle a donné des sommes importantes à la *Société de secours*.

L'ÉPOUSE

Mademoiselle Ladoux (Thérèse), receveuse des postes, au Tillot.

Mademoiselle Ladoux, sœur de la précédente, a reçu une lettre de félicitations, ainsi que madame Guilgot, née Émile Steinbach, à Épinal, — et

Mademoiselle Préclaire (Adélaïde), gérante du bureau télégraphique de Charmes.

La *Société de secours* aux blessés vient encore d'accorder trois croix des ambulances dans le département de la Seine-Inférieure :

Une à madame Lemonnier, de Montivilliers, qui, pendant toute la campagne, a suivi, en qualité d'infirmière volontaire, le 6ᵉ bataillon de la garde mobile du département.

Une à madame Delaage, du Havre, fille de l'illustre savant Chaptal, qui, malgré ses soixante-dix-sept ans, n'a cessé de soigner les malades et les blessés des ambulances de la ville.

Une enfin, à madame Bigot, de la Robillardière, fille de M. Dupont-Delporte, ancien préfet, qui, avec autant de dévouement que d'activité, s'est vouée à l'organisation desdites ambulances.

. . . .
. . . .

Près de l'hôtel des Réservoirs à Amiens, il y avait un pâtissier.

Vers la fin de la guerre une bande de Prussiens se précipite la nuit dans la boutique en demandant du champagne.

— Il n'y en a pas ; — d'ailleurs, il m'est impossible de vendre du vin, si vous voulez mes gâteaux, prenez-les.

— Non, du champagne ! Si tu n'en as pas, vas-en chercher.

Refus énergique du patron qui reçoit alors un coup de sabre.

Bondissant de douleur et de rage, le malheureux saisit une hachette et en porte un coup à son agresseur. — Entouré, désarmé par vingt Prussiens, le pâtissier est conduit à la citadelle.

Le lendemain, sa femme est invitée, par lettre de l'autorité militaire, à se trouver à tel endroit désigné.

Remplie d'espérance et de joie, elle part avec son enfant.

Un spectacle horrible l'attendait...

Son époux, les yeux bandés, debout sur le bord d'une fosse, tombe sous les balles de dix soldats allemands...

. . . .

A Versailles, madame Jessé, 14, rue de Provence, eut le triste honneur de loger M. de Bismarck.

C'est dans sa maison que furent discutés, entre le citoyen Jules Favre, M. Thiers et le grand-chancelier de la Confédération du Nord, les conditions de la paix navrante dont nous subissons les effets.

La dignité et l'attitude de madame Jessé ne sauvèrent point son logis du pillage.

Le Richelieu d'outre-Rhin en fit enlever et expédier dans ses domaines tous les meubles, à l'exception d'une pendule de la chambre à coucher, que sa propriétaire put conserver en la réclamant à grands cris comme un souvenir de famille.

Dans cette même ville de Versailles, qui fut pendant un temps comme un petit Postdam, un général prussien avait pris ses quartiers chez madame de X....

Cet officier supérieur reçut un jour la visite de son gracieux souverain.

La maîtresse de la maison était présente.

Après quelques pourparlers, Guillaume, voulant jouer à l'aimable et au généreux, adressa ces mots à la dame :

— Je veux faire quelque chose pour vous. Adressez-moi une demande. Je vous promets d'y faire droit.

— Eh bien, sire, répondit madame X..., dites-moi où vous n'irez pas, afin que je puisse m'y rendre.

Guillaume réfléchit un instant. Puis, avec une gracieuseté d'ours :

— Allez en Bretagne, dit-il, mes troupes ne dépasseront pas le Mans.

Madame X... se retira à Nantes.

XIII

L'Épouse

— Mon ami...
— Hein ?
— Il est six heures...
— Quoi ?
— Il faut te lever...
— Oh !
— On sonne l'*assemblée*...
— Bah !
— Tous ces messieurs de la compagnie sont déjà dans la rue...
— Pas possible !
— Veux-tu qu'on te porte manquant ?
— Ah ! sacrebleu ! c'est vrai ! Je suis de garde ! C'est mon jour de remparts !...

Et l'époux dégringolait du lit, — frissonnant, grognonnant, jordonnant :

— Vite ! mes effets, mon équipement, ma *tabatière !*...

L'épouse, depuis longtemps réveillée et sur pieds, — allait et venait, — sans une plainte à travers la chambre sans feu.

Elle avait assuré les boutons de la vareuse et *astiqué* sur le képi le numéro de cuivre du bataillon.

La couverture de laine ou la peau de mouton, le manteau ou le pardessus, tenaient, — roulés en boudin, — dans les courroies ou dans l'étui.

Il y avait de l'eau-de-vie, du café ou du vin dans le bidon ; dans le sac ou dans la *musette*, il y avait un morceau de pain, une tablette de chocolat, — du sucre et des conserves, si l'on avait des rentes, — parfois, un rogaton de viande précautionnellement prélevé sur le maigre repas de la veille. Les millionnaires ajoutaient, le dimanche, un dé de fromage !

La ménagère avait tout préparé et tout prévu : les chaussettes de laine et la chemise de flanelle, le passe-montagne pour la nuit et le capuchon au caban. Le tabac ne manquait pas dans la *blague ;* les cartouches ne manquaient point dans la giberne. Le revolver était chargé. La *tabatière* elle-même luisait, — sincèrement graissée et fourbie !

Par *tabatière*, j'entends ici ce gros, vilain et lourd fusil, qui faisait plus de mal aux épaules qu'il n'en fit jamais aux Prussiens.

L'époux se harnachait à la hâte... Madame l'aidait. Elle bouclait le ceinturon et disposait les plis de l'uniforme improvisé. Car elle avait mis désormais toute sa coquetterie dans *son homme*, et elle voulait que celui-ci eût l'air d'un troupier authentique !...

Pendant qu'elle donnait le *coup de fion* à ce déguisement militaire, on entendait grincer des portes...

Des ombres émergeaient dans la rue...

On les voyait se pelotonner en battant la semelle...

Le clairon redoublait d'appels...

L'époux et l'épouse s'embrassaient, — un bon baiser bien long, bien franc, mouillé de larmes !...

Ah ! c'est que tant de ces citoyens, improvisés soldats par le patriotisme, étaient revenus du bastion sur une civière, — rhumatisants, perclus, phthisiques, victimes des rigueurs de la saison, de leur peu d'habitude d'un service fatigant, ou d'un excès de *casse-poitrine !*

Tant d'autres avaient été rapportés des tranchées, les bras ou les jambes gelés, — ceux-ci, atteints de la variole, — ceux-là, frappés par le typhus !...

L'époux allait rejoindre ses camarades. Les rangs se formaient peu à peu. Un commandement retentissait :

— Par file à gauche, — pas accéléré, — marche !

L'épouse attendait à la fenêtre que la compagnie eût disparu dans le crépuscule d'hiver...

Puis, elle s'en revenait vaquer aux soins de son ménage, songer à la nourriture du jour, à celle du lendemain, s'ingénier à remplacer par des prodiges d'imagination tout ce qui lui faisait défaut, de l'âtre éteint au buffet vide !...

Souvent, pour subvenir aux frais de toute une maisonnée, elle n'avait que les *trente sous* de solde octroyés à son mari !...

L'après-midi, — je n'ose écrire l'après-*dîner*, — l'on prenait les babys par la main et l'on se dirigeait du côté des fortifications...

— Le père était là, — en faction, — sur le talus drapé de neige...

La *tabatière* au bras, l'œil au guet, embossé dans le cache-nez jusqu'aux oreilles, il se promenait à travers la boue, la pluie et la bruine...

On lui présentait son enfant...

Le brave homme le faisait sauter, un instant, dans ses bras, en mettant l'arme au pied...

Le baby riait aux éclats du spectacle nouveau et bizarre, de l'accoutrement du papa, des fusils en faisceaux, des canons sur leur affût, des sacs de terre sur le parapet, du va-et-vient du bivouac...

— Hé là-bas ! sentinelle, attention, nom d'un nom ! Vous ne voyez donc pas ce qui arrive ?

Le garde national abandonnait l'enfant pour croiser la baïonnette.

— Qui vive ?

— Patrouille.

— Halte-là ! chef de patrouille, avance au mot de ralliement.

. . . .

Le rôle de l'épouse parisienne se dessine avec netteté dans ces petits tableaux du siège.

Il en fut, — malheureusement, — de plus sombres, de plus sanglants et de plus lamentables.

Tous les époux ne faisaient point partie des bataillons sédentaires.

Il s'en trouva qui estimèrent que, pour repousser l'ennemi, il ne suffisait pas de passer des journées à jouer au piquet, autour d'un feu de corps de garde, ou au bouchon auprès d'une pièce de rempart.

Ceux-là s'engagèrent dans les régiments dits de *marche*. Ils occupèrent les forts pendant le bombardement ; ils tinrent la tranchée sous la mitraille prussienne ; ils firent aux avant-postes le coup de fusil avec les Allemands. On les vit figurer au Bourget, à Champigny, à la Jonchère ; et lorsque vint l'idée à certains personnages de « faire une saignée » à la garde nationale, — la saignée du 19 janvier, — ce fut sur eux qu'elle porta.

Dites, vous représentez-vous l'épouse, durant cet effort héroïque ?

C'est la nuit. Elle est seule. Par la croisée ouverte, elle regarde le ciel noir sur lequel les obus découpent, — au lointain, — des zigzags lumineux. Le canon gronde, tantôt comme un tonnerre éteint, tantôt sec et rapproché, et, si le son affectait une forme, avec des détonations qui, tantôt se développent en nappes, horizontalement, dirait-on, et tantôt éclatent rondes comme une bulle qui se crève. Hélas ! chacun de ces coups tue peut-être une, deux, dix créatures humaines ! Où est-*il*, *lui*, dans cette tourmente ? Que fait-*il* ? Que devient-*il* ?

Nuit sinistre ! Paris morne, l'hiver déchaîné, et dans l'obscurité glacée, l'incessant et brutal hoquet. O bruit effroyable et assassin ! Il scande les sanglots étouffés, il souligne les pensées amères, il enfonce plus avant dans les cœurs désolés le fer aigu du désespoir ! Pourtant, il ne faut pas que l'épouse pleure trop haut : elle réveillerait les enfants !...

L'épouse larmoyait la nuit...

Mais le jour la retrouvait calme et sereine dans ses angoisses...

Lorsque les régiments *de marche*, les volontaires, les francs-tireurs se rendaient à leur poste de péril et d'honneur, on vit des femmes, — des ouvrières, des bourgeoises, des grandes dames, — accompagner leurs maris jusqu'aux dernières avancées...

Elles portaient, — bravement, — le sac et le chassepot...

Et leur attitude, leur visage, tout en elles criait aux êtres chers qu'elles allaient quitter, — quelques-unes, hélas ! pour toujours, — le mâle hémistiche de Corneille :

Meurs ou tue !

D'aucuns mouraient...

Leur métier n'était point de tuer...

C'étaient des boutiquiers, des artisans, des avocats, des médecins, des gens de lettres, des artistes !...

Tenez, mon bataillon, — celui des tirailleurs *à la branche de houx*, — perdit quatre officiers à l'attaque de Montretout.

Trois étaient mariés...

L'un d'eux, le lieutenant Guillon, abordait la redoute de front, lorsqu'un des nôtres m'a affirmé avoir vu les Prussiens mettre la crosse en l'air...

Le lieutenant s'approche avec confiance...

— Rendez-vous! crie-t-il aux Allemands...

Ceux-ci ripostent par une décharge à bout portant...

Guillon s'abat, — foudroyé !...

Il avait vingt-sept ans.

C'était un honorable négociant du boulevard du Prince-Eugène. Dans son enfance, un accident l'avait privé d'un œil. Après le 4 septembre, Guillon s'en fut à sa mairie et demanda à être inscrit sur les contrôles de la garde nationale...

— C'est impossible, lui répondit le membre de la municipalité auquel il s'adressa.

— Pourquoi cela?

— A cause de votre infirmité.

— Mais elle ne me gêne nullement. Je suis chasseur et je ne crois pas qu'un Prussien soit beaucoup plus difficile à descendre qu'un lièvre ou un perdreau.

L'autre réitéra sèchement :

— Je vous dis que c'est impossible. Je ne veux pas de borgne dans les rangs de la milice citoyenne de mon arrondissement.

Guillon sortit furieux. L'appel fait aux volontaires pour la formation des francs-tireurs des Ternes était affiché à la porte de la mairie. Guillon le lut, vint chez nous et s'enrôla. Il était notre officier d'armement et d'habillement. Ses fonctions pouvaient le dispenser d'aller au feu. Sa jeune femme lui en fit l'observation la veille de la bataille...

— Je veux avoir ma part de danger, repartit le malheureux.

Madame Guillon était enceinte...

Quand on lui annonça la fatale nouvelle :

— C'est bien, répondit-elle froidement, l'enfant aura sa part de gloire.

Oh! cette zone de terrains qui pend en plis légers, pittoresques et capricieux de la rampe de Montretout jusqu'à la Malmaison, jusqu'à Buzenval, jusqu'à Garches!...

L'été, blonde d'épis et de soleil, avec ses touffes de maisons blanches, tapies dans le feuillage comme des nids d'amoureux et le ruban d'or des sentiers qui serpentent dans la verdure ; avec ses couples de promeneurs dans les blés, ses bandes d'enfants joueurs qui fourragent les bluets et les coquelicots et ses groupes jaseurs au seuil des cottages, derrière la grille des villas et sous les vérandahs des châteaux, c'est quelque chose de ravissant, d'épanoui et d'idéal ! On dirait d'un morceau tombé du paradis, d'un coin d'Éden perdu à deux lieues de la Bourse, d'un décor d'*Indes galantes* vivant, d'un rêve réalisé par la baguette de Puck, de Titania, d'Ariel ou d'Obéron !...

J'ai revu ce paysage cette année, — en janvier, — le 19, — date funèbre...

Il faisait triste et gris.

L'averse clapotait dans la fange.

Les habitations, vides, muettes et désolées, avaient l'air de cadavres.

Quelques arbres tordaient sous une bise âpre leurs grands bras noirs et décharnés, avec des claquements secs d'ossements de pendus entrechoqués au vent...

Des points sombres se mouvaient lentement çà et là...

C'étaient des femmes en robe de deuil...

Plusieurs traînaient une famille accrochée aux lés de leur jupe...

D'autres portaient une couronne d'immortelles, — un bouquet, — un brin de fleurettes...

Toutes marchaient le front penché, — sans conscience du froid, de la pluie, des verrues et des rides de la boue...

Qui cherchaient-elles?...

Elles cherchaient la place où, l'année précédente, l'époux s'était couché, pour ne plus se relever...

Elles cherchaient!...

Et comment trouver?...

En cette journée, en effet, les brancardiers de M. Trochu n'ont pu ramasser tous les morts..

L'ennemi a enfoui les nôtres, pêle-mêle avec les siens, dans des nécropoles inconnues...

Et la mère n'a pas même une tombe, sur laquelle elle puisse faire agenouiller ses enfants!

Ah! que nous voilà loin de ce mois de juillet 1870, où Metz, Nancy, toutes nos villes de l'est étaient pleines des falbalas et des caquetages, de nos femmes d'officiers!

Elles avaient suivi leurs maris jusqu'à la frontière en attendant, disaient-elles, qu'elles les accompagnassent à Mayence ou à Francfort.

Le matin de l'affaire de Sarrebrück, l'une d'elles s'adressait en souriant au maréchal Lebœuf qui rayonnait :

— Surtout ramenez-nous mon époux, maréchal; je vous assure que j'y tiens!

Et elles montaient en voiture, pour aller joyeusement, au delà de Forbach, en pèlerinage à l'endroit où le prince impérial avait ramassé une balle, désormais historique.

C'était une partie de plaisir.

Vous auriez juré des grandes dames de la cour de Louis XIV ou de Louis XV, grimpant en carrosse, pour aller ouvrir la tranchée au son des violons.

Moins de quinze jours plus tard, en quelles douleurs poignantes, en quelles réalités effroyables, en quels repentirs saignants s'étaient changées ces allégresses, ces illusions, ces espérances!...

M. Lebœuf ne ramena pas les époux, — ni lui, ni Frossard, ni de Failly, ni les autres, ni malgré leur courage : Douai, Mac-Mahon et Bazaine, — ni l'Empereur lui-même, qui se borna à se conserver pour l'impératrice!...

J'aurais mauvaise grâce à ne pas ranger celle-ci parmi les épouses éprouvées...

Quelle flamme n'a pas dû monter au visage de cette Chimène, quand il lui a fallu reconnaître que son Cid n'était qu'un Tragaldabas vulgaire!...

Voici qui va pouvoir répondre à tous les calculs lamentables.

Après Gravelotte, le 8ᵉ régiment d'infanterie de ligne était commandé par un capitaine *en second*...

Et il y avait près de soixante officiers mariés, dans le régiment.

. . . .

. . . . . Sur le plateau d'Avron, le commandant Steintzel, du 6ᵉ bataillon des mobiles de la Seine, est atteint d'une balle.

Sa femme accourt, — au milieu du feu, — pour le soutenir...

— Quel bonheur que je sois là! s'écrie-t-elle. Tu aurais été blessé seul!...

Madame de Cathelineau n'abandonna pas un instant son mari pendant la retraite d'Orléans.

LA PROVINCIALE

A côté du sien, chef de bataillon des éclaireurs volontaires, madame de Kerkadec campa, marcha et se battit pendant toute la campagne.

A Misy-sur-Yonne, madame Merle d'Aubigné seconda son époux dans une expédition, dont elle a bien voulu nous transmettre les détails :

« Dans la nuit du 20 au 21 octobre 1870, écrit madame d'Aubigné, mon mari, capitaine commandant la garde nationale de Misy, — canton de Montereau, — fut averti qu'une colonne prussienne, forte de cinq ou six cents hommes, cavalerie et infanterie, devait se rendre à Grand-Puits, distant de Misy d'une dizaine de lieues, pour y faire des réquisitions. A trois heures du matin, on se mit en route avec la 1re compagnie de marche de l'Yonne, capitaine Petit.

« On recueillit en chemin tous les gardes nationaux des pays que nous traversions, et, après avoir passé la Seine à gué à Marolles, — les ponts étant coupés, — on se rendit à Coutançon, où l'on se réunit à la garde nationale de Montereau.

« J'avais suivi en voiture la compagnie de mon mari, et, dans le but de me rendre utile, si besoin était, je m'étais munie de linge pour les pansements et de quelques médicaments, qui n'ont, hélas ! que trop servi et qui malheureusement furent insuffisants.

« Comme toujours, dans cette malheureuse guerre, les Allemands, que nous comptions surprendre en train de piller Grand-Puits, avaient été prévenus de notre dessein. Ils s'étaient barricadés dans la ferme, ancien monastère entouré de fossés, et à l'aide de leurs fusils à longue portée, ils nous accueillirent par une pluie de balles... Me trouvant au milieu de la route avec ma voiture, je leur servais de point de mire.

« Là commençait mon rôle : — Pendant tout le combat, qui a duré deux heures, le chirurgien de la compagnie de marche d'Auxerre, M. Souplet et moi, nous n'avons cessé de relever les blessés au milieu de la fusillade, de leur faire un premier pansement, pour ensuite les faire transporter en lieu sûr. Or, il fallait effectuer trois kilomètres pour atteindre un village voisin, celui de Grand-Puits n'étant pas abordable, et étant d'ailleurs désert, comme nous avons pu le constater après, tous les habitants s'étant enfuis.

« Les Prussiens faisaient de fréquentes sorties, toujours repoussées ; mais, dans ces sorties, ils achevaient ceux de nos blessés qui se trouvaient à leur portée et qui, malheureusement, étaient pour la plupart des gardes nationaux sans uniformes.

« Les Prussiens ont néanmoins pu se retirer en emportant leurs blessés et leurs morts, sauf un, et en emmenant avec eux huit des nôtres, parmi lesquels le capitaine Petit et le sous-lieutenant Remacle, qui a été décoré pour sa belle conduite. Ces deux officiers appartenaient à la compagnie de marche d'Auxerre.

« Je n'ai quitté le théâtre de la lutte qu'après avoir battu tous les bouquets d'arbre, afin qu'aucun des nôtres ne restât sans soins.

« Nous avons eu trente-cinq hommes tant morts que blessés. Mais les pertes des Allemands ont été bien plus considérables, malgré nos armes inférieures aux leurs ; nous n'avions, en effet, que des fusils à piston, et quelques-uns même des fusils à pierre.

« Nous leur avons mis, d'après leur propre aveu, plus de cinquante hommes hors de combat.

« Voilà les quelques renseignements que je puis vous donner sur l'affaire de Grand-Puits. Dieu m'a donné une récompense en permettant que mon mari échappât aux hasards de cette sanglante journée. Depuis, j'en ai reçu une autre du gouvernement à laquelle je suis bien sensible. »

Du reste, ce ne fut pas seulement dans leur propre pays que nos Françaises accusèrent la fermeté et l'impétuosité du caractère national.

Une jeune Alsacienne, mademoiselle X..., de Strasbourg, avait, il y a quelques années, épousé le comte L..., capitaine aux dragons badois.

La guerre survint.

Un beau matin, l'officier imagina d'inviter à dîner plusieurs de ses camarades pour célébrer l'entrée en campagne. Sa femme l'avait prié de les traiter à l'hôtel, afin de ne pas être forcée d'assister à leurs colères, à leurs impertinences contre la France. Au lieu de déférer à ce désir si naturel, meinherr L... sortit et alla chercher ses amis.

Il les ramena une heure après, et voyant que la table n'était pas mise, il entra dans une fureur extrême, et, saisissant une carafe, il la jeta contre le sol, en s'écriant :

— Que la tête du dernier des Français soit brisée comme ce cristal!

Par un hasard singulier, la carafe ne se brisa pas ; mais le capitaine avait à peine fini de prononcer ces paroles, qu'une petite main bien fine lui appliqua deux soufflets fort prestement.

C'était la jeune madame L..., qui, tout en corrigeant son mari, tirait de son corsage un revolver, se frayait, cette arme à la main, un passage au milieu de ses convives, et s'évadait de Carlsruhe en se promettant bien de n'y rentrer, pour aller chercher ses toilettes et son mobilier, que lorsque cette ville serait occupée par l'armée française.

Ce patriotique désir ne devait pas être exaucé.

Madame L... est restée à Strasbourg.

Elle s'y est dévouée, pendant le siége, aux blessés que nous ont faits les compatriotes de son mari.

Celui-ci, après la paix, fit auprès d'elle une démarche de réconciliation et la supplia de réintégrer le domicile conjugal.

Mais elle, lui désignant, d'un geste froid et hautain, le vêtement de couleur sombre que la plupart des Strasbourgeoises ont adopté depuis le rapt de l'Alsace :

— Cette robe noire ne vous dit-elle pas que je suis veuve ?

XIV

LA VOLONTAIRE

I

Depuis qu'elle est France, la Lorraine a toujours eu une cartouche à brûler au service de sa mère d'adoption. En 1793, lorsque le corps d'armée de Brunswick tenta une pointe en Champagne à travers les Trois-Évêchés, — Metz, Toul et Verdun, — on vit les braconniers de l'Argonne tirer de derrière la *mé*, — huche au pain, — où l'avait tenu si longtemps caché la peur des gens du roi et des gardes seigneuriaux, — leur vieux fusil à pierre au long canon rouillé...

Puis ils s'en furent à l'affût des Prussiens...

Qu'un escadron des hussards de la mort tourbillonnât autour d'une ferme, d'un hameau, d'un village à portée de la forêt, celle-ci s'allumait et pétillait tout à coup...

Les balles jaillissaient des taillis dont la profondeur sombre se rayait çà et là d'éclairs sinistres et vengeurs...

Un des soldats de proie tombait, — deux, trois, quatre, — dix souvent, quelquefois trente !

Les autres, — éperdus, — donnaient de l'éperon et s'envolaient en poussant des clameurs aiguës ainsi qu'une nichée de vautours !

Ces choses se passaient sans tambour ni trompette, — sans cors de chasse et sans clairons·

Après les hussards noirs vinrent les *kaiser licks* blancs. Ce fut pendant l'hiver de 1814. Il en neigea de ces Autrichiens, de ces Saxons, de ces Wurtembergeois avec une violence telle, qu'en moins de la première semaine de janvier tout le pays en fut couvert, comme d'une nappe éclatante, depuis Thionville jusqu'à Belfort. Ils s'intitulaient *les alliés* et portaient des lauriers à leur shako en signe de joie et de victoire. Les cloches, dès qu'elles les aperçurent, se mirent à sonner le tocsin toutes seules. Alors, tandis que Blücher et Schwartzemberg, pleins du souvenir de Charles-Quint, n'osaient s'aventurer sous le canon de Metz et demandaient, — à une distance respectueuse, — au commandant de cette place la permission de visiter la ville pour quelques-uns de leurs officiers, permission qui leur fut accordée, à condition que ces officiers feraient cette visite *sans épée;* tandis que Phalsbourg, — bloqué, — jouait des dents et de la griffe avec le désespoir d'un chat qui ne veut pas se laisser noyer ; tandis qu'enfin, dans la montagne, les grands sapins et les rocs centenaires, déracinés par des Titans invisibles, s'écroulaient avec fracas sur les bataillons étrangers, dans la plaine les paysans organisaient la résistance à leur façon...

Il y en avait qui travaillaient isolément...

Malheur au Cosaque pillard qui s'écartait du grand chemin où chevauchaient ses camarades, pour aller fourrager dans quelque métairie isolée, des œufs, du *schnaps*, un jambon ! Malheur au uhlan paresseux qui, endormi sur sa monture, s'attardait à cent pas derrière le régiment ! Malheur à quiconque s'arrêtait sur la route ou se dérangeait de la colonne ! au fantassin fatigué comme au général curieux ! Un peu de fumée au-dessus d'une haie, d'un fossé, d'un buisson, un peu de flamme, un peu de bruit, et c'était tout. Le soir, un homme manquait à l'appel !...

Les femmes et les enfants s'en mêlaient. A Velottes, dans le canton de Mirecourt, la meunière fait ripaille avec une douzaine de chasseurs tyroliens, les saoule de vin et de caresses, les enferme dans son moulin et y met le feu ! A Porcieux, près de Charmes, une veuve qui a perdu ses trois fils à Leipsick, réclame trois Saxons à loger, et, lorsqu'ils sont endormis, leur coule du plomb fondu dans l'oreille ! A Épinal, un major des cuirassiers bavarois, poursuivi par des gamins moins hauts que la moitié de son sabre, se sauve dans les latrines de la maison d'Aston et y est lardé de coups de baïonnette ! Le musée anatomique de Nancy s'est enrichi de son squelette.

D'autres opéraient par bandes nombreuses sur les frontières de la province, du côté de la Franche-Comté et du côté de l'Alsace. C'est ce qu'on appela les *Corps francs.* Ceux-ci obéissaient au commandant Brice. J'ignore ce qu'il peut y avoir de vrai dans la légende que j'ai si souvent entendu raconter par mon grand-père, — qui avait été des *Corps francs,* — du projet formé par les paysans d'enlever les empereurs François et Alexandre à leur passage dans les *fonds de Toul.* Ce projet fut éventé, dit-on, par des limiers royalistes, et les souverains étrangers ne traversèrent le défilé qu'escortés par trente mille hommes de leur garde et par une redoutable artillerie. Toujours est-il que le comte de Wrède, général en chef des troupes alliées en Lorraine, réunit un conseil de guerre et fit juger le commandant Brice, lequel fut condamné à mort *par contumace* et exécuté *en effigie.* Le brave officier ne s'en porta pas plus mal pendant les trente-cinq ans qui lui restaient à vivre.

On le voit par ces souvenirs, l'esprit et les habitudes du *tir franc,* de l'estrade, de la guerre de partisans sont endémiques dans les Vosges et dans tout l'est de la France. Un demi-siècle de paix profonde les endormit sans les détruire. Une circonstance fortuite les réveilla :

Vers 1860, je crois, un bon soldat, qui avait fait sans barguigner son devoir dans la bataille, fut nommé à Épinal *percepteur des contributions.* La guerre lui avait pris un membre ; l'État lui rendait une position ; partant, quittes.

Loin de moi la pensée d'humilier une ville à laquelle je dois une chose que je ne saurais lui rendre ; mais si j'avance qu'en fait de bruit, de mouvement et de gaieté, l'antique cité *des épines*, — *Spina, Espinal, Épinal*, — offre d'écrasantes analogies avec l'Odéon parisien, les soirs où Racine sévit, que celui-là de mes compatriotes, qui n'a jamais promené son ennui dans l'*Allée des Soupirs* me jette la première pierre ! Un proverbe du cru dit d'ailleurs : *Sans Gérardmer et* UN PEU *Nancy, que serait-ce de la Lorraine ?* D'Épinal, il n'en est pas question, - - et pour cause.

Donc, notre militaire, devenu fonctionnaire public, avait, pour tirer sur le spleen, installé une cible au fond de son jardin...

A parler franc, casser la tête à des poupées et faire mouche, — à un certain nombre de mètres, — sur une plaque de tôle invulnérable et inconsciente, cela vaut encore mieux que de découvrir le pot de son voisin et de plonger dedans une fourchette indiscrète...

La jeunesse, en province, est affamée de nouveautés et de passe-temps. On accourut au jardin du percepteur ; la poudre parla, les chopes babillèrent, les vins de Thiaucourt et de Pagny furent éloquents. Quand on fut cent, on eut un uniforme ; quand on fut cinq cents, on eut une *Schützenhauss*, des statuts, un drapeau, une fanfare ; quand on fut mille, on voulut avoir un auguste parrainage, — et on l'eut.

On vint le chercher à Paris. C'était pendant l'Exposition. Nos *cockneys* firent un bruyant succès à ces provinciaux dont le feutre en pain de sucre, la plume de faisan et la mine vaillante évoquaient l'ombre altière des Fra-Diavolo, des Jean Sbogar et des Karl Moor, et prenaient l'œil et le cœur des *boulevardières*. L'armée, ainsi qu'elle l'avait fait partout, du reste, fraternisa cordialement avec eux. On applaudit, au Trocadéro, leur opulente santé et leur barbe florissante. Le percepteur Bourgeois cahin-cahotait à leur tête sur sa jambe de bois glorieuse. Les robustes sonneurs, que leur aigrette blanche distinguait, le poing sur la hanche, le coude en l'air, comme des piqueurs d'Albert Durer, s'époumonnaient dans les clairons et dans les trompes, et la poussière de midi, soulevée par le pas gymnastique, enveloppait les pelotons d'un brouillard roux, lumineux, plein d'atomes d'or que déchirait çà et là le serpenteau d'acier des baïonnettes...

Le Prince impérial, — en blouse de coutil, — présidait à cette revue. Par un tel patronage, les francs-tireurs croyaient avoir suffisamment *régularisé leur position*. Ils se trompaient : le maréchal Niel intervint.

Sans enquête préalable, et sans même consulter l'esprit des sociétés de tir auxquelles elle s'appliquait, le défunt ministre de la guerre rendit exécutoire à leur endroit la loi de 1868.

La plupart de ces sociétés, — cinquante ou soixante environ, — répondirent à cette brusquerie par une dissolution volontaire.

Je n'entends point discuter ici la mesure du feu maréchal : j'en constate les résultats, voilà tout. Plus de trente mille jeunes gens, solides et déterminés, s'étaient spontanément armés pour la défense du territoire ; ils s'exerçaient régulièrement ; ils existaient sur le papier, et pouvaient se lever au premier appel ; un coup de plume biffa cette *landwehr* imposante !...

Du reste, en sacrifiant à leur indépendance leur carabine et leur plumet, nos carabiniers libres des provinces de l'Est n'avaient pas entendu abdiquer les grandes traditions de leurs pères...

L'étincelle qui jaillit du sabot du cheval de M. de Bismarck contre un caillou de la frontière, alluma le tonnerre de la poudre en Lorraine, en Alsace, en Champagne et en Franche-Comté.

En un instant, toutes les compagnies de francs-tireurs y furent reconstituées, équipées, préparées...

Préparées au combat, à la victoire, à la mort !...

Paratæ ad pugnam, ad victoriam, ad mortem !

Elles s'en vinrent offrir leurs services aux généraux des corps éparpillés sur le front des bois pleins d'embûches, — de Forbach à Wissembourg...

Connaissant le pays comme l'enfant connaît son berceau, nul n'était plus capable que ces partisans de débusquer et dépister l'ennemi.

— Inutile, répondit M. de Failly ; les éclaireurs ne rentrent pas dans notre système.

D'autres demandaient à se cantonner, à se fortifier dans les Vosges.

— Défendre les Vosges ! leur fut-il répliqué. A quoi bon? Nous allons à Berlin. *D'ailleurs, l'élément militaire n'a pas besoin de se mêler à l'élément civil.*

Moins de quinze jours après ce mot d'un général que les événements ont rendu tristement célèbre, les Vosges étaient forcées, et, si l'*élément civil* ne s'en était mêlé, que serait-il advenu de *l'élément militaire ?*

II

Parmi les compagnies de francs-tireurs qui se levèrent d'un bond pour la défense du sol, celle de la petite ville de Lamarche fut, sans contredit, l'une des premières, des plus spontanées et des plus sérieuses.

Elle comptait dans ses rangs MARIE-ANTOINETTE LIX.

Marie-Antoinette Lix, c'est notre VOLONTAIRE.

Elle est née à Colmar.

Elle a trente-trois ans.

Elle occupe la place modeste de *receveuse des postes* dans la localité minuscule dont nous venons de citer le nom.

Maintenant, comment la trouvons-nous, en 1870, sous la blouse du *riffleman*, — ou du *rifflewoman* plutôt ?

C'est ce qu'elle-même va nous apprendre.

Sur notre instante prière, mademoiselle Lix, en effet, a bien voulu nous adresser l'ébauche de quelques-unes de ses impressions personnelles, — datées du commencement de la campagne.

Qu'elle nous pardonne de trahir, — sans vergogne, — ses *Confidences d'une amie à une amie !*

Quand les femmes se montrent plus braves que les hommes, n'est-il pas permis à ceux-ci de se montrer aussi indiscrets que celles-là ?

Donc, c'est notre héroïne qui parle, — ou qui écrit.

Vous n'y perdrez rien, ô lecteur !

Son langage n'est point celui d'une *franche-tireuse...* de carottes !

Et la plume danse dans sa main aussi légèrement que le chassepot !

. . . .
. . . .

« A ceux qui ne connaissent pas le culte du clocher; à ceux qui ne savent pas ce que c'est que l'amour de la patrie,— et les derniers événements ont prouvé qu'ils ne sont que trop nombreux chez nous, — à ceux-là je dirai :

« Allez à l'étranger, — et vous verrez comme, après avoir passé quelques années à entendre une langue barbare, à voir des visages exotiques et à comparer le caractère des autres peuples avec notre caractère national; vous verrez, dis-je, comme votre cœur battra au seul nom de la France ; comme de douces larmes monteront à vos paupières lorsqu'il vous sera donné de serrer la main d'un compatriote, et de quelle joie délirante tout votre être débordera sitôt qu'il vous sera donné de remettre le pied sur la terre du pays.

« Un séjour de sept ans au delà du Rhin avait fortement développé en moi cet amour si puissant et si fort. L'insurrection polonaise, dans laquelle les circonstances m'avaient forcée de jouer un rôle, m'avait fait acquérir l'abnégation indispensable à ceux qui ont renoncé au bonheur ici-bas, et qui veulent vouer leur vie à une œuvre de charité.

« Lorsque je revins en France, en 1865, la perte de tous les miens avait fait autour de moi un vide que je résolus de combler en me consacrant à ceux de mes compatriotes auxquels je pourrais être utile. L'occasion ne se fit pas attendre. En 1866, le choléra sévit avec force dans le nord de la France. Je partis aussitôt pour Lille où, pendant trois mois, je soignai les pauvres atteints de cette maladie dans le quartier Saint-Sauveur, qui est dans cette ville ce que le quartier Mouffetard est à Paris.

« A mon retour, j'acceptai une place de correspondante pour les langues étrangères dans une des grandes maisons de commerce de la capitale. J'aurais voulu y travailler à améliorer le sort des nombreuses ouvrières attachées à cet établissement. Je ne fus point secondée, et les moyens d'action me firent défaut.

« Nommée receveuse des postes en 1869, je m'occupai, aussitôt installée à Lamarche, d'y fonder une Société de dames de charité. Je parvins à réunir quatre-vingts membres tant honoraires qu'actifs. Cette Société est encore en pleine activité. Elle habille chaque année environ trente indigents et distribue des secours en nature aux malades et aux vieillards.

« Au premier bruit de guerre avec la Prusse, ma résolution de reprendre les armes fut irrévocable. Je suis Alsacienne et je savais que l'Alsace était surtout menacée si les Allemands étaient vainqueurs. J'écrivis donc, le 13 juillet, à M. Arbellier, alors directeur des postes des Vosges, pour lui demander un congé illimité. Il me répondit qu'il n'avait le droit d'accorder que des vacances de cinq jours, et m'engagea à m'adresser à l'administration générale. J'y envoyai une amie pour solliciter un congé ou faire accepter ma démission; car, quoique n'ayant d'autre fortune que cette position assez peu lucrative, je n'aurais pas hésité un instant à la sacrifier à ce que je considérais comme un devoir... Après avoir versé mon sang pour la Pologne, je ne pouvais et ne voulais pas rester impassible spectatrice d'une lutte entre la France et la Prusse. La réponse fut favorable : elle m'arriva en même temps que l'armée de de Failly opérait sa retraite sur Lamarche.

« Dans les Vosges, plusieurs corps francs m'offraient un grade... J'aurais voulu combattre incognito comme je l'avais fait en Pologne ; et, le 14 août, je partais pour Paris... Pendant près de quinze jours, je fis les démarches les plus actives à ce sujet au ministère de la guerre et au ministère de l'intérieur. Elles furent toutes infructueuses, et le découragement

LA VOLONTAIRE.

Dans les francs-tireurs.

commençait à me gagner, lorsque je reçus une lettre du capitaine des francs-tireurs de Lamarche, qui était en même temps maire de cette localité. Il me proposait le grade de lieutenant dans sa compagnie. Ma résolution fut bientôt prise. Ne pouvant faire la guerre comme je le désirais, c'est-à-dire sans que mon sexe fût connu, cette compagnie, composée en grande partie des fils et des frères de mes amies, m'offrait toutes les garanties de respect que je pouvais désirer. Je m'équipai et repartis aussitôt pour les Vosges. Il était temps : deux jours après, les communications avec Paris, par la ligne de l'Est, étaient interceptées.

« Il y a, à sept kilomètres de Lamarche, une ferme appartenant au comte Beugnot. Elle est encaissée dans les bois comme au fond d'un entonnoir. C'est là que les francs-tireurs du pays avaient établi leur camp, et qu'ils s'exerçaient au métier militaire avant de prendre la campagne. C'est donc à la ferme de la Bondice que je m'engageai définitivement, le 3 septembre 1870. Mais, comme je ne voyais pas la nécessité de rester au camp tant que nous ne ferions pas sérieusement la guerre, je quittais la ville, tous les matins, à cinq heures, et me rendais au camp où j'assistais et prenais part aux exercices et aux manœuvres. Le soir, je revenais chez moi, faisant ainsi journellement quatorze kilomètres par des chemins impossibles pour m'exercer à la marche.

. . . .

« 9 septembre.

« Je reviens de Neuchâteau, où nous avons été prendre les ordres du sous-préfet. Ce pauvre fonctionnaire, à force d'activité et de zèle, en est réduit à garder le lit. Ah ! si tous nos préfets et sous-préfets lui ressemblaient, les Prussiens n'auraient pas bon marché de la France ! — Madame Sarlandi est bien la femme charmante et distinguée dont on nous avait fait un si séduisant portrait. Lorsque je me fus nommée, elle voulut m'avoir à dîner et me faire les honneurs de la ville, où je venais pour la première fois. En passant sur la place, elle m'arrêta devant la statue de Jeanne d'Arc :

« — Faites comme elle ! me dit-elle en souriant,

« — S'il ne s'agissait que de vouloir, pour accomplir des merveilles, ce serait fait, répondis-je ; mais d'abord je ne suis pas l'envoyée de Dieu ; puis les soldats de Jeanne avaient un talisman que je redoute fort de ne pas trouver chez les miens...

« — Et ce talisman, quel est-il ?

« — Le patriotisme ; il n'y en a guère.

« — Quoi ! vraiment ! vous croyez ?...

« — Je crois que cette guerre sera désastreuse pour nous. Je désirerais me tromper ; mais je crains bien que les événements ne viennent confirmer mes prévisions.

« — Mais alors, mon enfant, il ne faut pas partir !...

« — Raison de plus, au contraire, pour que je parte : ma vie appartient avant tout à la patrie ; puis, vous le savez, madame,

A vaincre sans péril on triomphe sans gloire.

« Vittel, 11 septembre, à l'établissement des Bains.

« Voici ma première étape ! Ne t'épouvante pas ! Je l'ai faite tout entière en voiture ; aussi je suis de service cette nuit.

« Nous avons enrôlé deux volontaires aujourd'hui : M. B..., un avocat de Saint-Étienne, et M. de C..., un *petit crevé* parisien. On les a mis à l'œuvre séance tenante, de sorte qu'à l'heure où je t'écris, ils sont de faction, l'un sous un frêne, au jardin des Bains, l'autre à la jonction de deux routes. N'ayant pas prévu la fraîcheur des nuits dans les Vosges, ils ne s'étaient pas prémunis contre le froid, de sorte que je les ai trouvés grelottant et battant la semelle de toutes leurs forces, mais faisant fort bonne contenance. Ceux-ci, j'en suis sûre, ne reculeront pas devant l'ennemi.

« Minuit.

« Je viens de trouver une sentinelle profondément endormie. C'est un des fanfarons de la compagnie. A l'entendre, il pourfendrait à lui tout seul un régiment de uhlans. Je l'ai laissé dormir et ai emporté son fusil au poste. Gare au rapport demain !

« 6 heures du matin.

« Je ne veux pas me coucher sans te raconter notre fausse alerte de ce matin.

« Vers quatre heures, je faisais mon avant-dernière ronde, lorsque j'entendis le galop précipité d'un cheval et le : *Qui vive ?* deux fois répété, d'un factionnaire. Je courus de ce côté et j'y trouvai un jeune paysan, envoyé par le maire de Mauroy, pour nous prévenir qu'une avant-garde d'infanterie prussienne s'avançait. Je lui ordonnai de poursuivre jusqu'à Vittel pour avertir le maire et le lieutenant de gendarmerie. Quant à moi, je courus au pavillon où les soldats dormaient tout habillés sur la paille.

« — Debout, enfants ! leur criai-je. Aux armes, et en silence !

« En cinq minutes, ils étaient prêts et occupaient leur poste de combat. Bientôt, ceux que nous avions envoyés en éclaireurs, revinrent en riant comme des fous. Nos Prussiens étaient tout bonnement des éclaireurs de la Lorraine allemande, sous le commandement du capitaine Schmidt. La plupart de ces pauvres enfants avaient à peine la force de porter un fusil, ce qui ne les empêchait pas de se redresser crânement lorsqu'on parlait d'en venir aux mains avec les Allemands. Quinze d'entre eux n'avaient que treize ans et demi. Les larmes me vinrent aux yeux lorsque je les vis défiler. Que de cœurs brisés ! que de pauvres mères en larmes !

« Bonsoir, amie ! tu te lèves et je vais me coucher. J'occupe à moi seule toute la maison des Bains. C'est un vrai luxe, n'est-ce pas ? Ce qui n'en est pas un, c'est que je n'ai qu'un matelas pour dormir et mon manteau pour me couvrir. A la guerre comme à la guerre ! Sous peu, je serai trop heureuse sans doute d'avoir de la paille. A la garde de Dieu ! Si le sacrifice de ma vie uni à tant d'autres sacrifices peut contribuer au salut de ma France, jamais une plainte ne tombera de mes lèvres !...

« 12 septembre.

« On a tiré à la conscription aujourd'hui à Vittel. Tout s'est passé sans incident remarquable. Notre présence étant désormais inutile ici, nous partons demain pour nous diriger du côté de Bains et aller, de là, nous mettre à la disposition du général de division à Épinal.

« Bains, 14 septembre.

« Je n'ai la force que de te dire bonsoir. Je viens de faire trente kilomètres à pied. C'est ma première étape sérieuse. Je tombe de fatigue et de sommeil, et c'est à recommencer demain. Les Prussiens me payeront cela !

« L'étape d'aujourd'hui n'était que de vingt-cinq kilomètres. Je me sens beaucoup moins fatiguée. D'ailleurs, je suis poëte à mes heures, et le pays que nous avons traversé est si beau, que la contemplation des sites m'a fait oublier la longueur de la route. Sais-tu ce qui me ramène douloureusement à la réalité ? — C'est la mollesse de notre génération. — Il y a dans la compagnie des jeunes gens forts comme des chênes, qui se plaignent de l'obligation où ils sont de porter leurs sacs, lesquels, disent-ils, leur blessent les épaules ! — Que sera-ce dans quelque temps ?... — Oh ! pauvre France !...

« A Darney, j'ai logé chez ma collègue mademoiselle D... qui, en vraie fille de militaire, me comprend, m'approuve et regrette de n'avoir pas la force de faire comme moi. J'avais eu mon premier billet de logement chez le maire qui, étant prévenu par le fourrier, était venu au-devant de moi, pour m'inviter gracieusement de la part de sa femme. J'ai préféré accepter l'hospitalité plus modeste de cette bonne Marie P... qui, comprenant qu'après avoir fait un si long trajet avec de gros souliers de chasse, je devais être *rendue*, me fit prendre un bain et me gâta de toutes ses forces. Après dîner, je suis allée avec elle à une délicieuse chapelle située à dix minutes de Bains, et où tous les soirs on fait des prières publiques pour le pays. Je m'y suis associée de toute mon âme ; et puis j'ai prié pour toi, suppliant Dieu de te ramener tous ceux que tu aimes... C'était un peu prier pour moi aussi, n'est-ce pas ?...

« 19 septembre.

« Depuis le 14, nous n'avons fait que marches et contre-marches, qui me font bien plus l'effet de promenades de touristes que d'autre chose ; et, de fait, je crois que ceux qui nous guident évitent plutôt l'ennemi qu'ils ne le cherchent. Notre capitaine est paralysé des jambes et nous suit en voiture à petites journées. Le lieutenant en premier, M. D..., le remplace, et, n'ayant jamais été soldat, il s'épouvante de la responsabilité qui lui incombe. Comme lieutenant en second, je n'ai quant à présent aucune initiative à prendre ; mais je souffre cruellement de cet état de choses.

« Aujourd'hui, en assistant à la paye, je vis le fils d'un riche banquier juif aller toucher sa solde. Je ne fus pas maîtresse d'un mouvement de dégoût. Ce jeune homme eût pu si bien se passer de vivre aux dépens de la patrie ! Il surprit mon regard et rougit...

« — Eh bien, lieutenant, et vous ? fit-il avec embarras.

« — Moi, je fais la guerre à mes frais.

« — Comment ! s'écria-t-il d'un air de profonde stupéfaction, vous êtes donc bien riche ?

« — J'ai mon traitement de receveuse des postes.

« — Mais vous payez l'aide qui vous remplace ?

« — Oui, et ce qui me reste suffit à mes besoins.

« — Vous avez tort de faire de la générosité, car enfin le sous-lieutenant de X..., qui a quinze mille livres de rente, touche très-régulièrement sa solde.

« — Je n'ai pas pour habitude de régler ma conduite sur celle des autres. Tant pis pour M. de X... si, étant si riche, il n'a pas assez de fierté pour refuser l'aumône que lui fait la France, et pas assez de générosité pour sentir le besoin de la lui faire.

« Mon interlocuteur me quitta d'une mine qui semblait me dire très-clairement que j'étais folle à lier.

« Si l'argent qu'il vient de toucher ne lui brûle pas les doigts, il faut qu'il ait un porte-monnaie à la place du cœur.

« En passant à Épinal, j'ai été voir le directeur des postes et lui ai recommandé mon aide pour le cas où je viendrais à être tuée. Il s'est montré pour moi très-bon et très-bienveillant.

« Saint-Dié, 23 septembre.

« Je t'ai écrit le 19, et j'étais fort ennuyée de voir notre inactivité, alors que de tous côtés nous arrivaient les nouvelles les plus désastreuses. Les dames de Saint-Dié ne cessaient de me faire ovation sur ovation. Ma chambre était tellement remplie de fleurs, qu'elle eût avantageusement fait concurrence au marché de la Madeleine à Paris. J'en envoyais tous les jours cinq ou six bouquets à l'église Saint-Martin, où ils sont plus à leur place qu'en tête-à-tête avec mon sabre et mon chassepot.

« Je passais une partie de la journée au salon de ma bonne madame Matelet, à entendre les compliments les plus fades qui se puissent rêver... Le dévouement est-il donc si rare, qu'on regarde comme une merveille ceux qui en ont, par hasard, une petite dose !...

« Le 20, à une heure du matin, j'entendis carillonner à la porte d'entrée. Je sautai à bas de mon lit et courus à la fenêtre. Je vis alors, à la lueur d'une lanterne qu'il portait, le fourrier de la compagnie, avec un soldat.

« — Est-ce vous, lieutenant? fit-il en m'entendant ouvrir la croisée.

« — Oui. Que se passe-t-il?

« — Nous partons à l'instant ; les Prussiens doivent être à Baccarat vers huit heures.

« — Mais comment se fait-il que ce soit vous qui veniez m'appeler?

« — Le lieutenant D... a oublié de prendre l'adresse du clairon, et nous ne savons où le chercher.

« Je trépignai d'impatience. Il y avait alors à Saint-Dié près de trois mille hommes, tant francs-tireurs que gardes mobiles, et, grâce à la négligence de notre chef, il allait falloir que ces deux hommes allassent à une heure du matin, de porte en porte, pour réunir une compagnie de soixante-cinq hommes. Aussi eûmes-nous le plaisir de nous promener jusqu'à cinq heures du matin devant l'hôtel de ville en attendant que tout le monde fût prêt et que les voitures de réquisition fussent arrivées. La compagnie du Jura, qui ne nous quittait pas depuis Épinal, était de la partie. Nous étions donc en tout deux cent quinze hommes pour aller surprendre quarante uhlans qui allaient en maraude.

« Le lieutenant D..., le capitaine C... et le lieutenant de G..., de la compagnie du Jura, deux soldats et moi nous prenons place dans la voiture de chasse de M. de Lesseux. Les hommes nous suivent sur d'autres voitures ; car il faut rattraper le temps perdu. En route, ces messieurs parlent de déjeuner à Raon-l'Étape. Je les regarde, d'abord, comme si je croyais à une mauvaise plaisanterie ; mais, voyant qu'ils sont sérieux :

« — Messieurs, leur dis-je, si vous déjeunez, MM. les uhlans auront le temps d'être prévenus de notre arrivée, et ils se moqueront de vous.

« — Mais, lieutenant, jamais les soldats ne voudront marcher s'ils n'ont pas déjeuné...

« — C'est à nous de leur donner l'exemple et de les précéder ; ils nous suivront.

« Nous arrivâmes à Raon à sept heures du matin. J'avais vainement espéré que mon avis prévaudrait ; le déjeuner fut commandé. A dix heures, nous étions encore à table lorsqu'on vint nous prévenir que les uhlans étaient arrivés à Baccarat, avaient réclamé leurs réquisitions et étaient tranquillement repartis. J'en ai pleuré de douleur et de colère.

« Comme après cet exploit, ces messieurs n'osèrent pas immédiatement retourner à Saint-Dié, on fut prendre position dans un bois, à quelque distance de Raon pour y passer la nuit.

« Les deux francs-tireurs qui avaient été dans la même voiture que moi, racontèrent aux autres comment j'avais insisté pour qu'on ne s'arrêtât pas à Raon et qu'on poursuivît jusqu'à Baccarat. Les soldats étaient furieux et voulaient me nommer capitaine par acclamations. Lorsque je sus ce qu'il en était, j'allai les trouver, et leur dis que, si l'on faisait la moindre manifestation à mon sujet dans la compagnie, je la quitterais immédiatement. Cela suffit pour les faire taire.

« Vers le soir, le capitaine O..., de la compagnie du Jura, qui campait à environ cinq cents mètres de nous, vint m'inviter à dîner. Je venais d'apprendre que, pour nos soldats, le fourrier n'avait pu se procurer que du pain.

« — Merci, capitaine, dis-je à mon amphitryon, aujourd'hui mes soldats n'ont que du pain ; je le partagerai avec eux. Le jour où ils ne manqueront de rien et où vous n'aurez, vous, que du pain, invitez-moi, je vous assure que j'accepterai.

« Vers le soir, au moment où on allait placer les sentinelles, il y eut une nouvelle discussion. Quelques soldats refusaient de monter la garde.

« — Allez-vous-en, fis-je aux plus récalcitrants ; puisque vous avez peur, je monterai la garde pour vous.

« Ils ne soufflèrent plus mot. Vers onze heures, n'étant pas de service, j'allai m'étendre sur une botte de paille au pied d'un arbre. Mais il me fut impossible de fermer les yeux. Une invincible tristesse s'était emparée de moi ; car, outre les incidents de la journée, j'avais appris que le capitaine Schmidt, que nous avions vu passer à Vittel, s'était fait massacrer, et que les braves enfants qu'il commandait avaient partagé son sort... Et pourtant c'étaient des enfants... Et nous avions là des hommes de six pieds incapables de supporter la moindre fatigue, d'endurer la moindre privation sans murmure ! Encore une fois, pauvre France !

« Le lendemain, nous revenions à Saint-Dié, où ma pauvre madame Matelet me recevait à bras ouverts. Elle m'avait crue perdue.

« — Soyez toute rassurée, lui dis-je, pour peu que cela continue, on pourra nommer notre compagnie la *compagnie d'assurance contre la mort*.

« Même jour, 4 heures.

« Nous partons pour Saales. Comme mes soldats continuent à maugréer, j'ai échangé ma valise contre un sac en toile cirée, de sorte qu'en me voyant faire mes étapes sac au dos (comme doivent le faire, du reste, les officiers des francs-tireurs), ils n'oseront plus se plaindre de leur fardeau. On nous annonce pour cette fois une expédition sérieuse. Dieu veuille que ce soit vrai !

« 28 septembre, cinq heures.

« Nous avons quitté Saint-Dié, le 23, à cinq heures du soir au nombre d'environ six cents; car, outre la compagnie du Jura, nous avons encore celle du capitaine D... sous le commandement duquel nous sommes tous placés pour cette expédition.

« Le capitaine D... a un air martial qui pourrait, à la rigueur, le faire prendre pour un commandant d'infanterie en retraite. Ce qui donne un certain poids à cette supposition, c'est que sa poitrine est littéralement constellée de médailles de toutes couleurs et de toutes dimensions. Il est très-sobre de paroles : d'abord parce qu'il craint de perdre son prestige en se livrant quelque peu, — et il a raison, car il ne saurait dire cinq mots sans offenser outrageusement MM. Noël et Chapsal. Il faut ajouter qu'il est sourd comme un pot et qu'il ne connaît pas un mot de théorie militaire ; ce qui ne l'empêche pas d'avoir la confiance la plus absolue en son génie, et, cette confiance croît en raison de ses accolades à une gourde qu'il porte à son côté et qui est ordinairement pleine de vieux kirsch. Lorsqu'il en voit le fond, Napoléon Ier ne serait pas digne de délier les cordons de ses souliers. Le capitaine D... use et abuse du droit de réquisition : à juger de l'activité qu'il déploie dans cette partie de son service, et, en considérant les deux énormes voitures de provisions qui le suivent toujours, on est forcé de supposer qu'il était né pour être intendant militaire ! Un de ses lieutenants nous a avoué confidentiellement, qu'il avait remporté une partie des médailles qui le décorent, aux expositions, comme *fabricant de cannes* et l'autre moitié comme *maître nageur*.

« C'est entre les mains de cet homme qu'on a jugé à propos de remettre le sort de six cents soldats, et c'est sous ses ordres que nous avons fait la plus ridicule expédition qu'il soit possible d'imaginer. Le 25 septembre, il nous rassemble et nous annonce majestueusement que nous allons partir pour un coup de main dont la durée ne pouvait être précisée et dont, sans doute, tous ne reviendraient pas. On accueille cette nouvelle avec enthousiasme.

« — Enfin, nous allons donc voir les casques à paratonnerre !

Pour une entreprise aussi importante, nous jugeons à propos d'emporter nos sacs, et comme nous devons passer la nuit à la belle étoile, je roule ma couverture de campement. C'est la deuxième fois que je marche sac au dos. Je suis forcée d'avouer que ce n'est pas le plus beau côté du métier. Mon sac pèse trente-cinq livres ; mon chassepot, onze ; ajoute mon sabre et mon revolver et tu arriveras à un poids digne de m'attirer ta pitié. Le capitaine D... marche en tête de la colonne : tant qu'il fait jour, il paraît infatigable ; il est vrai que ses bagages ne l'embarrassent guère, car il n'a à porter que son sabre et sa fameuse gourde dont il allège le poids à mesure que nous avançons.

« Vers neuf heures du soir, nous arrivons dans un petit village situé non loin du Donon, à Pleine. Nous y faisons halte ; et il est temps ; nous mourons littéralement de faim et de lassitude. Il nous est impossible de nous procurer la moindre des choses. Pour ma part, j'ai frappé à plus de dix portes, sollicitant un morceau de pain, moyennant finance : on me l'a refusé partout.....

« J'avais vainement parcouru le village et je revenais découragée, lorsque j'aperçus une bonne vieille sur le pas d'une porte. Je lui demandai à acheter du pain. Elle me fit entrer jeta une brassée de branches sèches dans la cheminée et m'offrit du ragoût fait avec des feuilles de betteraves dont la première bouchée me souleva le cœur. Ce que voyant, la bonne vieille apporta une bouteille de vin, du beurre et du pain noir que je mangeai avec grand appétit.

« Lorsque je me levai pour partir, j'offris de l'argent à la pauvre femme : elle en eût l'air attristé.

« — J'sommes ben pauvre, mon enfant, me dit-elle, mais ce que j'donnons, je l'donnons d'un bon cœur. Allez ! que le bon Dieu et la sainte Vierge vous protégent !

« Tu ne saurais croire à quel point je fus touchée de cette réponse et de la bénédiction qui la suivit. Si je survis à cette guerre, ce que j'en oublierai le moins peut-être, c'est l'humble et cordiale hospitalité que j'ai trouvée dans cette chaumière.

« A neuf heures, nous nous remettons en route, nous demandant vainement où nous allions. Je m'approchai du capitaine.

« — Capitaine, serons-nous bientôt arrivés ?

« — Ma foi, je ne le sais pas plus que vous, fit-il d'une voix qui prouvait surabondamment que la gourde était vide.

« — Avez-vous pris des guides, car voici la nuit, et sans cette précaution, il serait difficile de se diriger dans ces chemins de traverse ?

« — Des guides, pourquoi faire, lieutenant ? je n'en prends jamais.

« — Mais, alors, vous connaissez le pays ?

« — Je n'y suis jamais venu. Voyez-vous, lieutenant, un vrai général n'a pas besoin de guides : on va toujours devant soi, jusqu'à ce qu'on ait trouvé des Prussiens, et alors on les rosse.

« Je trouvai inutile de prolonger cette intéressante conversation et j'allai rejoindre ma compagnie... Je l'ai dit, depuis que la nuit était venue, le capitaine se tenait prudemment à l'arrière-garde. Nous venions de nous engager dans une gorge tellement étroite, que dix Allemands auraient eu raison de nos trois compagnies. Nous n'aurions pas pu riposter avec succès, par un seul coup de fusil. Les soldats s'aperçoivent de la situation. Quelques murmures se font entendre. Je me retourne :

« — Eh bien, messieurs, les ténèbres vous font-elles peur à ce point ?

« Ils firent silence aussitôt. Devant moi marchaient quelques soldats d'une compagnie lyonnaise qui s'était dispersée. A un moment donné, deux étrangers qui s'étaient engagés dans cette compagnie, furent pris de panique et voulurent s'enfuir. Je les arrêtai par la blouse et élevant mon revolver à la hauteur de leur front :

« — Messieurs, leur dis-je, en France on ne recule pas !

« Ils comprirent et ne songèrent plus à fuir.

« Les chemins devenaient de plus en plus difficiles. Les soldats étaient brisés de fatigue, et, pour ma part, il me semblait que mon sac pesait un quintal. Par moments je me demandais si je pourrais poursuivre jusqu'au bout; car, d'après l'appréciation des plus compétents, nous avions fait quarante kilomètres. J'avais les lèvres desséchées par la fièvre. En passant sur un sapin jeté en guise de pont sur un petit ruisseau, je fis un faux pas et tombai à l'eau

LA VOLONTAIRE.

Officier dans l'armée régulière.

jusqu'aux genoux. Ce bain de pied me fit du bien, et me rendit quelques forces pour continuer la route.

« Vers onze heures du soir enfin, nous fîmes halte au pied du Donon, dans un bois, où chacun s'installa du mieux qu'il put.

« Je m'arrêtai au pied d'un sapin, où j'étendis mon manteau ; je m'y laissai tomber, me servant de mon sac comme d'un oreiller. La prudence nous défendait de faire du feu. J'avais les pieds glacés, il me fut impossible de dormir. Soudain, un coup de canon, sourd et prolongé me fit tressaillir ! C'était le canon de Strasbourg ! Il me sembla que ce coup m'avait frappée au cœur. Le souvenir de mon aimée Alsace me revint avec tant de force, qu'il me parut que quelque chose se brisait dans ma poitrine ! Je me couvris le visage des deux mains et me pris à sangloter comme un enfant. Je passai la nuit ainsi, à écouter ce bruit sinistre, les yeux fixés vers la voûte étoilée, les mains convulsivement crispées sur mon cœur et priant Dieu de toute mon âme, d'avoir pitié de mes malheureux compatriotes, d'avoir pitié de la France ! »

III

... Ici s'arrêtent les notes que nous avons pu obtenir de la gracieuseté de mademoiselle Lix. Ces notes, nous le répétons, n'étaient point destinées à la publicité, et c'est par notre faute qu'elles ont vu le jour : *nostrâ culpâ, — nostrâ culpâ, — nostrâ maximâ culpâ!!!*

Mais quoi ! n'eût-ce pas été un crime de lèse-public de les garder en portefeuille?

Quelle description aura jamais l'attrait et la puissance de la chose vue ? Quelle analyse aura jamais la saveur âcre ou douce de la sensation personnelle ? Quel écrivain aura la faculté, le talent, la magie de passionner son lecteur comme le Moi, — le Moi de Montaigne et de Sterne ? Enfin, qui pouvait, mieux qu'elle-même, raconter notre VOLONTAIRE ?

En vous servant, du reste, ce ragoût souverain de l'autobiographie, nous ne lui avons enlevé aucune de ses épices. Nous n'avons rien retranché des impressions de notre aimable et brave correspondante ; nous ne leur avons rien ajouté non plus. Nous n'avons rien amoindri ni rien forcé. Nous n'avons pas fait tort à l'androgyne de Lamarche d'une seule de ses exclamations d'indignation ou d'enthousiasme, d'une seule de ses saillies ou de ses boutades, de ses redites ou de ses incorrections, d'un seul de ses sourires, d'un seul de ses soupirs.

Aurions-nous pu crayonner fidèlement ce type original, qui tient du *débardeur* et du troupier, — de Gavarni et de Bellangé, — sans lui conserver ce qui est de la femme et ce qui vient du soldat? — Mademoiselle Lix a opéré cette mixture de sa propre main. — Bonne fortune. — C'est sa plume qui a esquissé sa véritable physionomie : un corset dans un pantalon.

Maintenant, qui a interrompu la série de lettres, dont nous avons si effrontément brisé le cachet ?

Les événements sans doute.

Il paraît certain, en effet, que nos francs-tireurs vosgiens, prirent une part active à l'affaire de Nompatelize.

J'ai parlé de Nompatelize...

Vous êtes-vous jamais doutés, tant sont étranges les ténèbres qui s'épaississent autour de cette fatale campagne ; vous êtes-vous jamais doutés, vous qu'à Paris l'investissement murait dans l'isolement, dans l'incertitude, dans l'ignorance de ce qui se passait de l'autre côté du fossé, et vous tous, du reste de la France, que des centaines de lieues, couvertes de masses ennemies, séparaient de l'Alsace et de la Lorraine ; vous êtes-vous jamais doutés qu'il existât quelque part, — je ne sais où, — dans un pli des Vosges, — un bourg, — un village, un hameau appelé *Nompatelize*, et que ce bourg, ce village, ce hameau eût baptisé de son nom une journée décisive, d'où dépendit le sort de nos provinces et de notre première armée de l'Est ?

Qui commandait à Nompatelize ?

Quelles troupes y furent engagées ?

Nous ne savons.

Ce qui est constant, par exemple, c'est que la bataille eut deux phases bien marquées.

Pendant toute la matinée, nous fûmes vainqueurs, — comme toujours.

Notre artillerie, postée entre les deux Jumeaux, prenait les Prussiens de flanc ; leurs colonnes commençaient à se disloquer sous une nappe de mitraille, et, si nos mobiles eussent tenu plus solidement, s'ils eussent été mieux entraînés, s'ils eussent eu davantage confiance dans leurs chefs, le mouvement rétrograde des Allemands se fût assurément changé en une véritable déroute.

Tout à coup, vers deux heures et demie, au moment où rien encore n'était désespéré pour nous, et où nous conservions des positions superbes, une ligne de baïonnettes étincela sur les hauteurs d'Étival.

C'était la garde royale qui arrivait pour charger notre droite.

Devant ce renfort inattendu, nos pauvres jeunes soldats prirent peur et plièrent brusquement.

Nos canons que ne soutenaient plus les moblots en débandade, se turent à quatre heures.

On était en retraite sur la Bourgonce, village qui ferme le col de Mont-Repos, et le général Dupré, blessé pendant l'action, s'éloignait dans la direction de Bruyères avec les épaves de la lutte.

Les *rifflemen*, la *rifflewoman* de Lamarche furent-ils entraînés dans ce mouvement de retraite ?

C'est ce qu'en l'absence de documents authentiques, il est permis de supposer.

Nous retrouvons mademoiselle Lix à Langres sur la fin de la guerre. Elle y commande en *cheffe* la compagnie. Les galons de capitaine brillent autour de son képi et sur les manches de sa grande capote d'infanterie. Les habitants de cette sous-préfecture de la Haute-Marne se souviendront longtemps de sa crânerie, de son *humour*, de son ton décidé, de ses allures martiales. Elle porte la botte molle, le sabre et le pistolet, d'une façon qui rappelle le vieux couplet qu'on fit sur la duchesse de Chevreuse lorsque celle-ci échappa, déguisée en cavalier, aux émissaires de Richelieu, — couplet qui se chantait sur l'air de *la Belle Piémontaise* :

— La Boissière, dis-moi :
Suis-je pas bien en homme?
— Vous chevauchez, ma foi,
Mieux que tant que nous sommes.
Parmi les hallebardes,
Elle est,
Au régiment des gardes,
Comme un cadet.

Aujourd'hui, mademoiselle Lix est de retour dans son bureau ; elle a repris son humble position ; et, si la fantaisie lui fait encore parfois endosser le vêtement masculin, elle a, du moins, dépouillé l'uniforme sous lequel jamais n'a battu cœur plus ferme, plus loyal et plus patriote. Je ne sache pas qu'elle *ait avancé* dans la hiérarchie des postes. En revanche, la *Société d'encouragement au bien* a attaché sur sa poitrine une médaille d'honneur. C'est quelque chose ; mais ce n'est pas assez : le ruban rouge qui fleurit tant de boutonnières banales, aurait-il donc été si mal placé à son corsage ?

XV

La Paysanne

« .... Comme nos avant-postes, — gardes nationaux et francs-tireurs, — s'élançaient au pas de course vers le col de Pussin, traversant les collines des Prés-de-Raves, la pauvre ferme de la Chipote, incendiée par une reconnaissance allemande, fumait encore. Le cadavre d'un malheureux vieillard assassiné était étendu à quelques mètres de la maison. Celui de son fils, un peu plus loin, avait, couché en rond sur sa poitrine, un petit chien qui, par ses hurlements plaintifs, semblait vouloir le réveiller. Une vieille femme, — la mère sans doute, — sanglotait sur la rive du bois. Elle nous vit à peine passer. »

Quel crayon de Doré, quel fusain de Bayard, quelle toile refusée au Salon pour crime de vérité rétrospective et vengeresse, quel cuivre d'un nouveau Callot représentant une de ces *Misères de la guerre* que nous avons toutes endurées ; quelle œuvre d'imagination d'art ou de sentiment aura jamais l'éloquence *empoignante* et le *fini* terrible de ce tableau en quatre lignes ?

La maison brûle, — l'homme est mort, — la femme pleure...

Voilà !

Shakespeare tient dans le cadre de Meissonier !

Que de pendants cette scène, — d'une simplicité sinistre et grandiose, — n'aura-t-elle pas eus chez nous !

L'Allemagne entière y vint, affamée et pillarde.

Elle émigra.

En tête les soldats, en queue les voleurs.

Derrière l'armée s'allongeaient d'immenses files de véhicules, — équipages armoriés, *guimbardes* fantastiques, camions, charrettes, tombereaux, tout ce qui pouvait porter quelqu'un et emporter quelque chose, — et des nuées de bourgeois, de brocanteurs, de goujats et de juifs : un fleuve, un torrent, une inondation, un fléau ! Cette cohue famélique se ruait au repas immense. Elle demandait tout, exigeait tout, prenait tout. L'exemple partait de haut. Jules Claretie a narré que M. de Bismarck lui-même, en colonel de cuirassiers, veste blanche et collet jaune, tel qu'il paradait pour la plus grande joie des Parisiens, au bal de l'Hôtel de ville, il y a cinq ans, lors du défilé des rois, avait pris, dans une propriété des environs de Saint-Avold, un fusil et deux chiens braques...

— Ce sera pour chasser à Fontainebleau, à Versailles et à Rambouillet, aurait-il dit impertinemment.

C'est ce qu'on raconte.

Mais voici ce qu'on a vu.

On a vu, — dans les villages qui sont autour de Faulquemont, — les Prussiens tuer les vaches pour le plaisir de les tuer, enfouir la viande ensuite dans la terre ou la jeter dans la boue.

On a vu à Luppy, un petit sous-lieutenant réclamer quatre boîtes de londrès *pour sa route!*

On a vu des hussards de Brunswick se chauffer avec le bois des celliers, avec les meubles des chaumières, forcer les serrures à coups de sabre, enlever les couverts, voler, en toutes lettres, oui, voler !...

Car, une fois le pied sur notre sol, la tête et la queue des colonnes s'étaient mélangées...

Il n'y avait plus de soldats, d'officiers, ni de généraux.

Il n'y avait plus que des barbares !...

Il n'y avait plus que des brigands !...

Il n'y avait plus que des bourreaux !...

Un des hommes les plus distingués de notre noblesse, M. le duc de Fitz-James, se trouvait à Bazeilles, alors que les actes de sauvagerie commis par l'ennemi sur la population étaient encore, pour ainsi dire, en voie d'exécution. Le lendemain, 1ᵉʳ septembre 1870, il écrivait à la *Gazette de France* :

« ... Les Bavarois et les Prussiens, pour punir les habitants de s'être défendus, ont mis le feu au village. La plupart des gardes nationaux étaient morts ; les femmes, les enfants s'étaient réfugiés dans les caves : femmes, enfants, tous furent brûlés. Sur *deux mille* habitants, *trois cents* restent à peine, qui affirment avoir vu des Badois repousser des familles entières dans les flammes et fusiller des femmes qui avaient voulu s'enfuir. Une odeur de chair humaine brûlée vous prenait à la gorge. J'ai vu les corps des malheureux calcinés sur leurs portes. »

Cette lettre, reproduite partout, fit un très-grand bruit. Les Allemands eux-mêmes s'en émurent, comme toujours, pour la démentir. M. Fitz-James, s'écrièrent-ils, avait mal vu ce qu'il contait, ou l'avait inventé.

D'autres arrivèrent alors, qui avaient vu comme lui, et qui, non-seulement confirmèrent son récit, mais y ajoutèrent des détails plus horribles encore que les premiers.

Nous extrayons les suivants d'une lettre de Bruxelles, publiée à Lille par l'*Écho du Nord*.

« ... La femme du suisse de la paroisse a perdu son mari ; sa fille, âgée de quinze ans, a été violée sous ses yeux.

« Une dame Henry, qui avait, elle aussi, subi les derniers outrages de la part de plus de dix Prussiens, est morte quatre jours après.

« Madame Poncin, une octogénaire, a été traînée dans la rue et souillée par ces bandits. »

Un officier de l'armée belge, qui put se promener à travers les décombres fumants de Bazeilles, en a fait, sans phrases, avec la précision d'un rapport officiel, une description qui n'est pas moins poignante.

Nous y lisons, entre autres particularités lamentables :

« ... Une vieille paysanne fouillait dans les décombres. Moins heureuse qu'une autre de ce village, rencontrée quelques jours après à Namur, et qui était tombée en pleine démence à la vue des flammes où presque tous les siens, — sa mère, son frère, son père, — avaient péri, cette pauvre vieille avait conservé la raison et la mémoire.

« — Nous étions restés à trois, dit-elle à l'officier, et nous étions couchées dans la cave. Mon fils, qui avait trente-neuf ans, monte pour voir, et il ne revient pas. Je monte pour le chercher, et je vois qu'il était mort. J'appelle mon mari ; mais, pendant que nous étions occupés à ensevelir mon fils, voilà que les Prussiens mettent le feu à la maison avec des boules ardentes qu'ils jetaient dans les fenêtres... Maintenant, je reviens, je ne sais pas ce qu'est devenu mon mari, et je n'ai plus rien. »

De son côté l'abbé Domenech, présent à Bazeilles au moment de ces désastres, comme attaché à l'ambulance de la Presse, déclare, dans son *Histoire de la campagne de* 1870-1871, qu'il vit conduire par bandes des paysans qu'on allait fusiller sur les cadavres mêmes de beaucoup d'autres, exécutés la veille. Devant ses yeux, un groupe de ces martyrs, *parmi lesquels six femmes se trouvaient*, tombèrent sous les balles !

. . . .

A Ossoye, dans l'Aube, un parti de francs-tireurs avait surpris, la nuit, un gros de Prussiens et en avait tué vingt-six...

Le village en pâtit...

Le lendemain, il était en feu !...

A Vaux-Villaine, dans les Ardennes, autre vengeance pour la même cause et autre raffinement :

Pour un de leurs officiers perdu, les Allemands se précipitent dans la localité, et, le pistolet sous la gorge, contraignent les campagnards à allumer l'incendie dans leurs propres maisons. Ils n'épargnent que l'église, où, quand le reste forme brasier, ils emprisonnent pêle-mêle toute la population. Ensuite, ils trient les hommes valides, en prennent trois, les plus robustes, les passent par les armes et emmènent les autres.

Cruautés identiques à Belval, à Cuchery, à Aubigny, à Neuville, à This. Ici, un curé est fusillé. Là, un maire est bâtonné. Ce dernier dépose :

« Pendant que les hommes du pays étaient enfermés dans l'église, les chefs ennemis ont ordonné le pillage, et il paraît que les femmes et les filles qui restaient seules à la maison, ont été insultées et outragées.

« On m'a cité notamment une dame Warnier qui aurait été violée par plusieurs soldats. »

Ces faits abominables sont attestés par une autre relation :

« A This, les soldats s'attaquèrent aux femmes et aux jeunes filles. Trois, quatre, s'acharnaient contre la même et s'entr'aidaient pour la déshonorer. »

A Givonne, où, d'après le récit d'un témoin oculaire, des femmes, des enfants et des porcs gisaient éventrés dans les pâtures, une marchande de rouennerie dont les Allemands pillaient le magasin, suppliait ces misérables de laisser au moins une paire de souliers et quelques vêtements à son mari...

— C'est la guerre, c'est la guerre, lui répondit brutalement un officier.

Et l'infortunée créature de rester muette sous la menace d'un revolver dirigé contre sa poitrine...

A Étalans, dans l'arrondissement de Beaume-les-Dames, une mère de famille aurait été forcée d'éclairer avec sa lanterne un peloton de fantassins poméraniens qui fusillaient un jeune franc-tireur, — son fils !...

A Nemours, une famille des plus respectables voit mettre le feu à sa demeure. La mère se jette aux genoux du prince de Hesse.

— J'ai des ordres, je les exécute, réplique le prince froidement.

Et, de la pointe de son sabre, tandis que ses musiques jouent et que ses cavaliers se font servir à boire et à manger autour de l'incendie, il continue à désigner les bâtiments que le pétrole va dévorer !...

A Saint-Cloud, des femmes en couches, chassées de leur lit, sont obligées de se lever et de faire deux lieues à pieds, sous la pluie, à dix heures du soir !...

A Champigny, un paysan ne voulant pas se laisser voler, est saisi, lié et torturé ; sa femme qui accourt à ses cris, reçoit un coup de crosse en pleine poitrine ; son enfant est arraché de son berceau, jeté à terre et foulé aux pieds !...

Des partisans lorrains avaient fait sauter le pont du chemin de fer, — à Fontenoy, — entre Nancy et Toul...

Le lendemain, à la nuit, un bataillon prussien envahit le village...

Les maisons sont fouillées une à une ; les habitants en sont expulsés à grand renfort d'injures et de bourrades ; on ne leur permet de rien emporter...

Puis, des fagots et des bottes de paille sont entassés dans les rez-de-chaussée...

Et Fontenoy flambe comme une allumette !...

Récoltes, provisions, meubles, habits, linge, tout est détruit !...

Le bétail est étouffé dans les étables !...

Et une septuagénaire infirme, qu'on n'a pas le temps d'enlever, disparaît sous l'écroulement d'un pan de mur !...

En présence de tant de désastres, une femme qui, pendant la guerre, avait donné des preuves nombreuses de charité et qui contribua pendant les journées de mai, — madame Amica Rebattu, — à combattre l'incendie des monuments de la rue de Lille, prit l'initiative d'une souscription populaire que nous ne pouvons pas oublier.

Cela s'appelle le *Sou des chaumières*, un titre modeste comme l'obole réclamé en faveur des paysans éprouvés par l'invasion allemande.

Cette souscription prit naissance dans les colonnes du *Moniteur universel* sous la forme d'une lettre signée Georges Dalbigny, dans laquelle l'auteur demandait *un sou* à tous les citoyens français, afin de pouvoir réédifier les bourgades désolées par les flammes.

Madame Rebattu espérait que, si l'élan de son cœur était compris, nos désastres pourraient être réparés, et que la France prouverait ainsi que son patriotisme n'était pas affaibli.

Le lendemain du jour où cette lettre parut, elle était lue à madame Ambroise-Firmin Didot qui n'eut plus dès lors qu'une seule préoccupation, celle de faire réussir la pensée réparatrice qui y était exprimée, et elle ne tarda pas à obtenir le patronage de madame Thiers et de mademoiselle Dosne.

Toutefois, la souscription ne fut véritablement ouverte que dans les premiers jours du mois de novembre.

A cette époque, madame Amica Rebattu alla visiter les dames de son quartier, elle adressa des circulaires à tous les journaux de Paris et des départements, elle envoya des lettres à domicile et organisa un comité dont voici la composition :

LA PAYSANNE.

COMITÉ CENTRAL :

Madame Thiers, présidente.
Madame Firmin Didot, vice-présidente.
Mademoiselle Dosne, trésorière.

Mesdames Beulé, à Paris ; Bourbaki, à Lyon ; Cochin, à Versailles ; Dufaut, à Marseille ; Lambrecht, à Versailles ; comtesse Fernault de Montesquiou, à Paris ; comtesse de Nadaillac, à Passy ; Casimir Périer, Léon Say, comtesse de Ségur, à Paris; baronne Séguier, à Lille ; de Villeneuve Bargemont, à Mil ; André Walter, à Paris, dames patronnesses.

COMITÉ DE PARIS :

Mesdames Noël de Vergers, Jourdain, Fournier, Landelle, Bessaud, Durand, Félix Lévy, Viard, Henri Vrignault, A. Denisane, Blanché de Pauniat, Dominique Bertin, Frédéric Dumont, Carron, Jaurès, J. Nice, de Lacretelle, dames patronesses.

Madame Amica Rebattu s'était réservé seulement le secrétariat du comité de Paris.

Le premier souscripteur qui répondit à l'appel de ces dames, fut M. Richard Wallace, qui nous a donné tant de preuves de sympathie.

Le généreux Anglais fit don de 5,000 francs.

Les employés des magasins de nouveautés versaient, au bout de quelques semaines, à la *Caisse des chaumières*, 11,053 francs.

En même temps, les départements envoyaient quelques fonds.

Nancy, en trois jours, avait réuni 7,000 francs.

Grâce à ces sommes, quinze chaumières furent reconstruites vers la fin du mois de janvier au bénéfice de pauvres gens qui habitaient des *huttes en terre* dans les Ardennes et le Loiret.

Quelques jours après, *trente-trois* habitations se relevaient de leurs décombres.

Une femme de cœur et d'esprit adressait en même temps à ses lectrices, dans une feuille féminine, un chaleureux appel à la générosité patriotique. La voix de madame Emmeline Raymond fut entendue. Elle disait : « Ce rêve a été fait par une femme, c'est aux femmes qu'il appartient de le réaliser. »

De nombreuses adhésions arrivèrent, des sympathies se manifestèrent, et madame Didot reçut une quantité d'offrandes qui firent monter rapidement le capital de la souscription.

Actuellement, trois cent quarante-six familles de paysans ont reçu des secours pour reconstruire leurs habitations.

Mais de nombreuses victimes sont encore sans abri, et les dames du Comité de cette souscription, qui ont déjà encaissé plus de 400,000 francs, sauront bien encore rassembler quelques cents millions à force de gros sous, en faveur d'infortunes aussi intéressantes que celles de nos paysans.

Le tableau des chaumières, actuellement en construction, qui ne sont qu'une faible partie de nos ruines, donnera une idée des désastres subis par les paysans de France.

Département des Ardennes. — 67 *chaumières*, 81,323 *francs, savoir :*

Voncq.	6 chaumières.		6,600 fr.
Falaise.	7	—	6,200 »
Hameau de Beaurepaire, commune d'Olizy-et-Primat.	2	—	2,200 »
Bazeilles.	21	—	31,708 »
Floing.	2	—	2,200 »
Saint-Menges.	2	—	2,000 »
Faubourgs de Mézières.	13	—	15,465 »
Givonne.	1	—	1,100 »
Hameau de Ville-sur-Lumes, commune de Saint-Laurent.	6	—	6,700 »
Balan.	2	—	2,000 »
La Moncelle.	3	—	3,000 »
Harcy.	1	—	1,000 »
Mohon.	1	—	1,150 »

Département de la Côte-d'Or. — 12 *chaumières*, 11,250 *francs, savoir :*

Champagny.	5	—	4,700 »
Verrey-sous-Salmaise.	2	—	1,550 »
Boncourt-le-Bois.	5	—	5,000 »

Département d'Eure-et-Loir. — 38 *chaumières*, 45,172 *francs, savoir :*

Chérizy.	5 chaumières.		6,600 fr.
La Bazoche-Gouet.	2	—	2,700 »
Varize.	9	—	10,725 »
Civry.	6	—	6,650 »
Alluyes.	2	—	2,700 »
Montboissier.	3	—	3,900 »
Douy.	2	—	2,241 »
Trancrainville.	5	—	6,369 »
Loigny.	3	—	3,287 »

Département du Jura. — 3 *chaumières*, 2,000 *francs, savoir :*

Hameau de Saint-Michel-le-Bas, commune de Salins.	1 chaumière.		700 fr.
Antorpe.	1	--	700 »
Dôle.	1	—	600 »

Département de Loir-et-Cher.

Naveil.	1 chaumière.	1,500 fr.

Département du Loiret. — 26 *chaumières*, 20,450 *francs, savoir :*

Patay.	7 chaumières.		3,000 fr.
Beaugency.	1	—	1,200 »
Hameau de la Croix-Blanche, commune de Lailly.	12	—	10,350 »
Villorceau.	1	—	1,100 »
Messas.	2	—	2,000 »
Hameau de la Croix-Briquet, commune de Chevilly.	1	—	800 »
Ingré.	2	—	2,000 »

Département de la Haute-Marne.

Langres.	1 chaumière.	1,400 fr.

Département de Meurthe-et-Moselle. — 8 *chaumières*, 11,220 *francs, savoir :*

Fontenoy-sur-Moselle.	6 chaumières.		5,630 fr.
Batilly.	1	—	3,585 »
Longwy.	1	—	2,005 »

Département de la Meuse.

Verdun (faubourg du pavé).	4 chaumières.	3,800 fr.

Département du Nord.

Proville.	1 chaumière.	500 fr.

Département de l'Orne. — 11 *chaumières*, 8,435 *francs. savoir :*

Village de la Joignière, commune de Moutiers-au-Perche.	4 chaumières.		3,285 fr.
Bretoncelles.	6	—	4,150 »
Céton.	1	—	1,000 »

Département du Pas-de-Calais. — 3 *chaumières*, 3,000 *francs, savoir :*

Beugnâtre.	2 chaumières.		2.500 fr.
Ligny-Thilloy.	1	—	500 ».

Département du Haut-Rhin (partie française).— *Territoire de Belfort*, 61 *chaumières*, 60,425 *francs, savoir :*

Valdoie.	2 chaumières.		2.000 fr.
Argiésans.	2	—	2,000 »

Chévremont.	6	—	6,000 »
Bavilliers.	2	—	2,000 »
Essert.	11	—	11,000 »
Danjoutin.	8	—	8,000 »
Vézelois.	3	—	3,000 »
Pérouse.	14	—	14,000 »
Offemont.	2	—	2,000 »
Andelnans.	2	—	2,000 »
Denney.	3	—	3,700 »
Grosmagny.	4	—	3,400 »
Rougemont.	1	—	325 »
Sevenans.	1	—	1,000 »

Département de la Haute-Saône. — 23 *chaumières,* 26,500 *francs, savoir :*

Villersexel.	12 chaumières.	15,000 fr.
Clairegoutte.	4 —	5,400 »
Dampvalley-les-Colombe.	3 —	3,000 »
Vallerois-le-Bois.	1 —	200 »
Frétigny et Velloreille.	2 —	1,700 »
Frotey-les-Vesoul.	1 —	1.100 »

Département de la Sarthe. — 3 *chaumières,* 3,100 *francs, savoir :*

Sougé-le-Ganelon	2 chaumières.	2,500 fr.
Poncé.	1 —	600 »

Département de la Seine. — 8 *chaumières,* 8,600 *francs, savoir :*

Dugny.	6 chaumières.	6,600 fr.
Le Bourget.	2 —	2,000 »

Département de Seine-et-Marne.

Chelles.	8 chaumières.	5,687 fr.

Département de Seine-et-Oise. — 78 *chaumières,* 50,016 *francs, savoir :*

Ablis	5 chaumières.	5,000 fr.
Mézières.	7 —	3,000 »
Garges.	8 —	7,958 »
Fontenay-Saint-Père.	3 —	3,200 »
Saint-Cloud.	8 —	6,248 »
La Celle-Saint-Cloud.	1 —	1,350 »

Garches.	21 —	12,500 »
Bonneuil.	1 —	1,500 »
Arnouville-les-Gonesse.	24 —	9,260 »

Département des Vosges. — *2 chaumières, 2,000 francs, savoir :*

Nompatelize.	1 chaumière.	1,000 fr.
La Bourgonce.	1 —	1,000 »

Totaux généraux : 358 chaumières, 846,378 *francs.*

Madame Amica Rebattu a reçu de nombreuses lettres qui témoignent des sentiments de gratitude qui animent le cœur de nos braves paysans. Nous avons lu quelques pages de cette correspondance, et nous ne pouvons résister au désir d'en citer des extraits :

« Langres, 26 mars 1872.

« Madame,

« En lisant par hasard le *Petit Journal*, j'ai été frappée d'une œuvre admirable qui vient d'être fondée, le *Sou des Chaumières* et je viens vous raconter ma position au cas qu'il vous soit possible de nous être utile.

« Le 23 mars 1871, nous avons été complétement incendiés par les mobiles de la Haute-Savoie. Quoique assurés depuis vingt-quatre ans à la compagnie du *Soleil*, nous n'avons rien eu de l'assurance, de sorte que cet affreux malheur nous a complétement ruinés. Nous avons une propriété située vis-à-vis la gare de Langres ; il n'y a que nous qui pouvons bâtir pour établir là un café-restaurant où nous pourrions gagner beaucoup d'argent; nous avons tous les matériaux pour construire une maison. Il n'y a que la main-d'œuvre à payer, et malheureusement voilà un an que tout reste là faute de ne pas avoir d'argent à emprunter; nous ne trouvons rien, on ne veut pas prêter sur une maison à construire !...

« Tout cela est l'exacte vérité, et je pourrais, au besoin, vous le faire certifier par M. le maire de la ville de Langres.

« Ah ! madame, quand j'ai vu cet article du journal, je me suis attachée comme le noyé à la branche qui doit le sauver, jurant dans mon cœur que si je pouvais obtenir un secours de votre Société, plus tard aussi, à mon tour, je rendrais de tout mon cœur le plus de services à cette Société, en coopérant aussi à sauver d'autres malheureux !

« Je suis mère de sept enfants, jugez de mes souffrances ; voir que nous ne pouvons pas arriver à la reconstruction de notre maison dans cet endroit ! Nous pourrions, en travaillant avec courage, nous refaire une position, avoir tout ce qu'il faut, — et être réduits à rester dans l'inaction faute de ressources !

« Prenez, je vous prie, madame, ma prière en considération. Mon cœur de mère vous bénira. Je vous donnerai tous les renseignements que vous désirerez, soit par M. le maire de Langres, ou par Tiby, notaire en la même ville.

« Je vous prie, madame, d'agréer l'hommage du profond respect de votre humble servante,

« Léonie Jaugey-Rohlin.

« A Saint-Gilles, faubourg de Langres (Haute-Marne). »

« Langres, le 9 juillet 1872.

« Madame,

« C'est avec un cœur profondément reconnaissant que je viens aujourd'hui vous remercier de ce que vous avez bien voulu faire pour moi ; j'ai attendu jusqu'à ce que nous fussions prêts à commencer notre maison pour vous en faire part ; si ce n'avait été votre œuvre si charitable jamais nous n'aurions pu rebâtir notre demeure. Je vous remercie donc sincèrement de tout mon cœur. Aussitôt que nous pourrons gagner quelque argent, je veux m'associer à votre bonne œuvre. J'ai fait le projet de placer dans ma salle un tronc destiné à recevoir une offrande en faveur de l'œuvre que je recommanderai à tous, d'autant plus que j'en aurai ressenti les effets.

« Suppléez, madame, à toutes les expressions qui me manquent pour rendre dignement les sentiments dont mon cœur est rempli pour vous et les personnes généreuses qui sont avec vous les apôtres du bon Dieu, de la vraie charité chrétienne.

« Daignez agréer, madame, mes sentiments les plus respectueux.

« Votre humble servante,

« LÉONIE JAUGEY-ROHLIN. »

« Schiltigheim, le 29 mars 1872.

« Madame,

« Je m'associe de grand cœur à l'œuvre philanthropique dont vous avez entrepris la tâche difficile, et je vous envoie ma modique part ; car, quoique n'appartenant plus, hélas ! à notre chère France, nous ne sommes pas moins Françaises par le cœur. Je vous remercie en même temps pour la sympathie que vous portez à l'Alsace.

« Recevez, madame, l'assurance de mon entier dévouement à notre patrie perdue.

« *Anonyme de Schiltigheim* (Alsace). »

« Mardi 19 mars 1872.

« Madame,

« Une de mes amies a perdu son mari ; je suis auprès d'elle ; je ne puis donc avoir le plaisir d'aller vous voir, à mon grand regret. Je vous envoie la photographie du village de Champagny (je la recommande), puis de Saint-Seine, à huit heures de Dijon. Voici l'historique de son incendie.

« Les Prussiens y étaient installés pacifiquement : ils avaient amené avec eux six cents moutons ; les francs-tireurs les leur prirent ; les Prussiens accusèrent à tort les habitants de Champagny de les avoir appelés et condamnèrent le pays, de trois cents âmes et trente-deux maisons, à être brûlé. Le pétrole couvrit les chaumières, et vingt-neuf maisons sur trente-deux furent brûlées. Un cordon de soldats empêcha les secours ; les hommes furent emmenés en otage ; les femmes, les enfants restèrent dans le dénûment le plus complet. Tous descendaient par bandes à deux lieues, à Saint-Seine, village très-éprouvé lui-même pour être alimentés, vêtus, car tout avait été détruit par le feu.

« Il faut ajouter, au désastre du moment, un froid de 15 à 20 degrés pendant un mois, qui augmentait considérablement les souffrances de ces pauvres victimes.

« Tous mes compliments affectueux,

« A. NIAUDET.

« Toutes mes félicitations pour votre courageuse mission. »

« Floing, le 7 février 1872.

« Madame la baronne,

« Je suis bien reconnaissant de votre excellente lettre, et je m'empresse d'y répondre en vous adressant les détails que vous avez la bonté de me demander.

« La maison située à Gaulier, appartenant à la veuve Tellier, est complétement brûlée. Cette maison peut valoir 2,000 francs. Cette malheureuse veuve, qui a perdu son mari pendant l'occupation, est dans la misère et ne peut faire reconstruire sa maison ; elle serait heureuse si elle pouvait recevoir une légère indemnité.

« Un sieur Plichard, ouvrier laineur, était locataire de cette maison ; il avait chez lui sa fille mariée, qui était accouchée *de la veille ;* cette malheureuse a dû fuir avec son enfant, et marcher à travers les projectiles jusqu'à Floing, où elle s'est réfugiée chez la sage-femme.

« Sur le champ de bataille, au-dessus de Floing, il existait une petite maison d'une valeur de 500 francs, occupée moitié par le propriétaire Mouffrand Auguste, et l'autre partie par un sieur Lambotte Brion, qui travaille pour moi. Cette maison a été complétement brûlée.

« Lambotte Brion, le locataire, est un brave et honnête père de famille : son petit mobilier a été complétement détruit ; son métier à tisser a été broyé par les projectiles. J'ai dû donner des couvertures à Lambotte qui, avec sa femme et ses enfants, couchaient dehors, derrière un mur. J'estime la perte de son mobilier et de sa literie à 400 francs. (Il a cinq enfants, sa femme est près d'accoucher ; cette misère est des plus intéressantes.)

« Il existe sur le territoire de Floing une autre maison, située entre Floing et Illy, à gauche de la ville. Cette maison a été effondrée par les boulets. Son propriétaire, Jules Auxenfants, est un digne homme, qui a tout perdu : mobilier, une vache, un porc et des poules. Cet homme avait une honnête aisance. Il a perdu près de 12,000 francs. Il a reçu une balle dans la cuisse, et comme il se traînait pour se sauver, les Prussiens l'ont maltraité et laissé pour mort ; il n'a rien voulu demander ; je lui ai proposé maintes fois de lui faire obtenir des secours, il a toujours refusé. Cet homme vit de privations et ne se plaint jamais. Je serais heureux de lui faire obtenir une indemnité, ce serait une charité bien placée.

« Combien je vous remercie, madame, de vouloir bien vous occuper de nos habitants de Floing. Je vous assure que ceux que je vous recommande le méritent à tous égards.

« Je vous dirai, madame, que, dans ce pays désolé, j'ai trouvé moyen d'organiser l'œuvre du *Sou des Chaumières ;* j'ai réuni toutes les jeunes filles du village, elles ont nommé ma fille présidente, ont organisé leur comité, font leur quête chaque semaine, et ont pour le premier mois 25 francs. Je ne sais si elles seront toujours aussi heureuses, j'en doute ; mais c'est bien beau de donner quand on manque de tout soi-même.

« Veuillez agréer, madame la baronne, etc.

« A. DE LA BRONE, *maire de Floing.* »

LES FEMMES DE FRANCE 217

LA PAYSANNE.

En faction.

28ᵉ LIVR.

« Champagny, le 3 juin 1872.

« Monsieur le secrétaire,

« Les secours que le Comité de la souscription nationale a accordés à plusieurs personnes de notre localité, dont les chaumières ont été incendiées par l'armée allemande, ont déjà produit de très-bons résultats, car, avec ces secours, la plupart de leurs chaumières sont reconstruites et même quelques-unes sont habitées.

« Ce bienfait, monsieur le secrétaire, est une dette que nous avons contractée envers tous les membres du Comité, et de laquelle nous ne pourrons jamais nous acquitter.

« Dans l'impuissance de leur rendre ce qu'ils nous ont donné si généreusement, nous les supplions, au nom de tous les habitants et notamment au nom des personnes victimes de l'incendie, de recevoir nos remerciements bien sincères, et les vœux que nous formons pour leur conservation et leur prospérité.

« Si nous n'avons pas remercié plus tôt le Comité, c'est que nous attendions, pour lui en faire part, le résultat de la souscription ouverte ici, qui est jusqu'à ce jour de 100 francs 15 cent.

« Daignez agréer, etc.

« Les maire, adjoints et membres du conseil municipal de la commune de Champagny :

« MARCHANT, TORTOCHAUX, POISSONNIER, BRION, AUBIN, POISSONNIER, CAZET, SINDEY.

« *Le maire :* GRESSEBAULT. »

« Dugny, 16 mars 1872.

« Madame,

« Je viens de communiquer à mon conseil municipal la bonne nouvelle que votre lettre m'a apportée hier. Les trois habitants, désignés par notre Comité, en ont été aussitôt avertis.

« Vous ne pouvez vous faire une idée de leur bonheur à la pensée de retrouver un toit, si modeste qu'il puisse être. Ces malheureux, hier découragés, semblent aujourd'hui renaître à la vie. C'est votre ouvrage et je le leur ai dit. J'ai voulu qu'ils comprissent bien que je n'ai eu, en tout ceci, que le facile mérite de fournir une occasion à votre généreuse sympathie ; je suis assez récompensé puisque, si vous avez la douce et noble satisfaction de faire le bien, je jouis, moi, du spectacle consolant des heureux que vous avez faits.

« Chargé de vous dire leur profonde reconnaissance, je ne croirais pas avoir remplir mon devoir si je n'y joignais l'expression de ma gratitude personnelle.

« Veuillez agréer, etc.

« ET. BRANC, *maire.* »

« Beaugency, le 21 avril 1872.

« Madame,

« La ville et la commune de Beaugency ont, il est vrai, beaucoup souffert de la guerre et de l'invasion ; les soldats allemands y ont commis des déprédations de toute sorte, mais elles n'ont pas eu à souffrir de l'incendie autant que beaucoup d'autres localités, malgré un bombardement de plusieurs heures : deux maisons seulement ont été détruites ; l'une de ces maisons appartient à un propriétaire aisé, l'autre à un malheureux charron qui n'a pu encore la reconstruire.

« Je vais faire un rapport à cet égard ; j'aurai l'honneur de vous l'adresser aussitôt que le conseil municipal l'aura approuvé.

« Les villages du canton ont beaucoup perdu par les incendies, soit pendant l'action, soit par suite du système suivi par les Allemands, d'effrayer les populations par l'incendie allumé la torche à la main : Lailly, Messac, Villarceau, Crovant, Bouilli et Tovers ont eu un grand nombre d'incendies.

« En général les habitations se reconstruisent, quoique lentement, mais à Lailly les maisons incendiées le 22 octobre sont encore presque toutes dans l'état ou les Allemands les ont laissées ; les habitants ne peuvent les relever.

« Tel est, madame, le résultat de la guerre pour notre pays ; si l'œuvre à laquelle vous vous êtes dévouée peut accorder un secours au charron dont j'ai à vous adresser la situation, ce sera un véritable bienfait dont il vous sera reconnaissant et les administrateurs de la ville avec lui.

« *Le maire de Beaugency :*

« DENIZE. »

« 5 mars 1872.

« L'appel fait au nom des pauvres familles que la guerre a laissées sans abri m'a ému le cœur, j'ose vous envoyer mes épargnes qui sont bien petites, mais je ne suis qu'une enfant.

« Je joins à mon offrande le vœu sincère que Dieu bénisse votre généreuse entreprise.

« UNE PETITE POLONAISE. »

« La Tour-du-Pin, 25 février 1872.

« Madame,

« Abonnée à la *Mode illustrée*, c'est par elle que j'ai appris que je pouvais vous adresser ma modeste offrande pour l'œuvre de la reconstruction des chaumières.

Ci-joint un billet de vingt francs, montant des économies de ma bourse de jeune fille. Que ne puis-je, au lieu de vingt francs, vous en envoyer vingt mille !

Recevez, madame, etc.

ADÉLAÏDE ARNOUX.

On le voit par ce qui précède :

L'épouvantable barbarie de nos vainqueurs n'a d'égale que la charité inépuisable de nos Françaises.

Ne nous étonnons point qu'affolées de terreur en face de cette barbarie, beaucoup trop de nos paysannes aient oublié, hélas ! ce qu'elles devaient à la patrie de dévouement et d'abnégation, pour ne se souvenir que de la conservation de leurs proches et de leur avoir !...

Pardonnons-leur d'avoir nourri le tigre impérial d'Allemagne, de crainte d'en être déchirées ! Toutes n'ont pas été ainsi, Dieu merci !...

Dans plusieurs villages de Normandie, on vit les femmes monter la garde, l'arme au bras, à la porte des mairies et des églises, tandis que les hommes étaient au feu !...

D'autres, au milieu des dangers et des horreurs de l'invasion, n'abdiquèrent pas ce vieux fonds de gauloiserie qui est la riposte des lèvres et qui prouve que, si la force prime le droit, l'esprit prime parfois la force...

A Luppy, dans la Moselle, aux premiers jours de l'envahissement, un officier de uhlans lève sur la tête d'une vieille campagnarde une canne plombée...

— Du café ! dit-il en français.

— Je n'en ai pas.

— Il m'en faut, ou je te brise...

— Soit, mais remarquez que j'ai des cheveux blancs.

L'officier, alors, baisse sa canne levée, et, sortant de la ferme :

— Allons, la vieille, j'en irai prendre à Paris.

La paysanne le regarde en face :

— A Paris ! réplique-t-elle, peste ! jeune homme, il paraît que vous aimez le café froid.

XVI

La Rédemptrice

CONCLUSION

Avant que d'écrire le mot : FIN au bas de ce *volume*, — nous ne disons point de ce *livre*, — qui n'a pas la prétention d'être un monument, mais une simple pierre du monument « plus durable que l'airain, » élevé aux FEMMES DE FRANCE par la reconnaissance du pays, nous serions ingrats, impardonnables et incomplets, si nous omettions de rappeler le grandiose et généreux effort de ces mêmes femmes pour délivrer le sol national par l'obole après avoir pansé nos blessures par la charité et consolé nos douleurs par le dévouement.

Ce fut dans notre chère Alsace, encore meurtrie du rapt, encore sanglante du viol, que naquit cette idée, fille du souvenir du passé et de l'espérance dans l'avenir. Le 28 décembre 1871, les dames de Sainte-Marie-aux-Mines adressèrent à M. le Président de la République, avec une lettre touchante dont nous regrettons de ne pas avoir le texte sous les yeux, le produit d'une collecte faite entre elles à l'occasion des fêtes du jour de l'an, et destinée à concourir à la libération des départements occupés. Bientôt, à leur exemple, les dames de Strasbourg, de Colmar, de Mulhouse, se cotisèrent pour envoyer à la patrie ces étrennes du cœur. Toute la province s'en mêla. La plus humble bourgade, comme la plus modeste chaumière, voulut déposer dans le giron de la République, l'offrande pieuse de l'enfant séparée de sa mère. Mademoiselle Becquet, de Haguenau, était à la tête du mouvement. Partout des souscriptions, des quêtes, des loteries étaient organisées au profit du « *Trésor de la France* ». Les femmes avaient trouvé ce nom : elles s'ingéniaient à inventer toute sorte de raffinements pour coopérer à la chose. Entre leurs mains délicates, tout devenait prétexte de nous prouver leur indestructible attachement. Ainsi, dans l'une des grandes villes manufacturières du Haut-Rhin des jeunes filles s'étant présentées à des réunions de familles en toilette de deuil, avec des nœuds tricolores dans les cheveux, ces rubans furent détachés, coupés en petits morceaux, vendus aux invités de ces réunions, — et le produit de cette vente fut sur-le-champ envoyé à Paris, où, dans le *Moniteur*, M. Paul Dalloz venait de prendre l'initiative de l'*Œuvre de la Délivrance*.

A Paris, la croisade, prêchée au quai Voltaire avec l'enthousiasme de la conviction, ralliait toutes les opinions. La pensée, inspirée par nos Alsaciennes et arborée par le *Moniteur*, avait, en un rien de temps, fait le tour de la ville ; elle allait faire le tour de la France ; elle aurait fait le tour de l'Europe, si des scrupules, des défiances exagérées peut-être, n'étaient venus plus tard entraver son élan... C'était comme une traînée de sympathies et de sacrifices qui s'enflammait et faisait explosion de tous côtés : l'officier apportait sa journée de solde, le troupier son *sou de poche*, l'ouvrier une part de son salaire, le marchand une part de son bénéfice, le prêtre faisait du *denier de la France* un pendant au *denier de Saint-Pierre* ; le luxe du riche, le pécule du pauvre, le gain de l'artiste se coudoyaient dans la fraternité de la rançon de la patrie ; pour jeter son obole d'or ou de cuivre dans le casque brisé, l'homme du monde se privait d'un plaisir, l'enfant se privait d'un jouet ! Les femmes, elles, se multipliaient, se dépensaient, se prodiguaient. Tous les types que nous avons essayé de décrire se fondaient désormais en un seul : LA RÉDEMPTRICE ! Une étalière des Halles centrales écrivait à M. Dalloz :

« Paris, 22 janvier.

« Monsieur,

« Nous sommes, aux Halles centrales, environ mille employés prêts à donner le sou quotidien de la délivrance.

« Nos quatre ou cinq cents patrons ou patronnes fourniront à eux seuls, nous le savons, une somme plus importante ; mais, les uns comme les autres, nous travaillons trois cent soixante-quatre jours par an.

« C'est vous dire que le temps nous manque absolument pour organiser notre souscription. J'ai pensé, monsieur, qu'il vous serait facile de faire ce que nous ne pourrons pas.

« Allons, vite, un mot de ralliement et vous verrez avec quel ensemble les sous qui s'ennuient depuis huit jours dans nos poches vont faire leur première sortie pour la patrie !

« J'ai l'honneur d'être, monsieur, votre très-humble servante, et je signe :

« *Une étalière aux Halles centrales.* »

Une brave fermière des environs de Paris se présentait dans les bureaux du *Moniteur* :

— L'argent est rare, disait-elle, mais j'ai des vaches à l'étable ; prenez-en une ; nous la vendrons pour la souscription patriotique !

Dès le 18 janvier, les jeunes filles, élèves du pensionnat de Sainte-Marie-des-Champs, dans cette banlieue de Châtillon si maltraitée par la guerre, adressaient la lettre suivante aux promoteurs de l'œuvre du rachat :

« Le pensionnat de Sainte-Marie-des-Champs, à Châtillon, près Paris, si cruellement éprouvé par la guerre, sort à peine de ses décombres. Les élèves rentrées jusqu'à ce jour ont voulu spontanément apporter leur modeste offrande à votre souscription patriotique ; elles vous envoient 30 francs, provenant d'une première cotisation faite entre elles.

« Veuillez agréer, etc. »

A la même époque, un Comité de dames parisiennes faisait circuler dans tous nos quartiers la pressante adresse qu'on va lire :

« Madame,

« Dans l'espoir de propager cette souscription essentiellement patriotique, nous nous sommes réunies pour tendre la main aux Françaises qui voudront bien nous aider à payer la rançon de notre cher pays.

« Allez de porte en porte ; voyez vos parents, vos amis ; réunissez les souscriptions, quelque minimes qu'elles puissent être, et envoyez-les, soit à l'une de nous, soit au *Moniteur universel*, 13, quai Voltaire. »

Une fillette, enfin, écrivait :

« Vous avez parlé de bijoux, d'objets d'art ; peu de jeunes filles peuvent disposer de ces belles choses ; mais nous avons notre aiguille et notre crochet. Accepteriez-vous des ouvrages que nous serions si heureuses d'offrir à la France, et que d'autres enfants, loin de la patrie, pourraient vendre à l'étranger.

« Agréez, monsieur, l'assurance de ma considération distinguée,

MADELEINE D. L. V.

On le voit par les quelques lettres — entre mille — que nous venons de citer, si les femmes de l'Évangile arrivèrent les premières pour constater le miracle de la Résurrection, les femmes de France faisaient mieux encore : c'étaient elles qui l'accomplissaient !

A la date du 23 janvier, le *Comité général de Paris* fonctionnait.

Il se composait de :

    Mesdames : Bapst (Alfred),
    — la comtesse de Béhagues,
    — Bignon,
    — Cail,
    — Charles Cartier,
    — la vicomtesse de Cornudet,
    — A. Cochin.
    — Dalloz mère,
    — la duchesse Decazes,
    — Ernest Denormandie,
    — Drouyn de Lhuys,
    — Raoul Duval,
    — Paul Firino,
    — Froment Meurice,
    — Lecouteux,
    — Lejeune,
    — Ménier,
    — la comtesse de Madre,
    — la baronne de Pages,
    — Plichon,
    — la comtesse Ollivier de la Rochefoucauld,

Mesdames : la comtesse de Sartiges,
— Camille Sée,
— la comtesse de Sieyès,
— la baronne de Soubeyran,
— Oscar de Vallée,
— Verdier.

Des comités identiques s'étaient constitués dans toutes les villes de la province ; l'argent affluait ; plus de QUATRE-VINGT MILLIONS avaient été encaissés, — et M. Paul de Saint-Victor écrivait avec le lyrisme imagé qui est une des formes de son talent :

« On n'ose prédire ce qu'on espère ; mais, à l'essor que prend cette œuvre sublime, aux saintes ardeurs qu'elle suscite, aux trésors de cœur et d'abnégation qu'elle a révélés, nous pouvons croire que toutes les attentes seront dépassées. Il y a quinze jours, c'est à peine si l'on osait parler de quelques millions ; aujourd'hui, c'est un milliard qu'on présage. La générosité de la France s'est montrée sans fond. Quelle gloire pour elle si l'amour de ses enfants réalisait ce prodige ! Quelle revanche morale ! Quelle trêve de Dieu entre les discordes qui nous déchirent ! Quelle base magnifique offerte à la réconciliation de tous les partis ! La concorde renaîtrait peut-être de cette fusion des dons et des cœurs. Quand on a fait ensemble une grande action, on ne peut plus se haïr. »

Quelques paroles, tombées du banc des ministres, à Versailles, vinrent couper les ailes à toutes ces espérances.

M. Victor Lefranc eut-il raison de nous éviter une nouvelle et lamentable déconvenue ?

En tous cas, il nous faut tenir compte à nos vaillantes compatriotes du suprême effort et du zèle déployé.

Le reste de la nation vient de donner un corps à leurs généreuses illusions :

L'incroyable succès de l'emprunt n'est que la réalisation de l'idée mise en avant par l'Œuvre des Femmes de France !

LA RÉDEMPTRICE.

LIVRE D'OR

DES

FEMMES DE FRANCE

TABLE ALPHABÉTIQUE DES NOMS CITÉS DANS L'OUVRAGE

Mesdames — Pages.

A

Adam	147
Aguado	147
Agar	59, 68, 71
Aignan	147
D'Alligny	147
Alvarez	147
André	147
André (Ernest)	147
André (sœurs)	34
Angélique (sœur)	48
Appert	147
Arnoux (Adélaïde)	219
D'Assailly	147
Mlle Aubert (Fanchon)	23
Mlle Auchelin	48
Auvelay	132

B

La comtesse de Banzy	147
Bailleul	174
Bapst (Alfred)	223
Barbanson	94
Ballauri	93
Barlant	147
Barbet	147
Bar	147
Barbier	147
Baron (née Vilgevy)	147
La comtesse de Barbantanne	147
E. Barbaroux	176
Baric	136
Bazocachi	71
Sœur diaconesse Becker (Louise)	34
Behrends	94
De Beaulieu (Louise)	111, 140
La duchesse de Beaufremont	147
La comtesse de Beauregard	118
Beauchâtel	147
Bedel	176
Beulé	210

Mesdames — Pages.

Bessaud	210
La comtesse Béhague	147, 223
De Bécourt	144
De Beauvoir	136
Bellaigues	136
Berardi	94
Bernhart (Sarah)	67, 71
Bernier	93
La duchesse de Berghes	117
La comtesse de Berthemy	117
Bertrand	94
Bernard	140, 147
Bernard (Laurent)	147
Bertin (Dominique)	210
De Billy	176
La marquise de Biron	117, 136
Benard	132, 144
Berthier	136
Bignon	223
Bigot de la Robillardière	178
Bizot	136
Blain des Cormiers	136
Blache	147
De la Blanchetais	147
Blanché de Pauniat	210
Du Bled	147
Mlle Bloch	48
Bocquet	147
Bonnaud du Martray	136
Borgelly (Rosa.)	147
La marquise de Boisgarling	147
Bornicho	136
Bondu	104
Bousson	94
Bournet de Verron	118
La baronne de Bourgoing	136
De Bourges	136
Bourrasset	136
De Bougy	146
La comtesse de Bourdonnaye	147
Bourbaki	210
Mlle Brackenhoffer	48
Brag	147
Brazier de Thuis	136

Mesdames	Pages.	Mesdames	Pages.
Bray	147	A. Cochin	223
Breton (Thérèse)	140	Cochin	136
Breton (Geneviève)	140, 156	Cochin (Versailles)	210
J. Bresson	176	Cointet	147
Brégond	132	Cornetet	147, 148
Brohan (Madeleine)	61, 62	Courteaux	147
Brufel	93	La vicomtesse Cornudet	117, 223
Brosy	132	De Corcelles	136
De Brimont	123	Cordier	136
La vicomtesse de Bully	117	Constant	147
Veuve Bussière	147	De Costa	117
Buffet	136	La vicomtesse de Courval	117, 136
De Burc	136	Cousul	93
Buquet	93	Cretet	176
Buonzollazzi	93	Crémieux (Emilie)	174
La vicomtesse de Bylangh	118	Crémieux	146
		La baronne de Crombrudgghe	94, 96
		H. Cunisse	176
		De Saint-Cyr	136

C

D

Cahen	136		
Cahen (Caroline)	175		
Cahen (Alger)	176		
Veuve Cail	223	Dalloz (mère)	223
Caillard	147	Dallant	147
Clarisse	143	Dartigent	147
Cailhe (Marie)	143	Drapier	147
De Carvaïa	93	David (Esther)	176
Carlin	68	Dardoize	147
Carré de Chauffour	136	Davreux	144
Carron	210	David	94, 147
Catholineau	184	La baronne Davillers	117
Carayon-Latour	136	Davril	71
Canrobert	136	La comtesse Dandeleau	117
La comtesse Castries	117	D. (Jeanne)	128
La comtesse de Castillon	117	Sœur Jeannette Decker (Catherine)	34
Carlier	94	Sœur Florianne Decker (Marguerite)	34
La marquise de Castellane	117	Deau de Montigny	147
Cattoit	94	La duchesse Decazes	223
La marquise de Castelbajac	176	Denormandie (Ernest)	223
Camus	147	Denisame (A.)	210
Cartier (Charles)	223	Delage	178
Cellier de Blumenthal	143	Delpech	174
Ceseau	147	Delassalle	148
Chauveau	140	Delessert-Chenu	147
Mlle Chabert	48	Delourède	147
La comtesse Chasseval	117	Delaunay	147
Chabrier	147	D. L. V. (Madeleine)	223
Chabanel (Eugénie)	147	Deniau (Louise)	175
De Chambray	176	Depret	147
De Champeaux (Nathalie)	176	Derassier	147
Chapus	147	Dempisier	147
Challamel	147	Deville (Sainte-Claire)	136
De la Chandon	147	Desaubliaux	147
Chenu	147	Désir	147
La comtesse de Choiseul	117, 147	Deschamps	147
La princesse de Chimay	147	Desart	94
Cico	71	Desnoyer	71
Clamageran	119	Deshays (Paul)	70
Colombier (Marie)	67	Dehorter	136, 140
Collot	147	Devly	146
E. Collignon	174	Dica Petit	70
La marquise de Colbert	147	Didier	147
Colligny	162	Mlle Diehl	43
Collot (Jean-Baptiste)	171	Didot (Firmin)	208, 210

Mesdames	Pages.
Dormet	94
Doria	93
Dolfus	147
Mlle Dosne	208, 210
Dorian	119
Dondeau	147
La comtesse de Dreux-Brézé	117
Drouyn de Lhuys	223
Dreyfus	147
Dubois (Emilie)	61, 62, 66
Duchâtel	119
Duguerret	70
Dulong de Rosnay	136
La baronne Durrieu	117, 176
Duparc	136
Ducos	147
Dupuy	147
Duruflé	147
De Dubent	147
Dubas	170
Dufaut	210
Durand	210
Dumont Frédéric)	210
Duval (Raoul)	223

E

Erard	147
D'Espaigne	147
Sœur Saint-Domitile, Espivent (Marie)	34
Eusèbe (sœur)	30
Eugénie (sœur)	32
Everaerts	94

F

Fabet	94
La comtesse de la Faire	117
Falatieu	176
Fargin-Fayolle	147
Farre	136
Favart	61, 62, 64, 70, 71
Faucher (Léon)	136
Favier	175
De la Ferronnaye	136, 147
Félix (Lia)	70, 71
Fétis	147
Février	147
La comtesse Fernault de Montesquiou	210
De Fitz-James	136, 147
Filanowicz	147
Fillion (Gabrielle)	176
Firino (Paul)	223
Veuve Fleury	147
La comtesse de Flavigny	136
La vicomtesse de Flavigny	136
Floquet	119
Fleury	68
La comtesse de Florez	147
Fournier	210
Forquet-Pauliniei	147
De Fort	136
De F.	116

Mesdames	Pages.
Fourrichon	116
Fortamps	94
De Froidefond	136
Froment-Meurice	223
Fumet	147

G

La duchesse de Galliera	147
De Galiffet	119, 136
Galliard	147
Gallays	147
Garcia	147
Garnier	147
Geay	136
Gérard	94, 147
De Saint-Géran	136
La comtesse de Gerson	147
Geoffroy	176
Gillis	94
Gillet	94
Gide (Berthe)	147
Gilliard	147
Godefroy (sœur)	34
La baronne Goffinet	94
La baronne Goethals	94
Goufey	147
Goisot	147
Goin	147
Gosweler	147
Gougenheim (Jules)	160
La marquise de Gouvion Saint-Cyr	117
Mlle Gouhier	176
Grimprel	138
Grenier	147
Greyson	94
Grachet (Jacquemin)	176
Mlle Guerre	44, 48
Gueymard	70, 71
De Guirand	136
Gramont	147
Guelle	147
De Guingand	117
Guilgot (née Emilie Steinbach)	178
Guillon	183

H

De Hanoury d'Ectot	117
Hanque	147
Mlle Hauswald	43, 48
D'Haussonville	136, 147
D'Hauterive-Batbedat	176
Hareguel	176
Hatt	44
Veuve Hayet	147
Hebert	147
Mlle Heinrichs (Clara)	95
Hély-d'Oissel	136
Henry	206
Hermann	162
His-Vischer	92
Hisson (Julia)	71

Mesdames	Pages.
Hocquigny	136, 138, 139
Hochet (Jules)	147
Hoskaer	147
La baronne Hottinguer	118
Hudde	147
Hoet	140
La comtesse Huest	147
Hugo (Charles)	119
D'Hulst	136, 147

I

La comtesse d'Imécourt	117
Ingres	147

J

Jaugey-Rohlin (Léonie)	214, 215
Jaurès	210
Jessé	178
De Saint-Jean	144
Jitta	94
Joseph (sœurs)	34
Mlle Jugan (Jeanne)	23, 24
Julien	140, 147
Jouassin	61, 62
Jourdain	210

K

De Kergariou	136
Kern	88
Kiéné	37, 38, 52
La marquise de K.	116
Mlle Krofft (Léonie)	48
Klein	147
Kœnigswarter (Louise)	136
Krantz	176

L

La Crimée	107
Mlle Labbé	92
De Laborde	136
Le Brun	147
Labourie	147
De Lacretelle	210
Lacroix	147
Veuve Ladrée	147
La baronne de Ladoucette	117, 147
Mlle Ladoux	178
Mlle Ladoux (Thérèse)	178
Laurent (Charles)	147
De Lavancourt	147
Laurent (Marie)	70, 71
Lambquin	67
Lafontaine (Victoria)	61, 62, 66, 71
La marquise de La Grange	71, 93, 136
La comtesse de Landal	117
La comtesse de Laigle	117
Lafontaine	140
Landelle	210
Lambrecht	210

Mesdames	Pages
Lardieu	147
Langlois	147
Laidières	119
La comtesse Lastic	117
De L.	93, 94
Landelin (sœur)	30
Mlle Lazarus	44
L.	18
Lallin de Laire	176
Lejeune	223
Leconteux	223
Lévy-Félin	210
Lemonnier	178
Levert	176
Levert (Flore)	176
Veuve Legrand	147
La comtesse Lehon	117
Lemké	147
Lecardie	136
Le Kime	147
Leloup	147
Legrand (Berthe)	68, 69
Lemaire	67
Mlle Le Royer	48
Levesque (Amélie)	138
Levavasseur	140
Levasseur	147
Leroy (Joséphine)	147
Lerat	147
Lhoste	162
Veuve Liotard	147
Lix (Marie-Antoinette)	191, 202, 203
Loire	174
Loizier-Langlois	147
Lovély	147
Lombard (Marie)	143
La comtesse de Longpères-Grimard	117
La marquise de Lothian	90
Louise (sœur)	29
Lutz	147
Lyonnet	71

M

Mackau (Jules)	176
La duchesse de Mac-Mahon	136
La comtesse de Madre	223
Magliano (mère)	93
Mlles Magliano	93
Magnin	119
Magnien	147
Magnier	60, 71
Maillard	68
La baronne Mallet	117
Malteau (Virginie)	92
Mlle Mandler	48
(Sœur) Marie-Madeleine	28, 29
Marquet (Delphine)	63
(La Reine des Belges) Marie-Henriette	94
La comtesse de Marime	117
La baronne Marioni	117
La baronne de Marbot (Alfred)	147
Marguerite	147
Martin	147

Mesdames	Pages.
De Marville	176
Martzel	182
De La Martine	147
Mariotte	147
Marmoclain	147
La comtesse de Massin	176
Massey (Aglaé)	109, 110
Massin	60, 71
May	147
De Maucler	136
Mayer	147
Mazillier (Erneste)	174
Mégard	147
Meichet	147
Veuve Ménier	147, 223
Mendez	147
Meurice (Paul)	119
Mergé	94
Merle d'Aubigné	186
Midon (Jane)	71
La baronne Milet	147
Mlle De Milly	94
Mockel	94
La vicomtesse de La Montagne	118
De Mondeville	147
De Monbel	147
(La générale) de Montfort	144
Morange	147
Morel	147
Moreau	176
Morel de Tangry	147
Morin	147
Motte	147
Mouillard	147
Mlle Mounen (Ernestine)	92
Moulin	147
Moutet	176
Munschina	175
Muret	147
Murard	147

N

Nicaud	147
La comtesse de Nadaillac	136, 147, 210
Nanteuil	140
Nast	147
De Navery (Raoul)	93, 147
De Navery	147, 148
Nélaton	136
Niaudet	216
J. Nice	210
Noël de Vergers	210
Noël	94
Nogaro	93
Noirclair	171
Normann	71
Mlle Nyssens	94

O

Octavie (sœur)	34
Ogarnon	162

Mesdames	Pages.
Olivetti	94
Oury	147
La comtesse Ordener	117
Ottmann	44, 45
La comtesse Ollivier de la Rochefoucauld	223

P

La baronne de Pages	136, 138, 223
La comtesse de Parini	147
Paraudier (Stéphanie)	176
Pauline (sœur)	34
Pascaud	136
Patridge	147
Pélissier	147
Périn	147
Perrin de Boulay	176
Périer Casimir	210
De la Perrières	117
Périga	71
Petit-Jean	112
Petit-Thouars	46, 48
De Péna	147
Philippe	108
Picard	147
Pigot	90
Piérard (Eugénie)	144
La marquise de Pimodan	147
Pinguet	103, 104
Pissaro	148
Plays (Elisa)	96
Mlle Plichard	216
Plichon	223
Mlle Pluys	94
Pochet (Berthe), née Le Barbier de Tinan	175
De Poix	136
Poncin	206
La duchesse de Pontalba	147
Pouchin	94
Pouyer-Quertier	176
Powel	136
La vicomtesse de S.-P	123
Préclair (Adélaïde)	178
La comtesse de Practon	176
La comtesse de Prez	147
Pron	48
Proux (Laurentine)	163

Q

Quillien (Caroline)	140
Quinette	126

R

Rainal	93
Rameau	176
Raymond (Emmeline)	210
Rebattu (Amica)	208, 210, 214

Mesdames	Pages
Reitz (Marie)	94
Reitz (Pauline)	94
Renom	112
Rey	67, 147
Roze (Marie)	71
Richard	175
Ricord	140
Riquier (Edile)	61, 62, 64
Rigaud	147
Ritton (Adèle)	47, 48, 50, 51
Mlles Ritton	50
Robert	147
Veuve Robin	147
Rochat	147
Roche	136
Rodière	147
Mlle Rœderer	44, 48
Rœderer	44
Mlle Roger	38
Roger de Montigny	117
Rolet	147
Rolland	136
Romename	147
Ronot	136
La baronne de Ronsard	136, 140
Rossignol	147
Mlle Rothermel	94
Rougeaut	147
Rousseil	70, 71
Rousselet (Elie)	176
Royer (Ludivine)	155
La comtesse Rulant	117
Ruguste-Riverin	147

S

S.	48
Saglio	44, 48
Sass (Marie)	59
Savary	71
Sanz	71, 93
Salantin	136
Sanné	136
Say (Léon)	147, 210
Saulnier	147
Savoyen	148, 149
Saussac	176
La comtesse de Sartiges	224
Mlle Schmilt	44, 48
Schneider	48
Schlumberger	91
Veuve Schmidt	176
Sentin	94
La vicomtesse de Sedaiges	136, 140
La comtesse Serrurier	176, 136
La comtesse de Ségur	210
Ségnier	210
Séo (Camille)	224
La comtesse de Sieyès	224
Mlles Simonet	136
Scot	68
Simon (Jules)	119
De Siem	94

Mesdames	Pages
Simon	94
Sighicelli	93
Scriwaneck	68
Sonnette	162
Steintzel	184
La baronne de Soubeyran	224

T

De Tavernost	44, 45, 48, 117
Tamisier (Antonie)	176
De Tauzin	176
Teischmann	94
Veuve Tentsch	147
Veuve Tellier	216
Thiers	116, 208, 210
La baronne de T.	116
Thureau-Dangin	136
Thys	94
Tiébaut	94
Tiby	136
Tiranti (Anaïs)	147
La comtesse de la Tour-du-Pin	147
Toche	147
Princesse Troubeskoï	147
Trochu (la générale)	64, 141
Truaut	43, 44, 45, 48

U

Ugalde	71
Ulbach	119
Urban	93
Usquin	136

V

Valentin (Marie)	48
De Valence	147
Comtesse de Valons	176
De Vallée (Oscar)	224
Valette	147
Comtesse de Vaucouleurs	148
Van-Dick	71, 94
Van-Hasselt	94
Van-Holsbeke	94
Van-Overbeek	94
Verdier	148, 224
Verlh	162
Veuve Verdier-Dolfus	147
Vestris	71
Verspych	94
Vermelin	109
Vernes	147
Veuve Vinet	92
Viard	210
Vilbort (Marie)	136
De Villeneuve-Bargemont	210
Comtesse de Villermont	117, 147
Vincent	147

Mesdames	Pages.
Violet	162
Mlle Violet	162
Vischer-Valentin	92
J. Vischer	92
Comtesse de Visconti	93
La marquise de Vogué	118
Von-Wosen-Maël	147
Vrignault (Henri)	210

W

Waechter (Marie)	47
Waechter (Eugénie)	47
Warnots	94
Comtesse Walsh	147
Warnier	207
Walter	210
Watrignaut (Henriette)	147
Weilgoetz	43

Mesdames	Pages.
Wert	147
Veuve Wersel	147
Veuve Welsrlé	147
Wienrich	147
Wissenbach	48
Wurstemberger	92

X

X	118, 158, 178

Z

Comtesse de Zaliska	147
Comtesse Zeppelin	48
Z	159

FIN DE LA TABLE ALPHABÉTIQUE

TABLE
DES CHAPITRES

	Pages.
Introduction	1
I. L'ouvrière	5
II. La sœur de charité	24
III. L'Alsacienne	36
IV. L'actrice	56
V. La bourgeoise	74

		Pages.
VI.	L'étrangère..................	86
VII.	La cantinière................	102
VIII.	La grande dame...............	114
IX.	La mère......................	124
X.	L'ambulancière...............	135
XI.	La jeune fille...............	151
XII.	La provinciale...............	160
XIII.	L'épouse.....................	180
XIV.	La volontaire................	189
XV.	La paysanne..................	205
XVI.	La rédemptrice (conclusion)..	221
	Le livre d'or des Femmes de France.	226

FIN DE LA TABLE DES CHAPITRES

TABLE

DES GRAVURES

	Pages.
Frontispice..	1
L'ouvrière..	9
L'ouvrière. — Atelier de cartouches établi dans le cirque des Champs-Élysées..............	17
La sœur de charité...	25
La sœur de charité. — La sœur Louise allumant la pipe d'un blessé.........................	33
L'Alsacienne...	41
L'Alsacienne. — Arrivée d'un train de blessés à la gare de Strasbourg.....................	49
L'actrice...	57
L'actrice. — Ambulance établie dans le foyer du Théâtre-Français..........................	65
La bourgeoise..	73
La bourgeoise. — Une queue de boucherie pendant le siége de Paris.........................	81
L'étrangère...	89
L'étrangère. — La cuisine d'une ambulance...	97
La cantinière..	105
La cantinière. — Le coup de feu..	113
La grande dame...	121
La grande dame. — Une vente de charité pendant le siége de Paris..........................	129
La mère..	137
La mère. — Mère et son enfant tués en revenant de chercher du pain........................	145
L'ambulancière...	153

TABLE DES GRAVURES.

	Pages.
L'*ambulancière*. — Pendant le combat...	161
La jeune fille...	169
L'épouse...	177
La provinciale...	185
La volontaire. — Dans les francs-tireurs...	193
La volontaire. — Officier dans l'armée régulière...	204
La paysanne...	209
La paysanne. — En faction...	217
La rédemptrice...	225

Page 148, ligne 19, lire *Savoyen* et non *Savoyer*.

FIN

www.ingramcontent.com/pod-product-compliance
Lightning Source LLC
Chambersburg PA
CBHW060133170426
43198CB00010B/1149